★★★ 财经类专业核心课程



主　编　郑建吉

兰州大学出版社

SHICHANGYINXIAOXUE SHIYONG JIAOCHENG

# 市场营销学实用教程

**图书在版编目(CIP)数据**

市场营销学实用教程/郑建吉主编. —兰州:兰州大学出版社,2010.8(2017.2重印)

ISBN 978-7-311-03276-0

Ⅰ.①市… Ⅱ.①郑… Ⅲ.①市场营销学—专业学校—教材 Ⅳ.①F713.50

中国版本图书馆 CIP 数据核字(2010)第152642号

策划编辑 张国梁
责任编辑 李 文
封面设计 张友乾

---

书 名 市场营销学实用教程
主 编 郑建吉
出版发行 兰州大学出版社 (地址:兰州市天水南路222号 730000)
电 话 0931-8912613(总编办公室) 0931-8617156(营销中心)
0931-8914298(读者服务部)
网 址 http://www.onbook.com.cn
电子信箱 press@lzu.edu.cn
印 刷 兰州人民印刷厂
开 本 787 mm×1092 mm 1/16
印 张 12.75
字 数 290千
版 次 2010年8月第1版
印 次 2017年2月第5次印刷
书 号 ISBN 978-7-311-03276-0
定 价 22.00元

---

# 前 言

近几年,我国普通高校和职业教育相继实施了一系列重大教学改革工程,使高等教育与职业教育的教学观念、人才培养模式和目标、课程体系、教学手段、办学条件、教学环境以及教材建设等都发生了重大变革。当前,各类普通高校和职业院校的财经类专业均开设市场营销学课程,并将其作为必修课。

根据二十多年教学的实际情况,作者在教学中注重营销基本理论与实践和动手能力相结合。因此,教材中各章节的内容安排遵循了学生的认知过程和学习过程的逻辑思维特点,按照"是什么→为什么→怎么做"等流程,首先讲基础理论,其次讲技能案例,再次进行案例讨论与分析,并附有复习思考题,以便提高学生的综合素质,这是本教材的特点。

全书共分十二章。郑建吉编写第一、二、三、四、五、六、七、八章;孙鸿杰编写第九、十、十一、十二章。其主要内容涉及市场营销的基本概念,市场营销战略、营销环境与营销信息,消费者购买行为分析,市场细分、选择目标市场和市场定位,市场营销组合策略,产品决策,定价决策,分销渠道决策,促销决策,企业市场营销管理过程,服务市场营销,直复营销。本书未涉及网络营销和国际市场营销,因为这些内容分别作为两门课程单独学习。

本书可作为普通高等学校、高职高专的教学用书,也可作为在职营销人员学习和岗位培训用书。

在本书的编写过程中,编者参阅了大量资料,所有资料均在本教材的"参考文献"中一一列出;兰州大学管理学院崔明教授审阅了全书并提出了许多可贵的意见和建议;甘肃省经济学校的刘忠、周雅顺、黄莹和冉承强等对本书的写作和出版给予了大力支持。在此,一并致谢!

因编者水平有限,书中肯定存在不少错漏、不足之处,敬请读者批评、指正。

**郑建吉**

2010年7月于兰州

# 目录

# 第一章 市场营销的基本概念

**学习目标**

什么是市场营销

市场营销涉及的核心概念

我国市场营销学的形成和发展

营销市场的概念和类型

市场营销观念

**知识目标**

掌握市场营销的概念和营销涉及的核心概念

掌握营销市场的概念和分类

**能力目标**

掌握八种市场营销观念

树立营销意识

## 第一节 什么是市场营销

“市场营销”是由英文“marketing”一词翻译而来的。市场营销的最新定义,也是最权威的定义,是2004年8月美国市场营销协会下的定义:市场营销是创造、沟通与传送价值给顾客,及经营顾客关系以便让组织与其利益关系人受益的一种组织功能与程序。这次公布的市场营销新定义是在整合了来自全球的理论界和实践界众多营销者的贡献的基础之上修订的。 中国人民大学商学院郭国庆教授建议将这次的新定义完整地表述为:市场营销既是一种组织职能,也是为了组织自身及利益相关者的利益而创造、传播、传递客户价值,管理客户关系的一系列过程。

此概念主要包括以下内容:

1.市场营销是一种创造性行为。正像索尼公司的创始人盛田昭夫所说:“我们不是为市场服务,我们是创造市场。”

2.市场营销是一种自愿的交换行为与传送价值给顾客的行为。买卖双方自由交换,使各方通过提供某种东西取得回报。交换是营销的基础。

3.市场营销是一种满足人们需要的程序化行为。企业必须对市场进行调研,寻求、了解、识别、研究和掌握消费者的需要和欲望,从而确定需求量的大小。

4.市场营销是一个系统的组织管理过程。其范围远远超出流通范围而涉及生产、分配、交换和消费的总循环过程。

5.市场营销是企业参与社会、经营客户关系,实现组织利益最大化的纽带。营销是联结企业与社会、企业与客户的纽带。营销工作者在制定营销政策时,必须权衡企业利益、顾客需要和社会利益。只有满足社会利益的企业,才能长久不衰地获得经营的成功。

## 第二节 市场营销涉及的核心概念

### 一、需要、欲望和需求

人类的需要和欲望是市场营销的出发点。

1.需要(needs)。指没有得到某些基本满足的感受状态。

2.欲望(wants)。指想得到某种东西或想达到某种目的的要求。

3.需求(demand)。指对于有能力购买并且愿意购买的某个具体产品的欲望。

### 二、产品

人类靠产品来满足自己的各种需要和欲望,因此,可将产品表述为能够用以满足人类某种需要和欲望的任何东西,包括实物、服务、场所、设计、软件、意识等多种形式。人们通常用产品和服务这两个词来区分实体产品和无形产品。

### 三、价值、满意和质量

1.价值。它是一个很复杂的概念,也是一个在经济思想中有很长历史的概念。马克思认为,价值是体现在商品里的社会必要劳动。这里的价值主要是指顾客价值,即指顾客从拥有和使用某产品中所获得的价值与为取得该产品所支付的成本之差。

2.满意。满意指顾客满意,它取决于消费者所理解的一件产品的性能与期望值的比较。顾客价值和满意又与产品或服务的质量密切相关。

3.质量。质量是指与一种产品或服务满足顾客需要的能力有关的各种特色和特征的总和。这种以顾客为中心的质量定义说明,质量以顾客需要为开始,以顾客满意为结束。当今全面质量管理行动的基本宗旨就是使顾客完全满意。

## 四、交换、交易、关系和市场营销网络

一个人可以通过四种方式获得自己所需要的产品,第一种方式是自行生产,第二种方式是强制取得,第三种方式是乞讨,第四种方式是交换。市场营销活动产生于第四种获得产品的方式。

(一)交换

交换是指通过提供某种东西作为回报,从别人那里取得所需物品的行为。交换的发生,必须具备五个条件:

1.至少有两方。

2.每一方都有被对方认为有价值的东西。

3.每一方都能沟通信息和传送物品。

4.每一方都可以自由接受或拒绝对方的产品。

5.每一方都认为与另一方进行交换是适当的或称心如意的。具备了上述条件,就有可能发生交换行为。但交换能否真正发生,取决于双方能否找到交换条件,即交换以后双方都比交换以前好(至少不比以前差)。

(二)交易

交易是交换活动的基本单元,是由双方之间的价值交换所构成的行为。一次交易包括三个可以度量的实质内容:

1.至少有两个有价值的实物。

2.买卖双方所同意的条件。

3.协议时间和地点。

(三)营销关系市场

营销关系市场是指企业与其顾客、分销商、经销商、供应商等建立、保持并加强联系,通过互利交换及共同履行诺言,使有关各方实现各自的目的。企业与顾客之间的长期关系是关系市场营销的核心概念。保持并发展与顾客的长期关系是关系市场营销的重要内容。建立关系是指企业向顾客作出各种承诺。保持关系的前提是企业履行诺言。发展或加强关系是指企业履行从前的诺言后,向顾客作出一系列新的许诺。

(四)市场营销网络

它是指企业和与之建立起牢固的互相信赖的商业关系的其他企业所构成的网络。其经营理念是:建立良好的关系,有利可图的交易随之而来。

## 五、市场营销者

所谓市场营销者,是指希望从别人那里取得资源并愿意以某种有价之物作为交换的人。市场营销者可以是卖主,也可以是买主。

在交换双方中,如果一方比另一方更主动、更积极地寻求交换,则前者称为市场营销者,后者称为潜在顾客。

假如有几个人同时想买正在市场上出售的某种奇缺商品，每个准备购买的人都尽力使自己被卖主选中，这些购买者就都在进行市场营销活动。在另一种场合，买卖双方都在积极寻求交换，那么，我们就把双方都称为市场营销者，并把这种情况称为相互市场营销。如图1.1所示。

营销市场的概念在后面详细介绍。

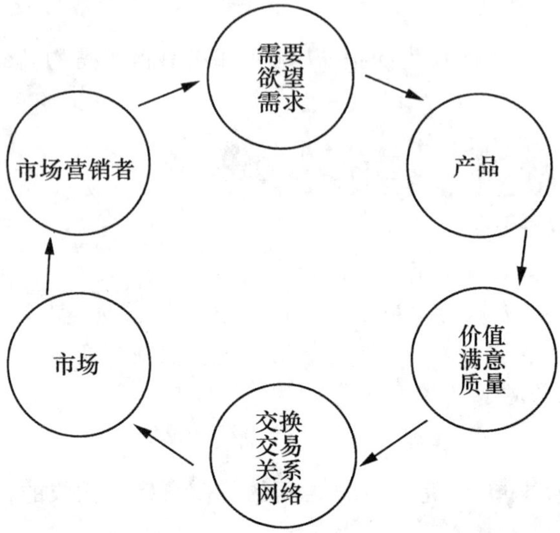


图 1.1 市场营销核心概念示意图

# 第三节 市场营销学的形成和发展

## 一、市场营销学的研究对象

市场营销学是专门研究市场营销活动及其发展变化的学科。它是市场营销实践的科学总结和概括，是有关市场营销活动的指导思想、基本理论、策略、方法技巧等有机结合而成的科学体系。

## 二、市场营销学的形成和发展

(一)市场营销理论的发展阶段

第一阶段：初创阶段。源于工业的发展，市场营销学于19世纪末到20世纪20年代在美国创立。这时市场营销学的研究特点是：a.着重推销术和广告术，没有出现现代市场营销的理论、概念和原则；b.营销理论还没有得到社会和企业界的重视。

第二阶段：应用阶段。20世纪20年代至二战结束为应用阶段，此阶段市场营销学的发展表现在应用上。市场营销理论研究开始走向社会,被广大企业界重视。

第三阶段:发展时期。20 世纪 50 年代至 80 年代为市场营销学的发展阶段,市场开始出现供过于求的状态。

第四阶段:成熟阶段。80 年代至今,为市场营销学的成熟阶段,表现在:a.与其他学科关联;b.开始形成自身的理论体系。80 年代是市场营销学的革命时期,它开始进入现代营销领域,使市场营销学的面貌焕然一新。

(二)我国市场营销学的形成与发展阶段

1.引进、传播阶段。20 世纪 80 年代初,市场营销学从南(广州)、北(大连)两路进入我国。其中,世界著名市场营销权威菲利普·科特勒的《市场营销原理》和《市场营销管理》两部著作引起了学者们的高度重视,对中国市场营销学的建立产生了重要的影响。暨南大学、中国人民大学等从1979 年起开设了市场营销课程,在以后的两三年时间里,全国约有 300 余所高校相继开设了这门课程,出版的翻译作品、专著和编写的市场营销书多达上百种。但从总体上来说,这一阶段尚未出现具有中国特色的市场营销学专著。

2.研究、形成、发展和应用阶段。1984 年 1 月,中国综合性大学、高等财经院校市场营销研究会暨“全国市场营销研究班”在长沙结业。特别是 1995 年 6 月 22 日至 25 日,来自 36 个国家和地区的 230 名专家、学者就市场营销领域的重要问题进行了探讨和交流,标志着中国市场营销学的成熟和发展,并向国际市场营销学界展示了中国市场营销学界的水平和实力,为中国市场营销学者登上世界舞台提供了机会。

在这期间,不仅市场营销学作为大学和中专学校一些专业的必修课程或选修课程,而且一些综合大学、财经院校、中专学校纷纷开设市场营销专业,培养本科、专科、中专等不同层次的市场营销专业人才。特别是市场营销学专著、教材以及其他出版物的不断问世,标志着中国营销理论的发展进入了一个新的阶段。与此同时,社会主义市场经济建设对中国的市场营销教学、研究和应用提出了更高的要求。

**阅读资料 1-1** 菲利普·科特勒教授 2002 年 11 月在北京大学“索尼营销论坛”上的演讲

来到中国,这里正在发生的一切给我留下了很深刻的印象。在未来 10~15 年中,中国不单会成为世界上最强的经济大国之一,不单会成为世界的“生产车间”,我甚至认为中国在未来会成为世界的“研发车间”。现在你们唯一需要做的就是成为世界的“市场营销车间”,因为生产产品,甚至用新技术生产了产品后,你怎样让那些产品进入市场?这是中国现在需要做的。

**阅读资料 1-2** 让销售变得多余

什么叫市场营销?是能说会道,挨家挨户上门推销吗?还是设计玉米片的包装?或是用免费玩具吸引你买欢乐套餐?或是购物时给你积分卡?

科特勒说:“市场营销最简短的解释是:发现还没有被满足的需求并满足它。这是一个整体的思维体系,你的成功不是跟着别人干已经成功的事,而是找到人们想买却只有你能卖的东西。”

科特勒教授说:“人们经常把市场营销和销售混为一谈。不过彼得·德鲁克的《经营权威》里面一段著名的话说得好,‘市场营销的目标是让销售变成多余’——这就是说,如果你真能找到没有被满足的需求并做好满足需求的工作,你就不用在销售上下太多工夫。”

换句话说,市场营销的目的不是像在50年或100年前那样为了把已经生产的产品销出去。相反,制造产品是为了支持市场营销。一家公司可以在外面采购其所需的产品,但使其繁荣的却是市场营销的理念和做法。公司的其他职能——制造、研发、采购和财务——都是为了支持公司在市场的运作而存在的。

理论上是如此,但为什么时刻想着“消费者”的公司那么少?为什么那么多企业承认提供良好的消费服务的重要性,但屡屡做不到呢?

科特勒认为,问题主要在于财务总监在董事局中位高权重,而市场营销总监却没有什么发言权。因此,良好服务所需的开支很容易因为竞争压力增加而被削减掉。

“这就好像用电话录音代替接电话的人”,科特勒说。问题是,用电话录音节约的钱比较容易计算出来,而沮丧的客户可能会转向竞争对手的代价却不容易计算。当你失去一个客户的时候,“你失去的不仅是一次交易,而是那位客户的终身价值”。

不过,如果没有好的产品,再好的服务都等于零。同时,被推动的市场和推动的市场是不一样的。特别在技术领域中的公司,都遵循索尼公司老总盛田昭夫的格言:“我们不是为市场服务,我们是创造市场。”的确,在录音机、摄像机、传真机和个人数码用品面前,谁想得到自己会有这种需求呢?

## 第四节 营销市场的概念和类型

### 一、营销市场

营销市场即从营销的角度看待市场,市场是由人口、购买力和购买动机(欲望)有机组成的总和。用公式表示就是:

市场=人口+购买力+购买欲望

1.人口。人口是构成市场最基本的条件。凡有人居住的地方,就有各种各样的需求(物质的和精神的),从而才可能有市场,没有人就不存在市场。

2.购买力。指消费者支付货币、购买商品或劳务的能力。消费者的购买力是由其收入决定的。有支付能力的需求才是有意义的市场。所以,购买力是构成营销市场的又一个重要因素。

3.购买欲望。指消费主体购买商品的动机、愿望或要求,是消费者把潜在购买力变成现实购买力的重要条件,因而也是构成市场的基本因素。人口再多,购买力水平再高,如果对某种商品没有需求的动机,没有购买商品的欲望,也形成不了购买行为,这个商品市场实际上也就不存在。从这个意义上讲,购买欲望是决定市场容量最权威的因素。

总之,市场容量的大小,完全受上述三个因素的制约,只有当这三个因素一个不少地有机结合时,才能使观念上的市场变为现实市场,才能决定市场的规模和容量。

## 二、市场的简单分类

（一）根据市场范围划分

区域市场（本地市场、外地市场、城市市场、农村市场、沿海市场和内陆及民族地区市场等）、国内市场、国际市场。

（二）根据市场客体划分

在商品经济发展的初级阶段形成了商品市场，由生产资料市场和生活资料市场构成；在商品市场发展的第二阶段，实现了要素商品化，从而形成了劳动力市场、房地产市场、金融市场、资本市场等。在商品经济发展的第三阶段，实现了财产的社会化，产权市场的形成大大丰富了资本市场的内容，技术市场和信息市场也应运而生。

（三）根据市场状况划分

买方市场和卖方市场。市场状况是由市场供求关系决定的，在商品供不应求的条件下，卖方把持市场主动权，由此形成卖方市场；在供求大体平衡或供大于求的条件下，买方具有市场主动权，从而形成了买方市场。

（四）根据市场竞争程度划分

完全竞争市场、完全垄断市场、寡头垄断市场、垄断竞争市场。其中，寡头垄断市场是指一种产品在拥有大量消费者或用户的情况下，由少数几家大企业控制了绝大部分生产量和销售量，剩下的一小部分由众多小企业去经营。垄断竞争市场是指一个行业中有许多企业生产和销售同一种商品，每一个企业的产量或销量只占总需求量的一小部分。

（五）根据商品流通环节划分

批发市场和零售市场。批发市场是指个人或企业单位把自己的商品或替委托人把商品卖给最后消费者以外的任何购买者的交易活动。零售市场是指个人或企业单位把商品直接卖给最后消费者的交易活动。

## 三、当代市场的特征

在市场经济条件下，企业的命运取决于市场。企业要真正走向市场，就必须面向市场、适应市场，特别是在新世纪，企业如何认识国内市场和国际市场在新世纪发展的大趋势，探索当代市场发展的一般规律，对于制定市场营销战略具有十分重要的作用。当代市场具有以下明显的特征：

1.市场的科技化。每一次重大的科技革命，必将造成相应的产业革命，从而造成相应的市场革命和消费革命。

2.市场的国际化。包括市场主体国际化、市场客体国际化、市场关系国际化等。（1995 年 1 月 1 日世界贸易组织正式成立，中国于 2001 年 11 月 10 日正式成为该组织的一员）

3.市场的软化。是指市场的知识化、信息化、无形化等。市场的软化，既导致生产的软化，也导致营销的软化。在现代商品价值中，商品的知识价值、美学价值、信息价值、商誉价值、形象价值、服务价值、心理功能价值等无形价值所占的比重不断提高，企业也应采取相应的发展战略。如，在手表市场中，国产手表大量积压，而一些进口手表却很走俏，说明国产手表的硬件虽过关，软件却有一定的差距。另外，在饮品市场中，可口可乐、百事可乐等洋饮料大举进攻中国市场，而国产饮料节节败退，其中一个重要原因在于饮品中知识含量太低。对企业来说，就是要高度重视产品的设计、包装、商标、广告、服务、形象等一系列相关的软价值生产及其市场营销，在不断改进产品质量的基础上，实施中国名牌战略，不断提高中国产品的附加值，实现精神生产的物质化和物质生产的精神化。

4.市场的绿化。就是要实现商品生产及其营销的无污染化、无害化、清洁化等，包括清洁生产、清洁包装、清洁销售、清洁运输和清洁消费。

5.市场的标准化。如产品的设计标准、环境保护标准、产品责任标准、安全卫生标准、税收标准、计量标准、包装标准、标识标准、产品质量标准、服务标准、合同标准、交易方式标准等。

6.市场的差别化。市场发展的不平衡性和市场环境的复杂多变性，造成了市场需求的多样性。一方面，市场的科技化、市场的国际化、市场的标准化与规范化造成市场的统一性；另一方面，市场的文化、市场的国际化、市场的个性化又造成了市场的差异性。企业必须采取相应的市场差别化战略，包括产品差别化、价格差别化、顾客差别化、服务差别化、营销差别化等。如，在日本家电行业中，东芝强调产品差别化，松下则以价格差别化为主，而三洋则实行服务差别化战略。

7.市场的替代化。任何一种产品的市场都会逐渐变得饱和与成熟，并且会衰老或死亡，而被一种新产品及其市场所代替。传统产品的市场生命周期长，现代产品的市场生命周期短。新产品一旦上市，便迅速进入成长、成熟期，然后进入市场饱和期，并逐步衰退，最后退出市场。如，二战后，美国市场上用天然气和石油代替煤，国外石油代替国内石油，汽车货运代替铁路和轮船，地下输油管代替油罐和驳船运输石油产品等。

8.市场的高级化。科技革命、产业革命带动了消费革命和市场革命。生产的高级化，必将造成消费的高级化和市场的高级化。

## 第五节　市场营销观念

所谓市场营销观念，是指企业在一定时期、一定生产经营技术和市场环境条件下，进行全部市场营销活动，正确处理企业、顾客和社会三者利益的指导思想和行为的根本准则。一定的市场营销环境要求一定的思想观念与之相适应。

### 一、生产观念

1920 年以前，世界资本主义经济虽然已有发展，但生产力水平和科技水平的发展还比较落后，社会产品供应不足，市场需求是被动的、静态的，没有多大的选择余地。企业营销不过是将生产的产品从工厂分配、运送到市场，再销售给消费者。这时，企业的营销观念普遍是以生产为中心,企业致力于提高生产效率和分销渠道效率,扩大生产,降低成本,以价格低廉的产品来提高市场份额。这种观念的核心是一切从生产出发,而不是为消费者需要服务,生产什么就卖什么。就像福特汽车公司创始人所说:“不管顾客需要什么, 我的汽车就是黑色的。”因为当时汽车供不应求,清一色黑色汽车照样卖得出去,这就是典型的生产观念。日本在二战后的数年之内,由于物资极其短缺,市场上很多商品供不应求,“生产观念”在工商企业市场营销管理中一度也很流行。

## 二、推销观念

1920 年至 1945 年二战结束前, 由于科技的发展, 资本主义生产力水平有了较大的提高,但购买力水平却没有相应的提高。特别是 1920 年以后,世界性经济危机的爆发,出现了生产“过剩”,购买力下降,市场趋势发生了质的变化,社会商品数量增加,花色品种增多,市场上某些商品开始供过于求,企业之间的竞争加剧,生产和销售的矛盾尖锐起来,这就迫使资本家把经营的注意力从生产转到销售,逐步确立了以销售为中心的营销观念。这种观念的核心内容是:强调销售和推销的作用,增加销售人员,扩大销售机构,重视销售技术的研究,充分利用广告宣传,千方百计招徕顾客。这时企业营销的主要任务已由生产、采购转到销售上。这种营销观念提高了销售在企业经营中的地位,但其本质仍然是以“生产什么卖什么”为条件,以销售为中心只是就工作重点而言的,没有从根本上动摇以生产为中心的营销思想,更不是以销定产。所以,西方营销学家还是把它归结在以产定销的经营思想范围内。

## 三、市场营销观念

二战后,资本主义经历了 20 年的发展。由于几项科技的重大突破,生产力有了明显的提高,社会产品数量剧增,进一步供过于求,花色品种日新月异,产品市场生命周期不断缩短。市场需求在质和量的方面都发生了重大变化,竞争的范围更加广阔,整个资本主义市场已由卖方市场转变为买方市场。生产和消费的矛盾日益尖锐,即使广泛采用推销手段,保证产品质量和制定合理的价格,也不足以刺激消费。在这种市场背景条件下,许多企业逐渐用市场营销观念取代了以销售为中心的推销观念。市场营销观念是作为对上述观念的挑战而提出的一种新型企业营销观念。尽管这种观念由来已久,但其核心原则直到 20 世纪 50 年代中期才基本定型。市场营销观念强调顾客满意,整个企业员工共同努力和使顾客满意是实现企业利润目标的途径(如图 1.2 所示)。实现企业各项目标的关键在于,正确地确定目标市场的需要和欲望,并且比竞争者更有效地传送目标市场所期望的物品和服务,进而比竞争者更有效地满足目标市场的需要和欲望。可见,市场营销观念的核心内容是:消费者需要什么就生产什么、卖什么,消费者的需要成为生产、经营和服务的“出发点”。具体措施是调查研究,开发技术,定价合理,选择销售渠道,确定销售方式,提供售前、售后服务,重视信息反馈。当时许多公司、商店提出了顾客是“主人”、“上帝”、“异性父母”等口号,就是这种营销观念的反映。

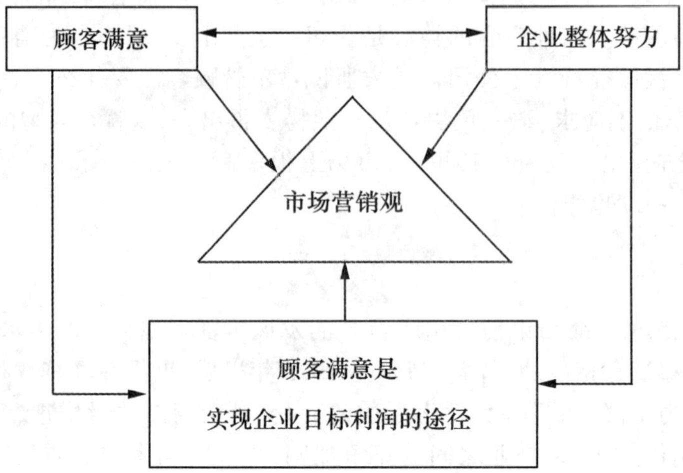


图 1.2　市场营销观念内涵示意图

市场营销观念的出现，是企业营销观念发展史上的一次革命。这主要表现在以下几方面：

1.市场营销观念把企业经营的重点放在消费者身上,一切营销努力都在于使消费者(顾客)满意。而前两个阶段的观念则把经营的重点放在产品上。

2.市场营销观念要求从市场的整体出发,运用各种市场营销方法,不断对市场动态进行预测和研究,以满足消费者需要为前提来组织全部营销活动。而前两个阶段的营销观念只是把销售作为一般手段和经营的一个环节,放在次要的位置上。

3.市场营销观念对利润的取得不拘泥于每一次交易,而是从市场全局考虑,着眼于长期的、综合的、最后的利益。而前两个阶段的观念对利润的取得则着眼于每一次交易上,有利则干,无利则休。

4.市场营销观念要求企业的管理体制和组织结构要服从于满足消费者需要的共同目标,合理分工,协调行动,以经营或销售部门为核心部门,不允许各部门只根据本位利益各行其是。企业通常专设一个市场营销机构(副总经理兼管),负责销售商品和开拓市场,其地位在企业经营管理中得到提高。而在第一、第二两个阶段的营销观念则要求企业管理体制和组织结构以生产部门、采购部门和财务部门为主，销售部门和经营部门在企业经营管理中处于次要地位。同时,在前两个阶段,各部门彼此分立,商品销售和市场由两个经理分管,企业营销没有形成一个统一系统。

## 四、生态营销观念

进入 20 世纪 70 年代以后,市场营销观念在西方发达国家已被普遍接受。但是,在实践中,有的企业片面强调满足消费者的需求和欲望,往往去追求并不擅长生产的产品,结果并不能达到在满足消费者需求的同时获取尽可能多的利润的目的。因此,美国的一些市场营销学者在发展上述市场营销观念的基础上,进一步提出了生态营销观念作为补充。生态学讲的是任何生物都必须保持与其生态环境协调、平衡的关系,才能得到生存和发展。生态营销观念是指任何一个企业如同生物有机体一样,要同它们的生存环境相协调。企业要以有限的资源去满足消费者无限的需求,必须发挥自己的优势,去生产既是消费者需要又是自己擅长的产品。图中两圆圈重合的部分,就是企业的经营目标,也就是企业与环境最相协调的状态。它体现了产需结合和讲求经济效益的指导思想。如图 1.3 所示。

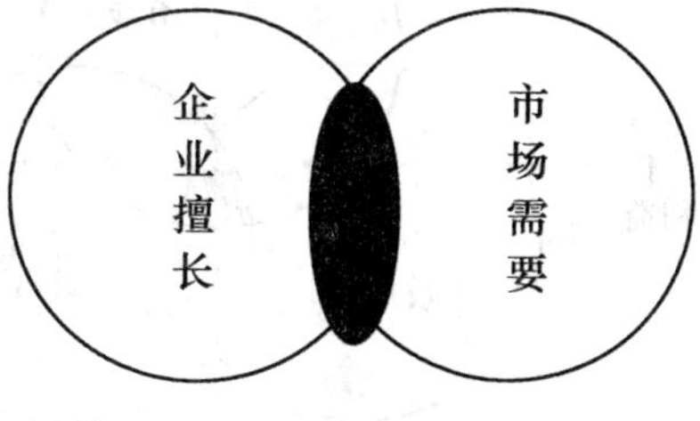


图 1.3 生态营销观念图

## 五、社会营销观念

社会营销观念出现于 20 世纪 70 年代。在西方,它的提出一方面基于"在一个环境恶化、爆炸性人口增长、全球性通货膨胀和忽视社会服务的时代,单纯的市场营销观念是否合适"这样的认识;另一方面也是基于对广泛兴起的、以保护消费者权益为宗旨的消费者主义运动的反思。有人认为,单纯的市场营销观念提高了人们对需求满足的期望和敏感,加剧了满足眼前利益和长远利益的矛盾,导致产品过早陈旧,环境污染更加严重,也损害和浪费了一部分物质资源。另一些人则指出,"消费者主义"、"顾客至上"之类的口号,对许多企业来说不过是骗人的漂亮话,它们在"为消费者谋利益"的堂皇旗号下干着种种欺骗顾客的勾当,诸如以次充好、以假充真、广告欺骗等。正是在这样的背景下,人们提出了社会营销观念,作为对生态营销观念的进一步补充和完善。

社会营销观念的基本要求是:企业生产或提供任何产品和服务时,不仅要满足消费者的需要和欲望,符合本企业的利益,还要符合消费者和社会发展的长远利益。对于有害于社会或有害于消费者的需求,不仅不应满足,还应该进行抵制性的反营销。近年来,不少西方发达国家的企业家提出了"现代企业的合理行为应该是努力做到满足社会发展、消费者需求、企业发展和职工利益四方面利益"的新观念。如图 1.4 所示(图中阴影部分表现为理想的企业行为,即社会利益、消费者利益和企业利益三者相互协调)。

以上五种市场营销观念可归结为两大类:一类是以生产者为中心的旧观念,包括生产观念和销售观念;另一类是以市场(顾客与消费者)为中心的新观念,包括市场营销观念、生态营销观念和社会营销观念。

市场营销指导思想由旧的生产者导向转变为市场(消费者)导向,是发达国家现代企业经营管理思想的一个重要变革。西方市场学者对于这种转变给予了很高的评价,称之为商业哲学的一次革命。

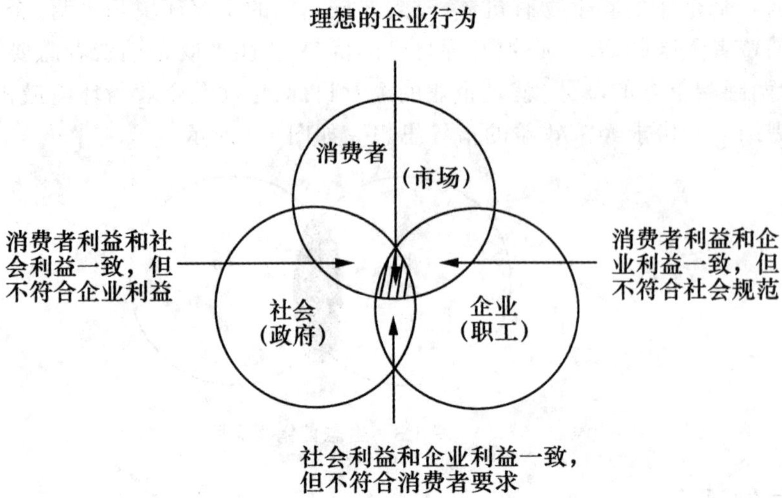


图 1.4　社会营销观念示意图

新旧观念的区别见表 1.1。

表 1.1　新旧观念对照表

| 类型 / 观念 | 出发点 | 方　法 | 产销关系 | 目　的 | 市场状况 |
|---|---|---|---|---|---|
| 生产者导向观念 | 工厂产品 | 推销与促销 | 以产定销 | 通过市场获得短期利润 | 卖方市场 |
| 市场导向观念 | 目标市场顾客需要 | 整合营销 | 以销定产，产需结合 | 通过满足顾客需要获得长期利润 | 买方市场 |

## 六、绿色营销观念

又称环保营销，是指企业运用营销工具，以不损害人类自身及未来需要为条件，满足社会和消费者需要的经营与销售活动，它是随着社会对环境的关注日益加强而产生和发展起来的。工业革命在使经济高速增长的同时，也使地球资源迅速减少，人类生存的环境遭到史无前例的破坏，这使人们的环保意识不断增强。从 20 世纪 70 年代起，以保护环境、保护地球为宗旨的环保运动在全球蓬勃兴起，随之，一种旨在改善生活质量的消费观念应运而生，并促使以消除和减少产品对人类生存环境的影响而展开的营销实践活动，即“绿色营销”随之产生。在绿色营销观念下，“清洁生产”、“绿色食品”、“绿色产品”和环保逐渐成为企业市场定位与产品定位的决定因素，成为市场营销成败的关键。对绿色营销的研究成为 20 世纪 80 年代以来营销学者和企业营销人员共同关心的热门课题。绿色营销的发展与研究已成为营销理论研究与发展的重要方向，并最终在 20 世纪 90 年代形成了比较成熟的绿色营销理论。

绿色营销观念的主要观点表现为社会责任观点和可持续发展观点，它要求：

1.营销的目标由最大限度地刺激消费转为追求可持续性消费。即营销目标应在追求充分满足消费者需求的同时,提高消费的质量,减少物质消费的数量,降低人类资源消耗的程度,使消费达到可持续增长的要求。

2.营销服务的对象从消费者扩大到"消费者和社会"。即企业在满足消费者需求的同时,其行为还必须符合环境保护要求,符合社会合理、有序发展的要求。

3.由把人看做消费者转变为把消费者看做人。即传统营销仅仅把人看做消费者,其研究的出发点是如何通过营销活动满足其消费需要;绿色营销则把顾客更多地看做人,其研究的出发点是如何通过营销活动满足"人"的需要。在绿色营销者看来,即使人的消费需要无可厚非,也不应毫无节制,应研究如何从毫无约束地消费物质资源转向保护自然资源。

4.把"人的需要"的含义由单一性扩展到丰富性。传统营销所指的"需要"是消费者比较单一的欲望或需要,而绿色营销认为,人的需要和欲望是多样性的,其中某些需要和欲望可能是相互冲突的。绿色营销追求的是满足消费者一系列并且可能是相互冲突的欲望和需要。

5."顾客满足"有了新的含义。传统营销所指的满足,是产品和服务在被消费时达到满足,而绿色营销要求达到的满足,不仅在产品被消费时,而且还包括提供产品时和被消费后。

6.企业文化发生本质变化。在传统营销环境下,企业文化在本质上是竞争文化,竞争文化不利于环境保护,甚至产生不利于环境保护的后果。在绿色环境营销观念下,企业实施绿色文化,即要求企业更多地注意"人"的导向、"人"的价值,企业应把竞争对手更多地看做伙伴,尤其是环境保护的合作伙伴。

7.整体营销管理增加了新的内容。整体营销管理是指企业应以满足顾客需要为出发点管理和营销整个企业。绿色营销观念的产生增加了整体营销管理的内容,即企业必须考虑企业整体与环境的相互关系而采取相关的经营行为,企业在整体营销中必须考虑绿色产品与包装、产品生产和营销过程中的污染和废弃物,考虑原料和能源的节约,考虑企业的外部环境以及供应商的环境业绩对企业的影响,并以此实施企业的整体管理。

## 七、大市场营销观念

20世纪80年代以来,经济发达国家生产过剩,但是市场有限,因此,市场竞争日益激烈。世界上许多国家加强了政府干预,贸易保护主义抬头,为了保护本国的工业,采取一系列关税和非关税贸易壁垒。在这种封闭型或保护型的市场上,已经存在的参与者和批准者往往会设置障碍,使得那些能够提供类似产品,甚至能够提供更好的产品和服务的企业难以进入市场,无法开展经营服务。在这样的背景下,菲利普·科特勒于1984年提出了"大市场营销"这种新的观念或新的战略思想。

所谓大市场营销观念,是指在实行贸易保护的条件下,企业的市场营销战略除了4P之外还必须加上2P,即"政治力量"(political power)和"公共关系"(public relations)。这种战略思想被称为"大市场营销"。他给"大市场营销"下的定义为:企业为了成功进入特定市场或者在特定市场经营,应用经济的、心理的、政治的和公共关系的技能,赢得若干参与者的合作。

应当看到,"大市场营销"与"市场营销观念"和传统的市场营销基本理论有所不同。这种不同主要表现在以下三个方面:

1.企业市场营销管理与企业外部经营环境的关系有所不同。过去一直认为,企业要善于安排市场营销组合,使企业的市场营销管理决策与企业外部不能控制的环境因素相适应,这是企业能否成功、能否生存和发展的关键;"大市场营销"则认为,企业可以影响其周围的经营环境,而不是仅仅顺从它和适应它。

2.企业的市场营销目标有所不同。在"市场营销观念"指导下,企业的市场营销目标是千方百计地发展和满足目标顾客的需要;在"大市场营销"指导下,企业的市场营销目标是为了满足目标顾客的需要,采取一切手段,打开和进入某一市场,或者改造或改变目标顾客的需要。

3.市场营销手段有所不同。在"市场营销观念"指导下,企业集中一切资源、力量,适当安排 4P,采取这些市场营销手段来满足目标顾客的需要;而在"大市场营销观念"指导下,企业要用 6P 来打开和进入某一市场,创造或改变顾客的需要。

**案例 1-1　这家美国家电公司是如何进入日本市场的?**

一家美国家电公司拟进入日本市场推销某产品,公司确定了符合日本家电市场的产品、渠道、价格、促销策略,但由于日本实行贸易保护,设下了层层壁垒或进口障碍,因此未能进入日本市场。在这种情况下,这家公司通过美国政府派出外交官给日本政府施加政治压力,说服日本政府放宽限制;同时,向日本政府官员疏通、游说,向日本群众说明实际情况,争取日本群众的支持,终于打开了日本市场的大门。

**分析提示**:美国家用电器公司的产品进入日本市场,除了安排好 4P 以外,特别增加了"政治力量"和"公共关系"这两个"P",即 6P,核心是综合地运用了政治、经济、心理、公关等技巧和策略,从而影响和改变了其营销环境,赢得守门人的合作和支持,成功地打开了市场大门,进入市场开展营销活动。

## 八、4C 营销观念

进入 20 世纪 90 年代之后,以美国西北大学教授舒尔兹等为代表的专家学者提出的整合营销理论认为,传统的以 4P(价格、产品、渠道、促销)为核心的营销框架,重视的是产品导向而非真正的消费者导向,即制造商决定制造某一产品后,设定一个能收回成本且达到一定目标利润的价格,经过制造商为主控的销售渠道,然后对企业销售进行适当程度的促销。也就是说,传统营销是一种由内向外的营销,制造商的经营哲学是"消费者请注意"。面对 20 世纪 90 年代市场环境的新变化,企业在营销观念上要逐渐淡化 4P,突出 4C:

a.不要卖你所能制造的产品,而是卖那些顾客想购买的产品,真正重视消费者(CONSUMER)。

b.暂不考虑定价策略,而去了解消费者为满足其需求会付出的成本(COST)。

c.暂不考虑渠道策略,应当思考如何给消费者方便(CONVENIENCE)以购得商品。

d.暂不考虑怎样促销,而应当考虑怎样沟通(COMMUNICATIONS)。

我国是一个发展中国家,商品经济的发展和市场环境的变化决定了市场营销观念的发展和变化。

1.生产观念。在改革开放政策实施前,我国实行的是传统的计划经济体制,当时生产力发展水平不高,市场商品匮乏,供求关系紧张,解决这一问题的根本办法就是抓生产,把工作的重心放在发展生产上,只要把产品生产出来,增加数量,提高质量,就不愁没有销路。"以产定销"是当时工商企业遵循的基本准则。

2.推销观念。20 世纪 70 年代末以来,由于把工作的重点转移到经济建设上来,强调发展商品经济,强调科教兴国,有力地促进了生产力的发展,市场商品日益丰富,逐渐由"卖方市场"向"买方市场"过渡,于是形成了"以销定产"的推销观念。

3.市场营销观念。近几年来,随着我国生产力的进一步发展和科技的不断进步,市场商品普遍供过于求,企业竞争激烈,形成了"买方市场",从整体上说,市场进入微利阶段,于是产生了与新的市场环境相适应的市场营销观念。同时,由于国外市场营销理论的引入、经济发展的全球化趋势和借鉴国外经济发展的经验教训,尽管我国市场经济发展水平不算高,但反映发达国家经济水平的生态营销观念、社会营销观念、绿色营销观念和大市场营销观念,也已经在我国得到传播、研究和应用,并与市场营销观念一起,共同指导着我国市场营销实践,为有中国特色的市场营销观念体系的形成发挥着重要的作用。

## 复习思考题

一、主要概念

市场营销营销市场　市场营销观念　大市场营销观念

二、素质题

列出现代市场营销观念,指出引起市场营销观念变化的根本原因。

三、判断题

1.经济学是营销学之父,行为科学是营销学之母;数学乃营销学之祖父,哲学乃营销学之祖母。(　　)

2.市场是商品交换的场所。(　　)

3.市场营销观念坚持以生产者为中心。(　　)

四、选择填空题

1.市场营销理论 20 世纪初诞生在(　　)。

A.美国　B.法国　C.日本　D.英国　E.德国

2.从营销的角度看待市场,市场是由(　　)、(　　)和(　　)有机组成的总和。

A.供求　B.人口　C.场所　D.购买力　E.购买欲望

3.社会营销观念强调(　　)利益、(　　)利益和(　　)利益的协调一致。

A.社会　B.银行　C.消费者　D.公众　E.企业和职工

五、简答题

1.市场营销学的核心概念是什么?

2.什么是市场营销观念?

3.当代市场有哪些特征?

4.社会营销观念的核心思想是什么？

六、分析题

美国某钟表公司自1869年创立到20世纪50年代，一直被认为是美国最好的钟表制造商之一，该公司在市场营销管理中强调生产优质产品，并通过著名珠宝商店、大百货公司等构成市场营销网络，分销产品，1958年之前公司销售额始终呈现上升趋势，但此后市场销售额和占有率开始下降。

问题：该公司坚持了什么样的营销观念？其市场销售额和占有率下降的原因是什么？

# 第二章 市场营销战略、营销信息与营销环境

**学习目标**

市场营销信息

市场营销环境

**知识目标**

掌握市场营销信息的概念、作用和类型

掌握市场营销环境的概念与分类

**能力目标**

学会市场机会分析和市场威胁分析

## 第一节 市场营销战略

### 一、市场营销战略的概念与特点

(一)市场营销战略的概念

市场营销战略是指企业在分析外部环境和内部条件的基础上，确定企业营销发展的目标,作出营销活动总体的、长远的谋划,以及实现这样的谋划所应采取的重大行动措施。

企业市场营销战略包括两方面的内容,即企业的长远目标和实现目标的手段,后者也称市场营销策略或战术。企业在某一时期的发展中,总有一个最终要达到的结果,这就是企业目标。企业在营销活动中往往有多种可供选择的目标,但企业必须依据资源供应、利用状况以及环境情况,在一定时期内确定一个对自己最有利的目标。选择一个适当的目标,是营销战略包含的一层意思。营销战略的另一层意思是指企业为达到一个目标所要采取的方法和步骤。对于一个既定的企业目标,往往有许多可借以达到或实现的方法或路线,但其中必有一个方法或一条路线被企业认为是最适宜、最恰当的。在这两层含义中,第一层是第二层的

基础和主旨,第二层是实现第一层的手段。

(二)市场营销战略的特点

1.全局性。

2.长远性。

3.纲领性。

4.竞争性。

5.应变性。

6.相对稳定性。

## 二、市场营销战略的构成因素

市场营销战略自成系统,这个系统一般由六个要素构成:

(一)战略思想

战略思想是指导市场营销战略制定与实施的基本思想和观念,是企业整个市场营销战略的灵魂。它对营销战略要素起一个统帅作用,有什么样的战略思想就有什么样的营销战略。战略思想来自战略理论、市场环境分析以及企业领导的战略风格。其内容有很多,如以消费者为中心的思想、市场营销观念、资本运营观念、经济效益观念、以人为本的思想观念等。

(二)战略目标

1.市场营销战略目标是指在市场营销战略思想指导下,根据企业营销的战略分析,确定企业营销战略期内所要达到的水平。它是一定战略期内企业完成任务的预期成果,它决定着企业的战略方向、战略重点、战略对策和战略阶段。

2.制定市场营销战略目标的要求。首先,突出重点。其次,一致性。再次,可测量性。最后,可行性。

3.市场营销战略目标的具体表现。不同的企业,由于所处的市场环境不同,其市场营销战略目标也不同;同一企业在不同的发展阶段,其战略目标也不同。但是,无论是什么性质的企业,其中心目标(本质目标或最终目标)只有一个,那就是长远利润最大化。实际上,这也是企业营销战略目标的第一层次。企业为了实现其中心目标,必须通过某一个阶段,即实现第二层次目标。第二层次目标主要包括:

首先,市场占有率目标。市场占有率是指企业某一产品的销售量占整个市场产品销售量的百分比。企业制定市场占有率目标,就是确定这个百分比的大小。一般情况下,市场占有率的高低,标志着企业市场地位的高低。

其次,贡献目标。既表现为企业向社会提供的产品品种、质量、税金等,也表现为企业对自然资源的合理利用,降低能源消耗以及保护环境等目标(这里所讲的贡献,强调的是企业对社会的贡献,而不是企业利润)。

最后,发展目标。主要表现为企业实力的增强,包括人力、物力、财力的数量增加,人员素质的提高,生产能力的扩大,技术与管理水平的提高,专业化协作、经济联合的发展等。

(三)战略方向

它是指企业制定营销战略方案和战略决策的指导方向,包括企业营销发展方向、经营结构的调整,其中企业营销发展方向是营销战略的核心。

(四)战略重点

它是指对实现企业市场营销战略目标有关键作用,而又有发展优势或自身薄弱、需要着重加强的方面(部门、环节、项目等)。

**【思考】**市场营销战略重点的本质含义是什么?

其本质含义是:市场营销战略重点既是实现战略目标的重点,又是资源配置的重点,还是战略指导的重点。

(五)战略对策

它是指为实现营销战略指导思想和战略目标而采取的重要方法、措施和策略。有针对性、多重性、预见性、可靠性、可操作性、灵活性的特征。

(六)战略阶段

它是指实施营销战略或实现市场营销战略目标所必须经历的步骤。

## 三、市场营销战略决策过程

它是指这样一种过程:在企业的目标、资源(能力)间不断变化的市场营销机会中,发展和保持一种"战略性适应"的过程,其程序如图 2.1 所示。

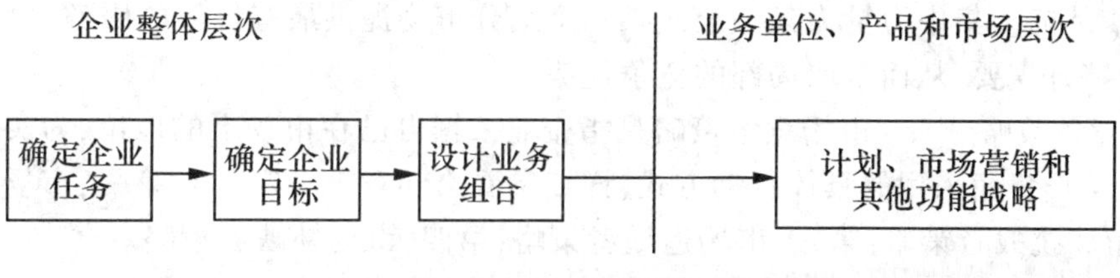


图 2.1 战略决策的内容和步骤

首先,企业要在整体上确定总的任务。它要回答的主要问题是:企业的业务是什么;顾客是哪些人;顾客最需要的是什么;本企业未来经营的业务是什么;应当向哪个方向发展。它要求明确的是企业应以市场需求为中心来规定自己的任务,避免用产品或技术来规定任务。

其次,企业要确定其目标。企业的任务决定后,要将这些任务具体化为企业各管理层次的具体目标,形成一套完整的目标体系,使每个管理人员有明确的目标,并负起实现这些目标的责任,这种制度称为"目标管理"。

再次,企业要安排好其业务组合。一是分析现有的业务组合,确定哪些业务(产品)应当发展,哪些业务(产品)应当维持,哪些业务(产品)应当减少,哪些业务(产品)应当淘汰。这是由于不同企业业务的增长机会不同,投资效益差别很大。企业应当把有限的资金投放到经济效益最高的业务(产品)上去。二是要对未来的业务发展方向作出战略规划,即制定企业增长战略。它有三种类型,即密集型增长、一体化增长和多样化增长。

最后,制定其他功能性战略计划。

## 四、实现市场营销战略目标的策略分析

主要介绍以下三种:

(一)市场竞争策略

1.分析竞争者。对竞争者的分析和了解,是企业制定竞争战略和策略的基础。要明确以下问题:第一,谁是自己的竞争者;第二,他们执行什么战略、策略;第三,他们的营销目标是什么;第四,他们的优势和弱点在什么地方;第五,他们对竞争的反应模式是什么。通过市场调研,在掌握这些信息的基础上,企业就可以研究和确定自己的对策。

2.竞争性定位战略——分析自己所处的位置。在同一目标市场上竞争的企业,其营销资源和实力各不相同。有些企业规模大、实力强;有些企业规模小、力量弱;有些企业资源充足,有些企业资源缺乏;有些企业是老字号,有些企业则是新开办的;有些企业追求市场占有率的迅速增长,有些企业则追求短期利润等。因此,不同的企业有不同的位置、不同的定位战略。

(1)高质量竞争战略。指企业以高质量为竞争手段,也就是企业致力于树立高质量的企业形象,并希望在竞争中以高质量超越竞争对手,取得竞争优势。

(2)低成本战略。目的是使自己的产品价格低于竞争者而打开销路。

(3)差异性战略。大力发展别具一格的产品或营销项目,以争取在产品和服务等方面比竞争者有独到之处,从而取得差异优势,使顾客甘愿接受较高的价格。

(4)聚焦战略。集中力量为某一个或某几个细分市场提供最有价值的服务,更好地满足一定顾客的特殊需要,从而争取局部的竞争优势。

3.市场竞争策略分析。市场竞争策略是指企业依据自己在市场上的地位,为实现竞争战略和适应竞争形势而采用的具体行动方式(详细参看第四章市场定位)。第一,市场领导者策略;第二,市场挑战者策略;第三,市场追随者策略;第四,市场补缺者策略。

(二)市场发展策略

1.市场渗透策略。这种策略是指把现有的产品仍按原来的用途在同一性质的市场上推广销售。市场渗透就是向市场的深度方面发展,增加原来市场原来产品的普及率。

2.市场扩展策略。一是向旧的消费者开拓新的需要,提高消费者购买、使用的频率,增加消费量;二是寻求新的消费者。

3.产品开发策略。是指在现有市场上通过改进原有产品或增加新品种,来达到增加销售的目的。

4.经营多角化策略。也称为多样化或多元化,即向本行业以外发展,扩大业务范围,向其他行业投资,实行跨行业经营。主要有三种形式:

(1)同心多角化,即以现有业务为中心向外扩展业务范围,利用现有技术力量和营销力量,逐步开发与现有产品相近的或同一门类的新产品,吸引更多的新顾客。

(2)横向多角化,即在现有市场上发展与现有产品无关的新产品或增加新的服务项目,吸引新的顾客。

(3)综合多角化,即发展与企业产品、技术和市场无关的新产品,吸引新顾客。

5.一体化发展策略。有两种形式:

(1)向后一体化。生产企业向后控制供应商,使供应商和生产整体化,实现产供结合。

(2)向前一体化。企业向前控制分销系统,实行产销结合。

(三)市场形象策略

即在市场调查、定位、特色等方面树立形象的策略。

## 第二节 市场营销信息

### 一、市场营销信息的含义

市场营销信息属于经济范畴,指的是在一定时间和条件下,同企业市场营销以及与之相联系的多功能服务有关的各种消息、情报、数据、资料的总称,是对市场各种经济关系和营销活动的客观描述与真实反映。

### 二、市场营销信息的特征

市场营销信息除了具有一般社会信息所具有的普遍性、可感知性、可处理性、可转换性、可传递性、有效性等一般属性外,还具有其本身的特性。

1.市场营销信息是多信源、多信宿、多渠道、多层次的综合。

2.市场营销信息具有双向流动性。

3.市场营销信息具有时效性、活跃性。

### 三、市场营销信息的作用

1.市场营销信息是企业营销决策的前提。

2.市场营销信息是制订营销计划的依据。

3.市场营销信息是实现营销控制的必要条件。

4.市场营销信息是增加企业盈利的主要资源。

5.市场营销信息是协调内外关系的依据。

### 四、市场营销信息的内容

与企业营销最为密切的信息主要有以下几方面:

1.商品供求及其变化的信息。

2.商品价格及其变化的信息。

3.市场竞争情况及其发展趋势信息。

4.技术进步和新产品开发信息。

5.国际市场及其变化信息。

6.与市场营销有关的其他信息。

通常在企业中建立购、销、运、存、流通加工、配送等多模块的信息管理系统以适应整体营销的要求。

**案例 2–1　气象信息效益**

有一年春天刚结束时,某罐头材料厂与往年一样,加足马力,大量生产做易拉罐的特制铝皮。这一年雨季特别长,已经是 7 月初了,天不但没有晴的趋势,反而连续不断地下起了暴雨。这时,厂长果断下令,将特制铝皮的生产减少 2/3。原来,厂长根据气象信息预测,这年夏天热的时间短,气温不会太高,易拉罐销量将大大减少,其特制铝皮将会大降价,后来果然不出所料,该厂减少了损失。第二年初夏,雨季仍然很长,但厂长从有关报道中看到气象专家对这年夏天的气候预测,知道天气异常热,于是下令大量生产。果然,这一年 7 月中旬到 8 月中旬持续高温,清凉饮料销售量猛增,易拉罐特制铝皮成了紧俏货,价格上涨两倍,该厂获得了可观的效益。

**分析提示:**该厂厂长利用气象信息,预测市场易拉罐特制铝皮供求状况及其变化趋势,调整企业铝皮生产量,取得了良好的经济效益。案例既说明了市场营销信息的内容,也说明了市场营销信息的功能作用。

## 第三节　市场营销环境

### 一、市场营销环境的概念及特征

1.市场营销环境的概念。环境是指事物外界的情况和条件。企业的市场营销环境是指与企业市场营销有关的,影响产品供给与需求的各种外界条件和因素的综合。如图 2.2 所示。

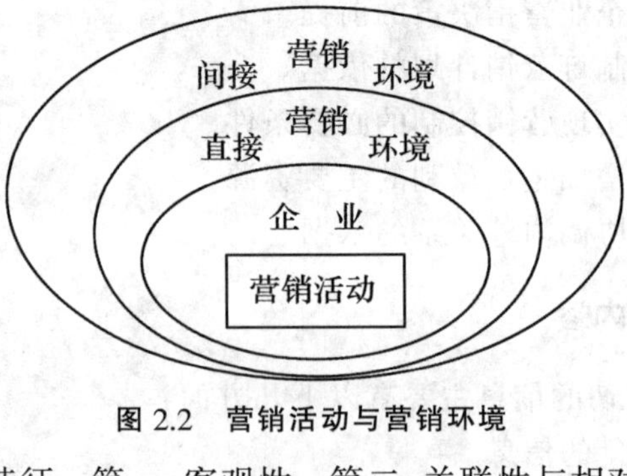


图 2.2　营销活动与营销环境

2.企业市场营销环境的特征。第一,客观性。第二,关联性与相对分离性。第三,变化性与相对稳定性。变化性有两个方面:一是由于相关性影响,一种环境因素的变化会导致另一种环境随之变化;二是每个环境内部的子因素(如文化环境中的宗教文化)变化也会导致环境因素的变化。因此,市场营销环境总是处于不断变化的动态过程之中。第四,环境的不可控性与企业的能动性。

## 二、直接营销环境

根据营销环境对企业营销活动发生影响的方式和程度，可以将市场营销环境大致分为两大类:直接营销环境和间接营销环境。

直接营销环境是指与企业紧密相连，直接影响企业为目标市场顾客服务能力和效率的各种参与者,包括企业内部营销部门以外的企业因素、供应商、营销渠道企业、目标顾客、竞争者和公众。如图 2.3 所示。

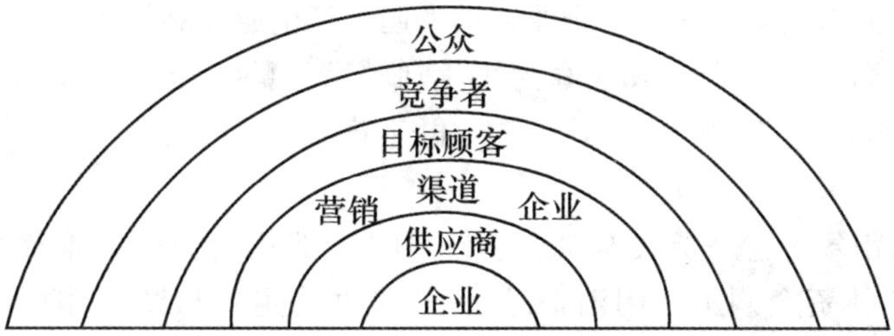


图 2.3　直接营销环境系统

(一)企业

每一个企业都有其生产经营任务和目标，必须依据企业生产经营条件和市场需求开展某些业务活动,如生产、采购、新产品研究与开发、财务管理、市场营销等。企业要开展市场营销活动,必须注意各部门间的协调配合,使营销管理工作得到内部的大力支持。企业内部的环境因素如图 2.4 所示。

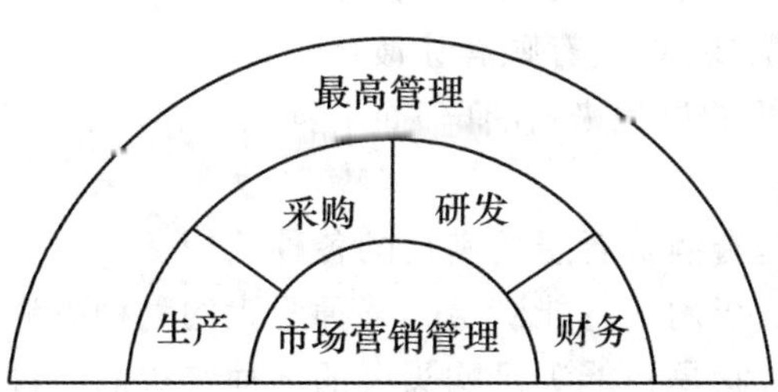


图 2.4　企业内部的环境因素

(二)供应商

它是向企业供应为生产或经营特定产品或劳务所需要的各种资源的企业或个人。它对企业营销活动的影响程度主要表现在:(1)资源供应的可靠性,即资源供应的保证程度,这直接影响到企业产品的销售量和交货期;(2)资源供应的价格及其变动趋势,这将直接影响到企业产品的成本;(3)供应资源的质量水平,这将直接影响到产品的质量。正是资源供应对企业营销活动起着重要的作用,因此,企业要重视与供应商的合作和采购工作。其主要策略是采取一体化经营策略和多渠道采购策略,以增强企业营销工作的主动性。

(三)市场营销渠道企业

主要是指协助本企业把产品销售给最终购买者的所有中介机构,包括商人中间商、代理中间商、辅助中间商等。商人中间商从生产者手里购进商品,然后转卖给其他经营者或消费者,他们对其经营的商品拥有所有权,如批发商、零售商等;代理中间商替生产者寻找买主,帮助推销商品,对其经营的商品没有所有权,如经纪人、制造商的代理商等;辅助中间商不直接经营商品,但对商品经营起促进、服务作用,如运输企业、公共货栈、金融机构、广告代理商、市场营销研究机构、市场营销咨询企业等。企业必须借助营销渠道企业的协助才能有效地完成营销活动。

(四)目标顾客

它是企业产品购买者的总称。企业营销者通常把企业产品的顾客群体称为市场。它包括:

1.消费者市场。它是个人或家庭为了生活消费而购买或租用商品或劳务的市场。

2.生产者市场。它是指生产者为进行再生产而购买产品(主要是生产设备和材料)的市场。

3.社会集团市场。它是指政府机关、社会团体、部队、企业、事业及各种集体组织,用国家拨付的经费或集体资金购买公用消费品(主要是办公用品和设施)的市场。

4.中间商市场。它是指批发商、零售商等转卖者为了把货物转卖或出租给他人以取得利润而购买商品的市场。

5.国际市场。它是指把产品卖给国外的消费者、生产者、转卖者和政府机构等形成的跨国性市场。

(五)竞争者

企业产品进入一定的市场范围,其销量大小和市场占有率的高低,不仅取决于自身产品的适销程度,而且取决于其他企业向该市场投入的同类产品和替代产品的适销程度,即哪个企业的产品更适合市场需要,更具有顾客让渡价值,或对顾客更具有吸引力,更有竞争力。

从顾客作出购买决策的过程来看,任何企业向目标市场销售产品时,都面临以下类型的竞争者:

1.欲望竞争者。它是指消费者想要满足的各种欲望。

2.一般竞争者。它是指购买者能满足其某种愿望的种种方法。

3.产品形式竞争者。它是指能满足购买者的某种愿望的各种产品型号。

4.品牌竞争者。它是指能满足购买者某种愿望的同种产品的其他品牌。企业通过分析消费者如何作出购买决策,了解什么是主要竞争者,从而在市场竞争中取胜。

(六)公众

公众是指对本组织实现其营销目标的能力具有实际的或潜在的影响力的群体。主要有以下七种:

1.金融公众。包括银行、投资公司、证券经纪商和股东等。

2.媒介公众。包括电台、电视、报纸、杂志等大众媒体。

3.政府公众。包括负责管理企业有关行为的各有关政府机构。

4.市民行动公众。包括消费者利益保护组织、环保组织等。

5.地方公众。包括企业所在地区附近的社区居民群众、地方官员等。

6.一般公众。指与企业经营活动无关的一般消费者。

7.企业内部公众。包括公司董事会、经理、职工等。这一方面主要通过公关活动解决。

## 三、市场营销间接环境

企业市场营销的直接环境,即微观环境,随时随地受到间接环境,即宏观环境的影响和制约。包括人口、经济、自然、科技、政治法律、社会文化等因素对企业营销活动的影响。

(一)人口环境

这是指人口的规模、密度、地理分布、年龄、性别、家庭、民族类别、职业以及其他有关情况。人口的数量决定消费者的数量,消费者数量的多少又在一定程度上决定市场容量的大小。因此,人口环境对营销者而言是至关重要的。

1.总人口。是指某市场范围内人口的总和。某一市场范围内的总人口基本上反映了该消费市场生活必需消费品的需要量。在其他经济和心理条件不变的情况下,总人口越多,市场容量就越大,企业营销的市场就越广阔。

2.人口的地理分布。农村与城市、东部与西部、南方与北方、热带与寒带、山区与平原等不同地理环境的人口,由于自然条件、经济、生活习惯等差异,其消费需求方面有着显著的区别,从而要求企业根据不同地域的消费差别,提供不同的产品和服务。与人口的地理分布相联系的人口密度同样是影响企业营销的重要因素。一般来说,人口密度越大,顾客越集中,营销成本相对越低;相反,营销成本就高。

3.年龄结构。不同年龄结构的人有不同的消费需要。值得注意的是,全世界的人口已逐步趋于老龄化,这主要是由两种原因造成的:一是人口的出生率下降,导致年轻人减少;二是人口的预期寿命提高。

4.人口性别。由于男女性别上的差异,往往导致消费需求、购买习惯与行为有很大的差异。

5.家庭。包括家庭数量、家庭人口、家庭生命周期、家庭居住环境,这些都与生活消费品的数量、结构密切相关。

6.地区间人口的流动性。人口流动的总趋势是,人口从农村流向城市、从城市流向市郊、从非发达地区流向发达地区、从一般地区流向开发开放地区。

7.其他因素。包括人口的出生率、增长率、职业、籍贯、民族等,都对消费行为产生很大影响。

(二)经济环境

它主要包括经济发展阶段、地区发展状况、产业结构、货币流通状况、收入因素及消费结构。其中收入因素和消费结构对营销活动的影响较为直接。

1.经济发展阶段。就生产资料市场而言,处于经济发展水平较高阶段的国家和地区,侧重资本密集型产业的发展，需要高新技术、性能良好、机械化和自动化程度较高的生产设备；而处于经济发展水平较低阶段的国家和地区，以发展劳动密集型产业为主，侧重于多用劳动力而节省资金的生产设备，以适应劳动力价格低廉和资金缺乏的状况。

2.地区发展状况。我国各地区经济发展不平衡，在东部、中部、西部三大地带之间，其经济发展水平客观上存在着东高、西低的总体区域趋势。同时，在各地带的不同省市，还呈现出多极化发展趋势。对企业的投资方向、目标市场及营销战略制定等都会带来巨大影响。

3.产业结构。指各产业部门在国民经济中所处的地位和所占的比重及相互之间的关系。一个国家的产业结构可以反映该国的经济发展水平。产业结构的演变表现在两个方面：一方面，随着经济发展和人均国民收入水平的提高，劳动力不断地从第一产业中分化出来，向第二、三产业转移；另一方面，随着科学技术的发展，工业企业先由粗加工向精加工工业转化，再向技术集约化方向发展。从我国的实际情况看，第一产业国民生产总值和就业人口比重将逐渐下降，第二产业国民生产总值略有上升，但就业人口可能不变，而第三产业无论就业人口还是国民生产总值都将逐步上升，这种变化趋势给发展第三产业提供了机会。所以企业只有针对其变化趋势，制定相应的策略，才能处于主动地位。

4.货币流通状况。这是指纸币发行流通量与商品流通所需要的金属货币量的适应协调状况。

5.收入因素。它同人口因素一样，是构成市场的重要因素，甚至是更为重要的因素。因为市场容量的大小归根到底取决于消费者购买力的大小，一个消费者的需要能否得到满足，以及怎样得到满足，主要取决于其收入的多少。

从营销的角度计算消费者收入，通常从以下两方面进行分析。一是国民收入。指一个国家物质生产部门的劳动者在一定时期(通常为一年)内所创造的价值的总和。一个国家以一年的国民收入总额除以总人口，即得该国的人均国民收入。人均国民收入大体上反映一个国家的经济发展水平和人民生活状况。二是居民收入水平。它是影响购买力大小、市场规模及消费支出结构的一个重要因素。居民收入水平的分析，着重区别“个人收入”、“个人可支配收入”、“个人可任意支配收入”。从国民收入中减去公司(或企业)所得税、公司盈余及社会保险等，称为“个人收入”。个人收入减去由个人直接负担的税收及其他费用，称为“个人可支配收入”。个人可支配收入主要用来购买必需品，它是影响居民购买力和消费支出的决定因素。从个人可支配收入中减去用于购买生活必需品和固定支出(如房租、保险费、分期付款、抵押贷款等)所剩下的那部分个人收入为“个人可任意支配收入”，这部分收入可存入银行，也可以用来旅游或购买耐用消费品等。它是影响消费结构的重要因素。使用这部分收入所购买的产品与劳务的需求弹性大，因此，提供这类产品的企业间竞争较为激烈，尤其在产品与品牌方面的竞争更是如此。

6.消费结构。指消费者在各种消费支出中的比例及相互关系。居民的个人收入与消费支出之间存在着一个函数关系，而且在不同的国家和地区，个人收入与消费之间的函数关系是不同的。经济学家凯恩斯提出了边际消费倾向理论，德国统计学家恩格尔提出了著名的“恩格尔定律”：当家庭收入增加时，只有一小部分用于购买食物，用于衣服、房租和燃料方面的支出变动不大，但用于教育、医疗卫生与闲暇娱乐活动方面的支出则增加较多。人们根据恩格尔论述的消费支出与总支出的比例关系，把它称为“恩格尔系数”。它越小，表明生活质量越高；反之，则生活质量水平越低。企业从恩格尔系数可以了解目前市场消费水平、变化趋势及对营销活动的影响。

我国消费结构的变化特点：一是我国人均生活水平与发达国家相比差距较大，决定了我国当前的支出模式依然以吃、穿等生活必需品为主；二是随着住房制度的改革，购买商品房和现有公房的家庭较多，用于住房的购买和装潢布置上的开支大幅度增长；三是医疗制度的改革，增加了卫生保健方面的开支；四是用于子女上学、就业培训方面的开支上升较快；五是非物质性消费如用于旅游、交通、娱乐性活动的开支增加；六是家庭电器化、灶具电气化、电话普及、家庭电脑的使用等导致相应开支的大幅度上升；七是用于储蓄、证券投资方面的比重增大，其目的是为今后子女上学、购买住房、大件用品添置作准备。这既影响到企业的现实市场的规模，也为资金市场注入了大量资金，为企业融资提供了方便。

（三）自然环境

它是指影响企业生产和经营的物质因素，如企业生产需要的物质资料、生产过程中对自然环境的影响等。自然环境的发展变化会给企业造成一些“环境威胁”和“市场机会”，所以，企业营销活动不可忽视自然环境的影响作用。

1.自然资源的拥有及其开发。地球上的自然资源有三大类：第一类是“取之不尽，用之不竭”的资源，如阳光、空气等。第二类是“有限但可更新的资源”，如森林、粮食等。第三类是“有限又不能更新的资源”，如石油、煤、铀、锌等矿产资源。目前第一类资源面临被污染的问题。第二类资源由于生产的有限性和生产周期长，再加上因乱砍滥伐森林，导致生态失衡、水土流失、灾害频繁，影响其正常供给，有的国家需大量进口。企业应尽可能地通过建立原料基地或调节原料贮存的方式来减轻不利影响。第三类资源都是初级产品，且政府对其价格、产量、使用状况控制较严。对市场营销者来说，面临着两种选择：一是科学开采，综合利用，减少浪费；二是开发新的替代资源，如太阳能、核能。

2.环境污染与生态平衡。工业污染日益成为全球性的严重问题，要求控制污染的呼声越来越高。营销学界也提出了“绿色营销”观念。企业的营销活动必须考虑生态平衡。

（四）科技环境

1.每一种新技术一旦与生产相结合，都会直接或间接地带来国民经济各部门间的演变与交替。

2.科学技术的发展为市场营销管理提供了更先进的物质基础。如电子计算机、传真机、办公自动化等提高了信息接收、分析、处理、储存能力，从而有利于营销决策。

3.科学技术发展为消费者提供了大量的新产品。

4.科技发展影响到企业营销策略的制定。新材料、新工艺、新设备、新技术使产品生命周期缩短，企业需要不断研制、开发新产品；先进通讯技术、多媒体传播手段使广告更具影响力；商业中自动售货、邮购、电子商务、电视购物等引起了分销方式的变化；科技应用使生产集约化和规模化、管理高效化，这些导致生产成本、管理费用大幅度降低，为企业制定理想的价格策略准备了条件。

5.科技发展直接引起了自然因素的变化。

(五)政治法律环境

主要是指国家的政治变动引起经济势态的变化及政府通过法律手段和各种经济政策来干预社会的经济生活。它往往是市场营销必须遵循的准则。企业必须注意国家的每一项政策和立法及其对市场营销所造成的影响。包括:

1.一国经济体制。它是一个国家组织整个经济运行的模式,是该国基本经济制度的具体表现形式,也是本国宏观政策制定和调整的依据。它由所有制形式、管理体制、经济运行方式组成。

2.政治形势。包括政治稳定性、社会治安、政府更迭、政策衔接、政府机构作风、政治透明度等。

3.执政党和政府的路线、方针、政策。它是根据政治经济形势及其变化的需要而制定的,往往带有扶持或抑制、扩张或控制、提倡或制止等倾向性特点,直接或间接影响着企业的营销活动。

4.政治团体和公众团体。政治团体如工会、共青团、妇联组织。公众团体如消费者协会、企业家协会、个体劳动者协会、残疾人协会等。这些团体通过影响国家立法、方针、政策、社会舆论等,对企业营销活动施加影响。

5.法律和法规。为了保证本国经济的良好运行,各国都颁布了相应的经济法律和法规来制约、维护、调整企业的活动。我国目前的主要经济法律、法规有:《经济合同法》、《商标法》、《专利法》、《产品质量法》、《反不正当竞争法》、《消费者权益保护法》、《广告法》、《票据法》、《全民所有制工业企业法》、《公司法》、《破产法》等。对于企业营销活动而言,国家的法律、法规既规范了企业行为,又保护了企业的合法权益。

(六)社会文化环境

社会文化是人类在创造物质财富过程中所积累的精神财富的总和。它体现着一个国家或地区的社会文明程度。主要通过影响消费者的思想和行为,间接地影响企业营销活动。包括:(1)民族习俗;(2)教育水平与语言文字;(3)宗教信仰与价值观念;(4)亚文化群。

## 四、市场机会分析与环境威胁分析

(一)市场机会

所谓市场机会,是指营销环境中对企业市场营销有利的各项因素的总和。有效地捕捉和利用市场机会,是企业营销成功的前提。分析、评价市场机会主要有两个方面:一是考虑机会给企业带来的潜在利益的大小;二是考虑机会出现的概率大小。如图 2.5 所示。

**案例 2-2　美国罐头大王的发迹**

1875 年,美国罐头大王亚默尔在报纸上看到一条"豆腐块新闻",说是墨西哥畜群中发现了病疫。有些专家怀疑是一种传染性很强的瘟疫,亚默尔立即联想到,毗邻墨西哥的美国加利福尼亚州、得克萨斯州是全国肉类供应基地,如果瘟疫传染至此,政府必定会禁止那里的牲畜及肉类进入其他地区,造成全国供应紧张,价格上涨。于是,亚默尔马上派他的家庭医生调查,并证实了此消息,然后果断决策,倾其所有,从加、得两州采购活畜和牛肉,迅速运至东部地区,结果一下子赚了900万美元。

本案例实质上是将环境威胁转换为市场机会的例子,请认真分析领会。

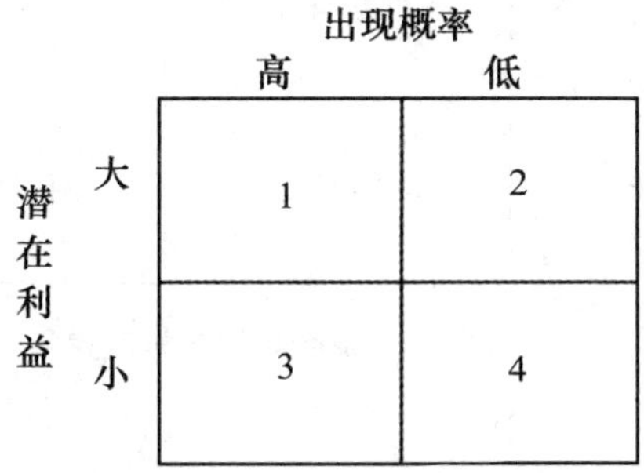


图 2.5 市场机会示意图

(二)环境威胁

所谓环境威胁，是指营销环境中对企业营销不利的各项因素的总和。企业面对环境威胁,若不果断地采取营销措施避免威胁,其不利的环境势必损害企业的市场地位,甚至使企业陷于困境。因此,企业要从两个方面分析:一是分析环境威胁对企业的影响程度;二是分析环境威胁出现的概率大小,并将这两个方面结合起来。如图2.6所示。

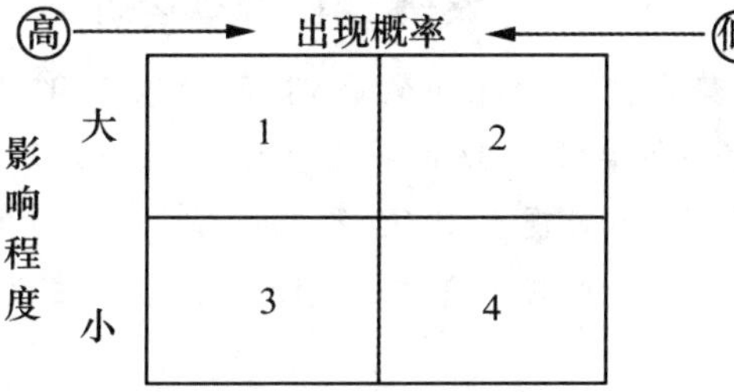


图 2.6 环境威胁示意图

企业对环境威胁一般采取三种不同的对策:a.反抗策略,即企业利用各种不同手段,限制不利环境对企业的威胁作用,或者促使不利环境向有利环境转化;b.减轻策略,即调整市场策略来适应或改善环境,以减轻环境的影响程度;c.转移策略,即对于长远的、无法对抗和减轻的威胁,采取转移到其他的可以占领并且效益较高的经营领域或干脆停止经营的方式。

(三)综合环境分析

在企业实际面临的客观环境中,单纯的威胁环境和机会环境是少有的。一般情况下的营销环境都是机会与威胁并存,利益与风险结合在一起的综合环境。根据综合环境中威胁水平和机会水平的不同,可组合成四种环境,如图2.7所示。

| | | 威胁水平 | |
|---|---|---|---|
| | | 低 | 高 |
| 机会水平 | 大 | 理想环境 | 冒险环境 |
| | 小 | 成熟环境 | 困难环境 |

图 2.7 综合环境分析示意图

## 案例 2–3 营销人员与顾客的冲突

某企业营销人员在经营商品过程中与顾客发生了矛盾，引起了顾客的反感。营销部经理在知道并了解情况后，对营销人员提出了批评，并向顾客道歉。营销经理对环境威胁采取了何种策略，为什么？

采取了减轻的策略。顾客是企业的“上帝”。顾客对营销人员不满，显然是企业环境威胁因素。营销经理向顾客道歉，目的在于得到顾客的谅解，从而减轻或化解所产生的威胁。

## 案例 2–4 禁烟运动

美国法律规定，禁止向青少年出售香烟，同时以 1997 年为起点，12 年后即 2009 年 4 月禁止在香烟中使用尼古丁。据世界卫生组织研究发现，吸烟是一种流行病，它与肺癌、喉癌、心脏病、乳腺癌、弱视症等 25 种疾病有关，吸烟行为每年可导致 300 万人死亡。现在全世界 15 岁以上的人群中有 1/3 的人在抽烟，因此，我们必须开展禁烟运动。

由于吸烟有害身体健康，禁烟运动在我国开展也将是一种必然趋势，用对营销环境分析的基本观点对案例进行分析。

**提示：**制定禁烟法律和开展禁烟运动，是香烟产品营销环境的变化。对营销环境消极适应者采取的对策是禁烟法律实施后再研究营销对策。而积极适应者则及时预测禁烟法律制定与实施的时间，积极开发无尼古丁香烟、禁烟产品、香烟替代品等，并制定相应的营销策略，创造新的需求，开发新的市场。

### 案例讨论 2–5 金牌老店“同仁堂”

**一、案例介绍**

同仁堂是我国中药行业的金牌老店，迄今已有三百多年的历史。在长达三个多世纪的岁月里，同仁堂历经无数的风风雨雨，逐渐发展壮大，并以 1997 年在深圳证券交易所挂牌上市为标志，又开始了其崭新的发展历程。

同仁堂的创始人是清代名医乐显扬，他尊崇“可以养生，可以济世者，惟医药为最”

的信条，把行医卖药作为养生、济世的事业，创办了同仁堂药室。他说："同仁，二字可以命堂名，吾喜其公而雅，需志之。"在随后的经营中，他也一直遵循无论贫富贵贱，一视同仁的原则。

俗话说，在商言商。商家逐利当是无可争议的道理。但同仁堂却不是一个只言商逐利的商家，而更像一个救死扶伤、济世养生的医家。实际上，商与医的结合正是同仁堂历经数百年磨难而不衰的秘密。同仁堂利用了医家的优势，将"同修仁德"的中国儒家思想融入日常点滴行为之中，形成了济世养生的经营宗旨，并在此过程中创造了崇高的商业信誉，形成了同仁堂独树一帜的企业文化。

1988年，我国上海等地突发甲肝疫情，特效药板蓝根冲剂的需求量猛增，市场上供不应求，有些企业趁机抬高药价。当时，到同仁堂购买板蓝根冲剂的汽车也排起了长队，存货很快销售一空。为了尽早缓解疫情，同仁堂动员职工放弃春节休假，日夜加班赶制板蓝根冲剂。这时，有人议论道：这下同仁堂可"发"了。其实，他们哪里知道，同仁堂不但没有"发"，反而是在加班赔钱。因为生产板蓝根冲剂所必需的白糖早已用完了，一时又难以购进大批量平价白糖，只好用高价糖作为原料，以致成本超出了售价。出于企业承受能力的考虑，也有人提出应适当提高板蓝根冲剂的出厂价。但同仁堂的领导坚决否定了这个建议。道理很简单，"同修仁德"是同仁堂的传统，乘人之危不符合"济世养生"的宗旨。他们坚持将用高价白糖做原料生产的板蓝根按原价格批发出厂，甚至还派出了一个由8辆大货车组成的车队，一直把药品送到上海。

在这场疫情中，同仁堂虽然赔了钱，却赢得了良好的商誉，在南方地区又新交了许多忠实的朋友。可以说，这是几十万元广告所达不到的效益。一大一小两本账，同仁堂的上层领导其实算得非常高明。

现在，北京同仁堂药店内又开办了同仁堂医馆，聘请了20多位全国知名的老中医坐堂就诊，每天到这里看病购药的患者多达数百人，相当于一个中型医院的门诊量。这又是同仁堂的一个高招：一方面弘扬了中华医术，实行了济世养生的古训，至于另一方面经济上的实惠，这里就不必多说了。

康熙四十五年，乐显扬之子乐凤鸣依照《乐氏世代祖传丸散膏丹下料配方》一书序言中"炮制虽繁必不敢省人工，品味虽贵必不敢减物力"的古训，为同仁堂药品制作建立了严格的选方、用料、配比、工艺乃至道德的规范。此后，同仁堂在长期的制药实践中，又逐步形成了"配方独特，选料上乘，工艺精湛，疗效显著"的特色。

在同仁堂，诸如"兢兢小心，汲汲济世"、"修合（制药）无人见，存心有天知"等戒律、信条，几乎人人皆知。如果谁有意或无意违背这些信条，则不仅要受到纪律的制裁，还将受到良知的谴责。比如同仁堂炒炙药材，规定操作人员必须时刻守在锅边，细心观察火候，不时翻动药料。有一次，一位职员由于对这一要求的真谛认识不深，在装料入锅后暂时离开了一会儿。老师傅发现后，大发雷霆："像你这么干，非砸了同仁堂的牌子不可！"全组6个人也轮番批评他。此后几十年中，这位职员当班作业总是兢兢业业，再也不敢有丝毫马虎，当然也就从未出现过丝毫纰漏。

"亲和敬业"是同仁堂的服务宗旨。同仁堂作为商家，当然要获取利润；同仁堂作为医家，又负有对患者负责的天职。特别是在药品流通到患者手中的过程里，琐碎点滴都十分重要，需要经销部门有非同寻常的敬业精神。

一次，同仁堂药店接到一封山西太原的来信，说一位顾客从同仁堂抓的药缺了一味龟板，并附有当地医药部门的证明。同仁堂不敢怠慢，立即派两位药工风尘仆仆地赶往太原。经查验，药中并不少龟板，只是在当地抓药龟板是块状的，而同仁堂为了更好地发挥药效，把龟板研成了粉末。误会消除了，同仁堂又一次用真情赢得了顾客的信赖。

如今的同仁堂药店，购药环境早已现代化：自动滚梯、外币兑换、计算机管理……但同仁堂的传统服务——十项便民服务措施，如外配加工、邮寄药品、送药上门等，不仅没有丢，反而进一步健全。

同仁堂从创办起就重视企业形象的树立。如设粥汤，为穷苦百姓舍粥；挂沟灯，方便过路人；赠平安药，帮助各地进京赶考的人。通过这些具体的行善活动，在老百姓心目中树立起了同仁堂的良好形象。而这些长期的形象和品牌积累工作并没有白做，经过上市前的资产评估，"同仁堂"这块金字招牌及其所蕴涵的无形资产已经上亿！

我们相信，同仁堂这家历经三百多年沧桑的老字号，必将一步步走向更辉煌的明天！

**二、案例分析**

我国有一批像同仁堂这样的老字号，它们在长期的发展过程中，逐步形成了自己独特的经营魅力。它们的经营服务理念中充满了中国儒家的礼、义、仁、德思想。它们货真价实，言无二价；诚信可靠，童叟无欺。许多百年老店的取名中国味道都非常浓，如同仁堂、全聚德、内联昇、瑞趺祥……这些名字寓意深长，又朗朗上口，带着一股厚重的古风古韵。

**三、思考·讨论·训练**

1.同仁堂这家历经三百多年沧桑的老字号发展到今天的诀窍是什么？

2.在同仁堂的经营中包含着哪种企业文化内涵？

## 案例讨论 2-6 "格兰仕"大战微波炉市场

**一、案例介绍**

20 多年前，改革开放的春风吹到了珠江三角洲，也吹到了顺德桂洲这片荒芜贫瘠的土地上。当时还是镇工交办副主任的梁庆德毅然接过了镇政府交给的重任，组建了一间简陋的羽绒制品厂(格兰仕集团公司前身)，义无反顾地开始了艰难的创业。

这间最初的简陋小厂一步一步地发展壮大，逐渐摆脱了原始的困境而开始驾驭现代企业的战车。1985 年，桂洲畜产品工业公司宣布成立，1986 年，合资经营华丽服装，1987 年，合资经营华美实业公司……今天的格兰仕集团公司，下属 10 家企业，总公司占地面积 12 万平方米，员工总人数为 2000 多人，固定资产 4 亿元人民币，年创汇 3500 万美元。

1993 年，经过长达两年的市场考察和可行性论证，格兰仕高层领导作出了这样一个惊人的决定：投产微波炉。自 1993 年第一台格兰仕微波炉面世以来，这匹"黑马"便以惊人的速度超常规发展，以迅雷不及掩耳之势在微波炉行业力挽狂澜，在短短的三年内，格兰仕已发展成年生产能力达150万台微波炉的大型企业集团公司，形成了初具规模的“中国微波炉第一品牌”。

中国微波炉市场的繁荣引起早已虎视眈眈的海外大财团的注意，日本的松下、夏普、日立、三洋、三菱，韩国的三星、大宇、乐喜，美国的惠普、通用电气，法国的万能等公司纷纷在华投资设厂，并开始大规模吞食国内品牌，利用合资、兼并、控股等方式，使自己的牌子凭借资金优势以及国内给予的优惠政策，并借用原合资中方的销售渠道和网络，大举进军，抢占市场份额。

国产名优品牌面临着严重威胁，国产微波炉的地盘不断收缩，要么市场份额被挤占到苟延残喘的地步；要么改换门庭，大打合资牌。与此同时，又出现了国内一哄而上，盲目上马，重复引进的局面，微波炉行业由原来的不到10家猛增至80余家，其中除了少数几家能够形成批量生产以外，绝大多数年产销量不超过4万台。

1996年，在市场空前发展的同时，市场竞争也日趋白热化。许多知名洋品牌不甘心输给一个小小的格兰仕：日本一财团就曾在其高层业务大会上放出风来，即使亏3年，也必须夺回中国微波炉市场；而韩国三星等大公司以点带面，在部分区域内以巨大广告投入铺底，展开了来势凶猛的销售行动。

面对海外财团的大举侵入，面对国内企业的蜂拥而上，面对微波炉市场的无序化，广东格兰仕毅然关掉了自己年产值8000万元，利税近800万元，有着相当规模的羽绒制品厂，全面投入微波炉的生产中。1999年8月，格兰仕微波炉在全国降价40%。这一举动引起了微波炉行业和众多消费者的广泛关注。

梁庆德认为，格兰仕此番降价的意义在于：一是可以大大激发潜在的市场活力，提高市场占有率，稳固自己的市场地位；二是可以使企业实现集约化生产，形成规模经济；三是可以迫使一些不成气候的企业退出微波炉市场。

同其他家电产品一样，洋货之所以能在中国市场大出风头，除了技术、质量、品牌优势以外，就在于资金的优势。格兰仕在这些跨国集团面前，显然力不从心，犹如一条小船与一支联合舰队抗衡，实力相差悬殊。

1999年的头几个月，格兰仕在某些地区的市场份额出现了略微下降的形势。各大集团采取了区域性重点突破的策略，松下在北京，三星在天津，而格兰仕无更多的物力、财力全面抗战，只能集中兵力保持华东、西北地区的优势。

梁庆德说：“我们这场仗打得确实很艰难，人家已有几十年甚至几百年的历史，一年的广告投入就足以买下一个国内中型企业，在品牌树立上已经赢了，在元器件供应等方面又赚了一把。而我们只有十几年的发展史，人家有年息5%~8%的优惠融资环境，而我们能拿到12%年息的贷款就算万幸。人家进来有‘二免三减’，甚至‘三免五减’，我们的产品还没出厂就要打税。这样不公平的竞争，我们怎能不吃力？”

随着格兰仕微波炉风靡大江南北，格兰仕这一品牌也逐渐树立起来。格兰仕人清楚地认识到，如果没有自己的品牌，只能沦为洋品牌的“打工仔”。格兰仕为了创品牌，在引进国际先进技术和管理的基础上，进行消化提高，创出自己独特的风格，并跨入国际先进行列。

为了生产出国际领先的产品,格兰仕拿出了建厂14年来所有的积累,一次性投入巨额资金,从日本、美国全套引进具有国际先进水平的微波炉生产技术和设备,并以优胜劣汰的方法采用国际最优质的元器件。在生产上,严格按照国际质量体系标准规范。在强有力的程序规范下,加强精品意识。为此,格兰仕制定了"100%优等品率"的质量目标,并顺利通过了ISO 9000国际质量体系认证,使得格兰仕微波炉的品质达到了世界一流水平。

有了好的产品,还必须有好的营销质量,为此,格兰仕制定了"努力,让顾客感动"的企业口号,展开全方位的质量营销策略,不断推出为顾客服务的措施,实实在在地让顾客感动。如在150家报刊编发《微波炉使用大全及美食900例》,连同《如何选购微波炉》免费赠书几十万册,耗资近百万元。"得人心者得天下",格兰仕产品畅销已是必然。

**二、案例分析**

面对激烈的市场竞争,格兰仕为了集中力量进行微波炉的经营,毅然关掉了据以起家的羽绒制品厂。这需要多大的勇气,同时体现了格兰仕人的大气魄。与此同时,格兰仕加快了在微波炉市场上的步伐:全国范围的降价促销;引进先进技术设备以提高生产效率和产品质量;严格质量管理;开展全方位的营销活动等。相信格兰仕必能不负众望,再创辉煌。

**三、思考·讨论·训练**

1.格兰仕进军微波炉市场的背景是什么?

2.面对竞争对手,格兰仕采取了哪些经营策略?

## 案例讨论2-7　伯瑞尔公司的市场战略

**一、案例介绍**

索斯·伯瑞尔公司是一家法国矿泉水生产厂家,该公司自1976年打入美国市场,在其后的十年内在美国的市场份额一路攀升,20世纪80年代末期达到了顶点。

早在19世纪,索斯·伯瑞尔瓶装天然矿泉水就已经在欧洲一些高级餐厅和商店成为人们熟悉的饮料了。在法国南部靠近尼迈的地方,有一处泉水含有二氧化碳,这处泉水由于它的味道及含有对身体有益的元素,已经享誉一个世纪。它第一次被商家销售是在1863年。到了20世纪中叶,它被装在人们熟悉的绿瓶中销往整个法国和西欧大部分地区。由于该矿泉水有药物功能,例如它能防治心脏病,这使它大受欢迎。到了20世纪70年代,在欧洲市场上,伯瑞尔和其他一些矿泉水已经不仅仅作为一种对身体有益的饮料了,它还在那些本地水很不安全的地方作为生产软饮料的原料。

但直到20世纪70年代,伯瑞尔都没有登陆美国市场。因为此前美国人还没有为健康目的而饮用矿泉水的习惯。美国瓶装水的主要市场在西部,由于含有硫磺和其他矿物质,使当地的水很难喝。这一市场的最大生产商巴克莱特,是加利福尼亚的一家公司,它的水每桶5加仑。伯瑞尔没有希望在这一市场上进行竞争,从法国到这里的运费使饮水的价格太高了。

但是,自1976年后,伯瑞尔公司决定打入美国软饮料市场,毕竟美国是世界上最大、最富裕的软饮料市场。尽管许多年前伯瑞尔矿泉水就曾小批量出口到美国作为一种软饮料和生产软饮料的原料,但是这对以1美元或更低一点的价格销售23盎司水的伯瑞尔公司来讲太少了。为此,伯瑞尔在纽约建立了营销组织,叫法国水公司。布鲁斯·纳宁受聘管理这家公司,其目的是建立伯瑞尔水作为软饮料和酒类替代品的地位。

伯瑞尔公司制订了详尽的计划,通过扩大出口把运输费用减少了20%~30%,以便同其他较贵的饮料进行竞争。23盎司一桶的水只卖69美分,低到了足以可以吸引中等收入的消费者,而又不会失去那些它在美国市场上已经获得的、愿意以购买伯瑞尔水显示身份的顾客。

1976年,伯瑞尔在美国的销售还不足100万美元,并且局限在几个较大的城市,当时采取的是把伯瑞尔水直接运到零售商手中的办法。1978年,纳宁改变了这种做法,把伯瑞尔水卖给软饮料或啤酒批发商,因为批发商可以和零售商签订更多的合同。与此同时,伯瑞尔发动了强大的广告攻势,开始的广告等促销活动主要集中在纽约和洛杉矶两大城市,花费达到200万美元。1979年,这一预算达到1100万美元,广告被分为两大块:一块是电视广告,一块是在印刷品上做广告。电视广告的主持人向美国观众介绍天然含二氧化碳的伯瑞尔水,在印刷品上做的广告则强调伯瑞尔水只含有少量卡路里和人工添加剂。

经过一系列的促销活动伯瑞尔的销售额直线上升,从1976年的不足100万美元到1980年超过1亿美元大关。但就在伯瑞尔在美国市场份额直线上升的时候,它受到了另一家来自加拿大的蒙特莱尔公司的挑战。

蒙特莱尔天然矿泉水公司自1970年起一直是加拿大最大的瓶装水销售公司。蒙特莱尔饮料和伯瑞尔水一样含有二氧化碳。蒙特莱尔是1979年5月开始进入纽约和迈阿密市场的,4个月后销售额就逾100万美元,并且获得了纽约71%及迈阿密83%的消费者的认同,蒙特莱尔被认为是对身体有益的高纯度饮料,它把目标市场集中在收入1.5万美元以上的家庭。蒙特莱尔的管理人员声称,和伯瑞尔水相比,消费者更偏爱蒙特莱尔水,这也是他们决定进入美国市场的原因。

面对蒙特莱尔矿泉水的挑战,伯瑞尔公司首先分析和预测了市场竞争形势。结论是:美国瓶装水市场从1976—1985年已发生了很大变化,值得一提的是,瓶装水不再是软饮料市场上重要的一员了,当时美国瓶装水仅占软饮料销售额的15%和收益额16.9%。同时由于在美国喜欢喝软饮料的人口在收缩,所以整个20世纪80年代软饮料的销售增长缓慢,但因矿泉水对健康有益,所以矿泉水的消费在80年代仍会持续上涨。根据该预测,伯瑞尔公司采用了两条响应竞争、扩大市场份额的手段:一是继续以做广告为促销计划中心。伯瑞尔公司认为,该行业一个成熟的标志就是除了产品分销渠道的增加以外,促销手段也发生了变化。为此伯瑞尔公司进行了大规模的广告宣传,迫使其他竞争者也照着去做,这最终提高了销售成本。随着一些小地方竞争者的加入,促销转而强调对零售商的激励体制,越来越多的瓶装批发商直接把产品卖给零售商,以降低成本和保持零售商有较高的利润,从而保持了伯瑞尔在原有销售渠道上的成本优势。二是提供标准产品给零售商。它仍继续用软饮料和啤酒批发商把商品推销给零售商这条分销渠道。80年代,伯瑞尔把精力集中在增加零售商数量上,在10个最大的城市,伯瑞尔建立了促销机构,这些机构帮助零售商在销售网点上进行展销,并解释说公司的广告将帮助零售商销售伯瑞尔水。除了这些以外,该机构还为伯瑞尔寻找新的零售点如超级市场、餐厅等。最初他们很成功,在最大的10个市场增长率逾10%。

除此以外,伯瑞尔公司还在产品差别化上做文章。

伯瑞尔于1983年和1984年开始试销风味矿泉水产品系列,因为市场调研已表明,人们喜欢加兑一些柠檬汁、橘子汁的伯瑞尔水。纳宁认为,新的产品系列将提高伯瑞尔水作为低卡路里饮料和有利健康的软饮料替代品的市场地位。

伯瑞尔公司1976年进入美国市场,1980年销售额超过1亿美元,1990年达5亿美元。同期,占该产品领域市场份额从几乎为零扩大到80%左右。

**二、案例分析**

市场进入策略主要有差别化产品、创新产品、低价格等方式。伯瑞尔正是通过大批量出口,设法降低了产品售价,从而进入美国市场的。市场份额的扩大是企业市场地位的上升,又是企业利润的保证。在竞争激烈的情况下,伯瑞尔主要通过广告攻势,扩大消费群体,增加零售商数量,增加销售渠道等方式提高了该公司产品的市场份额。

**三、思考·讨论·训练**

1.伯瑞尔公司是怎样运用市场进入策略占领美国市场的?

2.伯瑞尔公司在中国市场上应该怎么做?

## 复习思考题

一、主要概念

市场营销信息　市场营销环境　环境威胁　市场机会

二、判断题

1.市场营销信息是丰富多彩、瞬息万变的。 (　　)

2.市场营销的间接环境是客观的、不可控的。 (　　)

3.抓住并利用了市场机会,就一定能赚钱。 (　　)

4.对环境威胁,企业只能采取对抗策略。 (　　)

三、选择填空题

1.市场营销环境大致可分为(　　)和(　　)。

A.宏观环境　B.直接营销环境　C.间接营销环境　D.微观环境　E.中观环境

2.营销环境中对企业营销不利的各项因素的总和是(　　)。

A.市场机会　B.环境威胁　C.理想环境　D.冒险环境

四、简答题

1.市场营销信息就是各种消息,这一判断对吗?为什么?

2.企业对环境威胁,应采取哪些对策?

# 第三章　消费者购买行为分析

**学习目标**

顾客价值理论

消费者需要

消费者购买动机与购买行为分析

**知识目标**

掌握顾客价值理论的概念、内容

理解并掌握消费者需要的概念、层次和分类

**能力目标**

掌握消费者购物的动机分析、行为分析

企业开展市场营销活动,必须研究消费者的购买行为,而研究消费者行为,必定要涉及两个问题,即行为的指向和行为的持续问题。

首先,消费者为什么要选定一个特定的行为(确定购买),而不选定别的行为,这就是行为的指向问题。

其次,消费者为什么能坚持不懈地完成某项活动(购物过程),这就是行为的持续问题。

这两个问题涉及同一个研究对象,即消费者需要和消费者满意。任何一种商品,要想引起消费者的注意和兴趣,进而吸引他们购买,从根本上说取决于两个方面:一是其可能获得的满足,即其所得到的效用和价值;另一方面是其在得到这一满足时的必要支出,即所付出的成本。两者相比较,效用大于代价,顾客就会倾向购买,否则,就会放弃购买。离开了人们的需要,商品就失去了它存在的意义。需要是购买过程的动因和起点,消费者正是在需要的基础上产生购买动机与购买行为。

# 第一节　顾客价值理论

## 一、顾客让渡价值

指整体顾客价值和整体顾客成本之差额部分。

1.顾客价值是指购买某产品或服务中所获得的一组利益,包括产品价值、服务价值、人员价值和形象价值。

2.顾客成本是指顾客在评估、获得和使用该产品或服务时付出的全部代价,包括货币成本、时间成本、体力成本和精力成本。如图 3.1 所示。

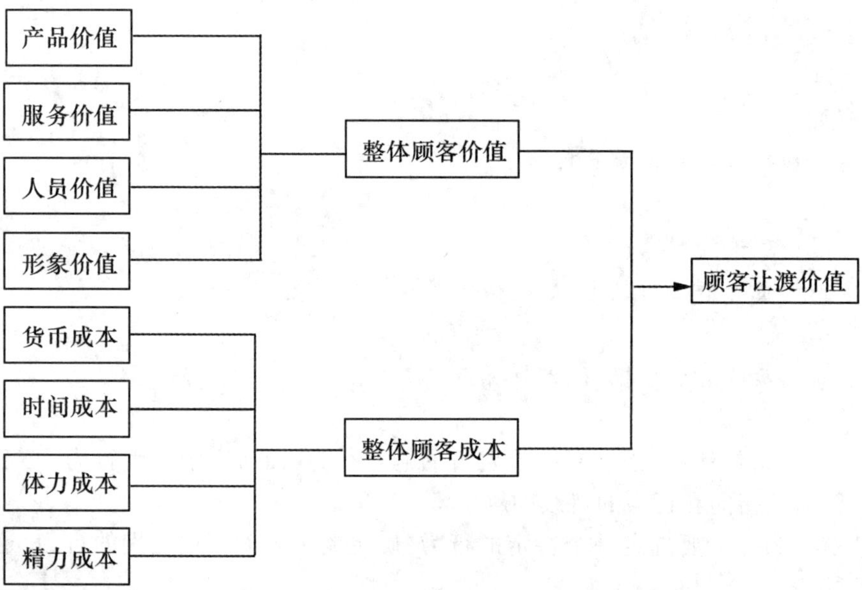


图 3.1　顾客让渡价值

### 案例 3-1　整体让渡价值构成

科特勒将整体顾客价值分解为产品价值、服务价值、人员价值和形象价值,并用如下案例来解释这一概念。

一位来自印尼木材公司的采购员想要购买一台拖拉机，凯特皮勒公司和小松制造所的推销员向他详细介绍了本公司产品的情况，这时顾客心目中已有了有关拖拉机的特定知识和基本信息。假定他对两家公司的产品效用和整体价值进行判断后,认为凯特皮勒公司的产品因为具有可靠性、耐久性和良好的营运状况，所以是一种高价值的产品，并断定该公司能提供较好的服务。在与凯特皮勒公司销售人员的几次接触和交流中，顾客认为该公司的人员比小松制造所的推销员具有更高的知识水平和更强烈的责任感,而且体现出良好的企业素质和企业形象,因而认为凯特皮勒公司能提供更大的整体顾客价值。

顾客在购买产品时,很自然地将效用与成本进行比较,如果效用大于成本,即顾客让渡价值为正数时,有可能进行购买决策,实现购买行为;如果成本大于效用,即顾客让渡价值为负数,则会放弃购买决策,很难发生购买行为。

**案例 3-2　杉杉西服的购买**

某一顾客欲购买一套杉杉牌西服,在毗邻的两个商店进行了考察。甲店是名牌大店,乙店是一般的百货商店。同样的服装,甲店比乙店贵 20 元。该顾客考虑再三,还是选购了甲店的西服。当别人问起为什么愿意多付 20 元,顾客说:虽然多付了 20 元,但在甲店购买放心,且服务态度好。这就是说,从货币价值来看,甲顾客吃亏了,但顾客感到服务价值、人员价值、形象价值远远超过 20 元的货币价值。因此,在甲店购买的顾客让渡价值大于在乙店购买的顾客让渡价值。

了解顾客让渡价值理论,只是要明白两点:一是顾客在信息基本透明的情况下,会以顾客让渡价值最大化作为购买决策的主要依据;二是整体顾客价值和整体顾客成本是包含有许多种因素的综合体,而不仅仅是产品效用和产品价格之间的简单比较。企业的营销者必须在整体顾客价值和整体顾客成本之间进行估算并考虑它们与竞争者的差别,以明确自己所提供的产品或服务如何推向市场销售。如果营销者通过估算认为所提供的产品或服务在让渡价值上缺乏优势,则应该在努力增加整体顾客价值的同时降低整体顾客成本。前者要求扩大,后者要求减少。

**案例 3-3　价值链**

美国哈佛大学的迈克尔·波特针对如何让渡顾客价值,提出了价值链的概念。

所谓价值链,就是公司应把设计、生产、销售、送货和支持其产品运作的各部门,看做创造价值的各环节,把公司创造价值和产生的成本分解到各个部门。公司的任务是检查每项价值创造活动的成本和经营情况。

世界零售巨人沃尔玛是实现公司内部价值链最为成功的企业。沃尔玛 1960 年只有 8 家连锁店,但目前已有近 3000 家连锁店。为了管理这些连锁店,沃尔玛与休斯公司合作,投入 7 亿美元建立了卫星电脑系统。其创办人山姆·沃尔顿说:“我坐在荧光屏前只需 2 分钟,就可了解全球沃尔玛的整体情况。”沃尔玛在美国就有 24 个巨型配销中心,其每一个中心有 23 个足球场那么大。公司除了建设内部价值链外,还应超越自身价值链,这就是建立价值让渡系统。

## 二、顾客满意度(CS 理论)

顾客满意度(CUSTOMER SATISFACTION)这一在营销中比较新的概念,源自1982 年日本企业的顾客满意战略,企业大力推行 CS 战略,旨在建立顾客至上的服务系统。顾客满意一经提出,就引起了世界营销界的普遍关注和重视。对顾客满意度的基本内涵应从个人层面和企业层面来理解。

1.从个人层面上讲。顾客满意度是顾客对产品或服务的消费经验的情感体验,或者说是顾客通过对某项产品或服务的感知效果或结果与他的期望值比较后所形成的感觉状态。满意程度是可感知效果与期望值之间的差异函数。如果效果低于期望,顾客就不会满意;如果可感知效果与期望值匹配,顾客就满意;如果感知效果超过期望,顾客就会高度满意或欣喜。应该明确,顾客的满意不仅仅体现在对一件产品、一项服务、一种思想、一次机会的满意,还体现在对一种系统、一种体系的满意。在整个消费过程中,顾客不仅仅追求经济收益的满意,而且追求社会性和精神性的满意。

2.从企业层面讲。顾客满意度是企业用以评价和增强企业业绩,以顾客为导向的一整套指标。它代表了企业在其所服务的市场中的所有购买和消费经验的实际和预期的总体评价。它是企业经营"质量"的衡量方式。企业营销管理层面上的顾客满意度研究,实际上是对其服务的市场中所有顾客个人满意度的研究和群体行为满意过程的研究的结合。

顾客满意度是企业战胜对手的最好手段,是企业取得长期成功的必要条件。

**案例 3-4　本田公司**

本田公司在美国的成功经验充分说明了 CS 战略对提升企业营销管理和竞争优势的实效。1986 年,本田公司针对一年前购入新车的顾客,就营业员的服务态度、售后服务等方面每月进行一次 CS 问卷调查,并针对其结果进行迅速反应,对其进行有力的指导,从而彻底改善顾客的不满之处,结果,此后 5 年,本田汽车的销售量由 69 万辆大幅度增长到 85 万辆。该公司的汽车获得全美最受欢迎的汽车项目第一位,随后,CS 战略在日本国内全面推广。

顾客满意战略之所以行之有效,是因为满意的顾客往往也是忠诚的顾客,从而给企业带来有形和无形的好处:第一,顾客满意使企业获得长期的盈利能力。为了使顾客满意,必然采取各种措施,提高自身的竞争力。而顾客满意又必然对企业忠诚,进而更多、更经常地选购令其满意的产品,使企业减少经费,获得价格优势,降低交易成本和沟通成本,增加效益。第二,顾客满意使企业在竞争中得到更好的保护。满意的顾客不但对企业及其产品忠诚,而且这种忠诚能够保持,他们不大可能立即转向其他产品或选择新产品,也不会为了更低的价格而抛弃原来的供应商。第三,顾客满意使企业足以应付顾客需求变化。

**案例 3-5　麦当劳示例**

麦当劳推出了"CS=QSC+V",通过质量(QUALITY)、服务(SERVICE)、清洁(CLEANLINESS)和价值(VALUE)达到顾客满意。它要求它的供应商、特许经营店业主、雇员或其他关联人员共同向顾客提供他们所期望的高价值。

既然顾客满意与企业生死攸关,企业就必须千方百计提高顾客满意度。为此,企业首先要了解顾客的个性化需求,及时向顾客提供优质的产品和良好的服务,这是赢得顾客满意的基本条件;其次,及时提供顾客需要的各种附加利益,包括为赢得顾客好感而使顾客利益实现最大化,在产品或服务特征相近的情况下使企业形成差别化优势,进一步加深顾客的信任;再次,要建立企业与顾客之间双向的、畅通的、有效的信息交流通道,使企业能够随时与顾客和潜在顾客取得联系,并为顾客提供信息反馈渠道,倾听来自顾客的意见和建议,使顾客随时能够得到企业的帮助。只要顾客需求得到满足,顾客的满意度必然得到相应的提高。

## 第二节 消费者需要

行为科学认为,人的行为都有一定动机,而动机又产生于人类本身的内在需要,消费者行为也不例外。产生消费者行为的最基本的内在原因是消费者需要,正因为如此,市场营销活动以消费者需要为出发点。只有在对消费者需要有充分认识的基础上,才有可能制定出与消费者需要相一致的营销策略,使企业的营销活动满足消费者需要,并在满足的过程中取得良好的营销绩效。

### 一、消费者需要的概念

需要指人们在个体生活和社会生活中感到某种欠缺而力求获得满足的一种心理状态。

消费者需要是指消费者在一定的社会经济条件下，为了自身生存与发展而对商品的需求和欲望。

### 二、消费者需要的特征

消费者由于不同的主观原因和客观条件,对商品或劳务有不同的需要,而且这些需要随着人们物质文化水平的不断提高而日益多样化。但是,无论消费者需要如何变化,他们都有如下共同特征:

1.层次性。

2.伸缩性。集中表现为消费者对消费需要追求的高低层次、多寡项目和强弱程度。消费者的需要受到自身条件和外部环境的制约。自身条件主要指消费者对需求、欲望的程度和货币支付能力。外部环境包括企业所提供的商品、广告宣传、销售服务等。两者都会促进或抑制消费者的需要。同时,不同商品对消费者生活的影响不同,其伸缩性也不同。生活必需品如粮食、食盐、燃料、肥皂等基本生活用品,伸缩性就小;而属于满足享受需要的用品,如高档时装、高档化妆品、耐用消费品等,伸缩性就大。

3.复杂性。消费者处在一定的社会经济与社会文化环境中,其民族传统、宗教信仰、生活方式、文化素质、经济条件、社会地位、兴趣爱好、情感意志、个性特征等不同,决定了每个消费者消费需求的对象、结构和方式也千差万别、纷繁复杂,从而对其主导需要的选择各异。

4.发展的无限性。如手表开始只是为了计时,所以手表只有时、分、秒,后来为了满足消费者计日期的需要,于是又研制出带日历、带日期的手表。为了解决消费者上发条麻烦的问题,又生产出自动表、电子表。考虑到消费者的心理需要,又在手表的规格上进行了多种多样的开发,形成了丰富多彩的“手表世界”。

5.可诱导性。

6.关联性和替代性。

## 三、消费者需要的产生

1.消费者需要产生的生理状态起因。

2.需要产生的社会情景起因。

3.需要产生的认识起因。

**案例 3-6　自揭其短**

瑞士一家钟表店里手表积压太多，使得店里的资金周转不灵，面临可能破产的危险。新上任的经理冥思苦想，灵机一动，登了一则别具一格的广告：

本店现存一批手表，走时不太准确，一天会慢 20 秒，望购买者三思而后行。

广告登出后，表店突然门庭若市，积压的手表一售而空，解决了钟表店的危机。

试用消费者需要的原理对案例进行分析。

**分析提示：**这则广告给消费者传递了这家表店对顾客诚实的信息——表一天会慢 20 秒。即使号称非常准确的表，通常也存在一天慢几十秒的现象，从而激发了消费者的消费需要，符合需要产生的情景起因和认识起因。

## 四、消费者需要的种类

1.按照需要的产生和起源，可以把需要分为生理性需要和社会性需要。生理性需要是人们为了维持和发展个体生命而产生的对客观事物的需求和欲望，如饮食、睡眠、休息、御寒、避痛等。社会性需要是与人的社会生活相联系的一些需要。

2.按照需要对象的性质，可以把需要分为物质需要和精神需要。人的物质需要是指人们对物质对象的欲望和要求，如人对衣、食、行、住等有关物品的需要，人参加社会劳动对劳动工具、劳动对象的需要等。人的精神需要是指人们对社会精神生活和精神产品的需要，如对知识、艺术、道德、宗教以及美的需要等。

3.按照需要的层次，可以分为生存需要、享受需要和发展需要。生存需要是指人们为维持有机体生存而产生的对基本生活用品的欲望和要求，如对粮食、服装、住房等的需要。生存需要是人类最基本的需要。享受需要是指人们为增添生活情趣，实现感官和精神愉悦而产生的各种欲望和要求，如对音响、彩电、VCD、录像机、冰箱、高档衣料、装饰品、嗜好品等供娱乐、休息用的各种消费品的需要。发展需要是指人们为发展智力和体力、提高个人才能、实现人生价值而产生的欲望和要求，如对书籍、电脑、滋补品等的需要。

4.按需要的社会属性，可分为权力需要、交际需要和成就需要。权力的需要是指人们支配他人与各种物品的欲望和要求，如取得某种服务，对他人的指挥，对某种物品的支配控制等的需要。权力的需要与人的个体素质和所处的环境是密切相关的。当一个人对物品或他人行使权力时，他体会到自己的力量在增长，于是产生一种满足感、愉悦感。许多企业在推销产品时，往往考虑这种需要，而对商品使用人作出权力或优势的许诺。交际需要是指人们对爱情、友谊、归属的欲望和要求。成就需要是指人们为了发挥自己的潜力，干一番事业，取得相应绩效的欲望和要求。它是一种高层次需要。

## 五、马斯洛需要层次理论的基本内容

马斯洛是美籍苏联人，著名的人本主义心理学家。他经过 20 多年的潜心研究，于 1943 年和 1954 年先后发表了《人类动机的理论》、《动机和人》等著作，提出了著名的人类需要层次理论。马斯洛认为，人的行为是由动机驱使的，而动机又是由需要引起的。由于人的主观因素和客观条件不同，其需要千差万别、多种多样。任何人在一定时间内想要满足自身的全部需要是不可能的，只能按其对个体的重要程度排出满足需要的先后次序。于是，马斯洛提出了著名的需要层次理论。

1.生理需要。是指人类维持和延续个体生命所需要的一种最基本的需要，如吃、喝、住、行方面的需要，对水、阳光、空气的需要，等等。生理需要是人类最低层次的需要，也是最基本、最原始的需要。

2.安全需要。是指人类在社会生活中，希望自己的肉体和精神没有危险，不受威胁，确保其平安的需要。安全需要是比生理需要较高一级的需要，它包括安全操作，劳动保护，有秩序的环境，有稳定的职业，财产受到保护，失业保险，免受战争动乱、社会解体的危害，摆脱瘟疫和病痛等需要。马斯洛还把储蓄和各种形式的保险也列入此类。当人的生理需要相对满足时，安全需要就成了个人行为的第二推动力。

3.社交需要。是指人们希望给予或接受爱的情感，得到某些社会团体的重视和容纳的需要。包括：愿意参加社会交往，寻找温暖或与他人保持良好关系，彼此之间得到友谊、关怀与爱护；希望得到爱情，即异性之间相互倾慕，亲密交往，坚贞相爱，满意结合；希望自己有所归属，即成为某个团体的被人承认的成员，参与其中活动，得到相互关心，互相照顾。它是人们在前两个层次需要满足后所产生和追求的第三层次的需要，也是更精致、更难捉摸、对大多数人来讲是很强烈的需要，它同样是人的行为的重要推动力。

4.尊重需要。是指人类在社会生活中希望有一定的社会地位和自我表现的机会，获得相应的荣誉，受到别人的尊重，享有较高的威望等需要。主要表现为两个方面：首先，希望有实力、有成就、有自信心，胜任本职工作，要求独立和自由；其次，要求有名誉、有威望，受人赏识、关心、重视和高度评价。人们接受的教育程度和社会地位越高，尊重需要就越强烈；反之就相应较弱。它是人的高层次的发展需要。尊重需要得到满足，可以增强人的自尊、自信；否则，便会产生自卑感，失去基本的信心。当然，对于社会的每一名成员来说，尊重需要都是难以得到完全满足的，因为它是无止境的。

5.自我实现需要。是指人们希望充分发挥自己的才能，干一番事业，获得相应成就，实现理想、目标，成为自己所期望的人的需要。马斯洛指出，如果一个人要从根本上愉悦的话，音乐家必须搞音乐，艺术家必须画画，诗人必须写诗，以便发挥他最大的潜力。可见，希望自己成为所期望的人，能够完成与自己能力相应的一切事情，追求他所能达到的目标，这些就是人的自我实现的需要。它是以上四种需要得到一定程度满足之后所追求的最高层次的需要。

他认为，人类的上述五种需要是相互联系的。前两种需要是低层次的基本需要，后三种需要是较高层次的发展需要。人类的需要是一个由低级向高级发展的阶梯，只有当低层次需要得到基本满足之后，才会产生并开始追求新的、高一层次的需要。一个人生理上的迫切需要一旦得到满足,就会去寻找他的安全保障,而当基本的安全需要得到满足之后,社交需要又会成为主要推动力,依此类推。如图 3.2 所示。

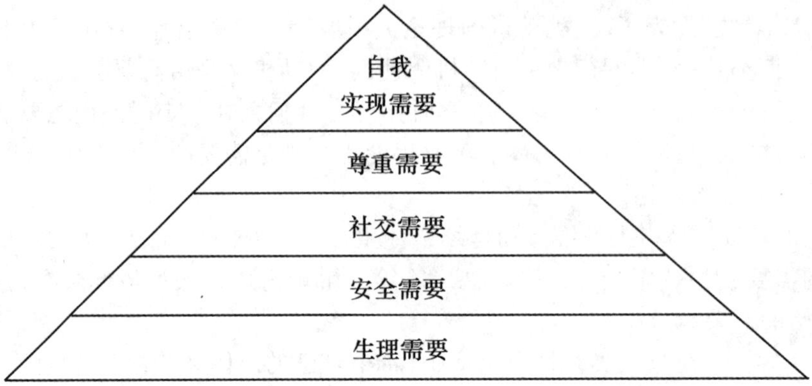


图 3.2 需要层次

应该指出，马斯洛认为人们一般是按照上述梯级，从低级到高级地求得各种需要的满足,但并不是说不同级别的需要不能在同一时间内发挥作用。事实上,上述各种需要相互影响,同时作用,不过在同一时期总有某一级别的需要位居优势,成为人的行为的主要推动力,而优势需要的形成亦不是在低层次需要必须达到完全满足以后。就社会中的大部分成员的一般心理状态而言,大多数表现为某一种需要获得基本满足后,就会有另一种需要产生。这是因为,任何一个人的需要都处于部分得到满足与不满足之间,相比较起来,处于低层次的生理需要与安全需要仅仅要求从外部得到满足,也容易得到满足,而高层次的发展需要虽然是难以得到满足的,但却是导致个体行为发生的真正长远的动力。

马斯洛的需要理论把人类千差万别的需要归结为上述五个层次,并进行了具体分析,指出了各层次之间的关系和有机联系,强调了满足人的基本需要的重要性,这在一定程度上揭示了人类需要的发展规律,已经成为西方行为科学和管理科学的理论基础。因此,它对于市场营销活动的研究,具有重要的借鉴价值,但必须与我国的国情和具体实际结合起来。

# 第三节　消费者购买动机与购买行为分析

## 一、消费者购买动机

### (一)消费者购买动机的概念

所谓消费者购买动机，是指消费者为了满足自己一定的需要而引起购买行为的愿望或意念,它是能够引起消费者购买某一商品和劳务的内在动力。

（二）购买动机组成的三要素

1.需要驱使。心理学家认为，人的行为都有一定的动机，而动机又产生于人类本身的内在需要。人们的行为一般来说都是有目的的，都是在某种动机的驱使下达到某个目标的过程。需要、动机、行为、目标这四者之间的关系如图 3.3 所示。

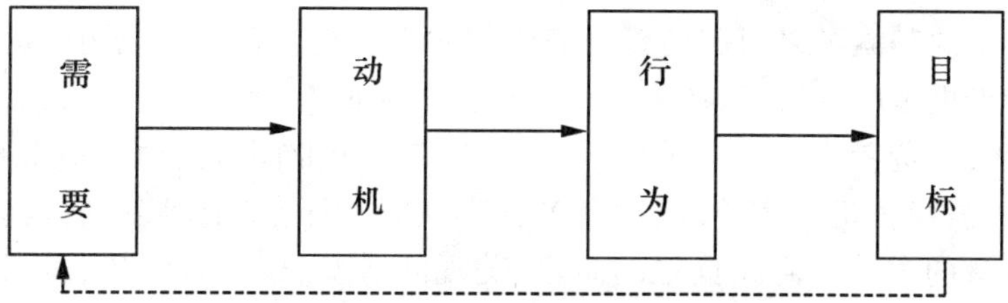


图 3.3　需要、动机、行为、目标的关系

同样，消费者购买动机与消费者需要的关系也是极为密切的，两者不仅是购买行为的内在因素，而且消费者购买动机建立在消费者需要的基础上，它受到消费者需要的制约和支配，仅当消费者有了某种需要，并期望得到时，才会成为一种内在推动力（即动机）。消费者有了购买动机，就要寻找满足需要的目标，并且在目标找到之后进行满足需要的活动或行为（即购买行为和消费行为）。当行为产生之后，需要或动机得到满足，生理的或心理的紧张状态得以解除，消费者个体重新恢复平衡（或均衡），新的需要又会产生，这个过程中各环节的关系如图 3.4 所示。

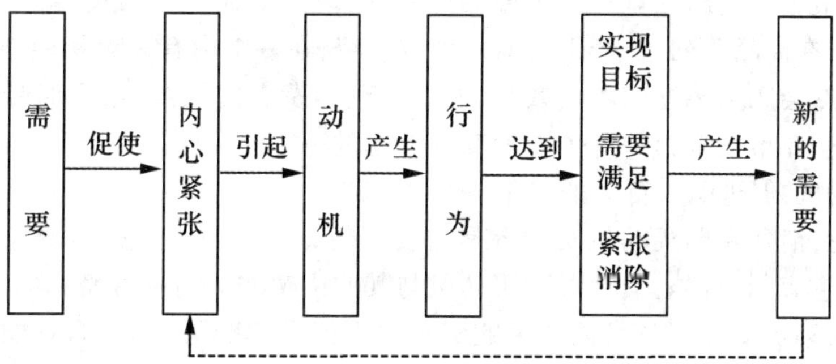


图 3.4　消费者行为模式图

因此，消费者内在需要是产生购买动机的根本原因和动力，从整体上说，没有消费者需要，就没有相应的购买动机。当然，强调消费者的需要与购买动机的紧密联系，并不是说需要与动机可以直接等同，它们之间的区别也是客观存在的。消费者有时即使有某种需要，也未必能激发出动机。例如，某一消费者感到饥饿，需要吃东西，但看到食品不卫生，就倒胃口了。这就是说，吃的需要遇到这样的环境就不能激起吃的动机。

2.刺激强化。消费者购买动机的形成，从根本上来说，源于对消费者的人体刺激，但并不是所有的动机都一定是由这种外部刺激产生的。比如，美味佳肴可能引起人的食欲，但当这个人并不饿时就不会引起食欲；再如，某消费者本来已有一件黑色皮夹克，由于市面上流行彩色皮夹克,他为了赶时髦,又买了一件彩色皮夹克。这里的美味佳肴和市面上流行的彩色皮夹克,都是引起消费动机的外部因素,但只有当刺激和消费者个体需要相结合的时候,才能产生消费者购买动机。因此,需要和刺激是动机产生的两个必要条件,一个起“推”的作用,一个起“拉”的作用,“推”与“拉”两种作用相结合就成为实际活动的动机。如果有“推”无“拉”,即没有刺激,那么需要可能保持原状,而不会形成购买动机。

由于外部环境的刺激可以引起消费者需要和购买动机,企业在市场营销活动中如何不失时机地给消费者更多的刺激,就成为企业营销人员所面对的一个重大课题。一般来说,刺激越多,诱因越强,消费者购买商品便越有可能。如有的企业面对面地向消费者介绍、展示商品,或通过各种广告媒体进行宣传,或举办各种类型的展评会、推展会、展销会,这些都是卓有成效的强化刺激的方式。商品良好的质量、美观的造型、精致的包装、实惠的价格以及主动、热情、耐心、周到的营销服务,更是诱发消费者购买动机的不可忽视的因素。

3.目标诱导。是指消费者在接受众多的刺激时,能够引起消费者注意,促成购买行为的目标商品的诱发作用。心理学研究表明,人的感觉取决于外界环境刺激的变化。在一个充满各种强烈刺激的环境中,人的感觉会变得呆滞;相反,在一个只有微弱刺激的环境中,人的感觉则会变得灵敏。例如,身居闹市中心的人对街上的汽车喇叭声、人群嘈杂声几乎没有什么感觉,因为这种噪声对他们来说已经司空见惯、习以为常了。然而,在万籁俱寂的深夜,手表的滴答声却显得格外清晰、响亮。根据心理学原理,企业在对消费者实施营销策略时,要注意在刺激的系统环境中设置明确的目标,增强对消费者购买动机形成的诱导作用。比如,运用商品展示刺激,如果把许多外形相似、价格相近甚至包装雷同的商品放在同一个柜台或橱窗里,消费者就很难判断出究竟哪一个商品好一些,以致形成不了购买目标,因为这些刺激物相同。但是,若在商品陈列上,若干个商品形成一组,在一组中有一个新颖别致的商品放在这组商品中,必然会产生鹤立鸡群的效果,立即引起消费者的注意,这个商品所起的作用被称为目标诱导。企业市场营销的各个因素都可以通过一定的目标来诱导消费者,形成和强化消费者的购买动机,促进购买行为的产生。

综上所述,消费者购买动机实质上是需要驱使、刺激强化、目标诱导三种要素相互作用的一个合力。它表明:首先,消费者购买动机与其购买实践活动有着密切的关系,消费者的购买行为由购买动机支配;其次,消费者购买动机不但激起购买行为,而且能使行为朝着特定的方向、预期的目标行进;再次,消费者购买动机是一种内在的心理倾向力,其变化过程是看不见的,通常只能从动机表现出来的购买行为来分析、判断购买动机本身的内涵和特征;最后,购买动机与购买目的既有联系又有区别,两者有时是一致的,有时也有差别。在简单的购买行为中,两者常常直接相符,在复杂的购买行为中,目的并不同时就是动机。购买目的是消费者采取行为要达到的结果,购买动机则是为什么要达到这一结果的主观原因。在几个消费者共同购买的行为中,有时目的相同,动机不一定相同;有时动机相同,目的又不一定一致,因此,要了解一个消费者为什么追求这个目的而不追求其他目的,要判断一个消费者购买行为的实质,首先要揭示其追求这种目的的主要购买动机。

(三)购买动机的特征

1.复杂性。消费者的购买动机是很复杂的,一种购买行为往往包含着若干个购买动机,不同的购买动机可能表现出同样的购买行为，相同的购买动机也可能表现出不同的购买行为。消费者复杂而多样的购买动机往往以其特定的相互联系构成动机体系。在消费者的购买动机体系中，各种动机所占的地位和所起的作用是不同的。较强烈而稳定的动机称为优势动机，其余的则称为劣势动机。一般说来，优势动机具有较大的激活作用，在其他因素相同的情况下，消费者个人的行为是同优势动机相符合的。

2.转化性。消费者的优势动机和劣势动机不仅相互联系，而且相互转化，一个消费者的购买行为在多种购买动机驱使形成的过程中，优势动机往往起关键作用。但是，如果在决策或购买商品的过程中，出现了较强的外部刺激，如购买现场的广告宣传，或发现钱不够，或近期某种商品的价格调整，或售货员态度恶劣使人难以忍受，等等，迫使消费者购买的优势动机被压抑，则优势动机就可能向劣势动机转化。

3.公开与内隐的并存性。在消费者多种多样的购买动机中，有些是有意识的公开的动机，即完全知道行为背后的动机，而有些则是无意识的内在隐藏着的动机。消费者的购买行为来源于有目的的决策，其中，购买动机十分明确，并可公开表达，是有意识的公开的动机；当一个消费者无论如何也不能说清楚某一特定行为的真正动机，或者出于某种原因，以劣势动机或其他动机掩盖其优势动机或真正动机的，就是内隐性动机。由于消费者的有些购买行为是在潜意识的支配下进行的，或者是许多动机交织在一起的，因此，优势动机与劣势动机往往不易辨认，有时连消费者本人也说不清楚。例如，某位年轻妇女在购买一件花衬衣的过程中，既可能是为了增加自己的青春风韵，也可能是希望获得周围朋友的羡慕，还有可能是为了炫耀自己是一位精于选购商品的采购员，但究竟哪一种动机起了决定购买的作用，她本人也不太明白。此外，有意识地隐藏真正动机的行为也是很多的，如有的人在家里铺了地毯，其优势动机是为了显示优越感，但别人问起为什么买地毯时，却回答是为了居室清洁少尘。

4.冲突性。消费者多种多样的购买动机相互联系、相互影响，形成动机体系。在各种动机之间，有时也出现相互冲突或抵触，使消费者在购买商品时内心出现矛盾、左右为难的情形。当消费者的购买动机发生冲突和斗争时，消费者应理智地对待。要在内心的矛盾冲突中实现购买决策，可以采用的办法有：在双趋式（即正正）冲突的情况下，采取趋大利的选择，即“两利相权取其重”；在双避式（即负负）冲突的情况下，采取避大害的选择，即“两害相权取其轻”；在趋避式（即正负）冲突的情况下，可采取趋利避害式选择；在难辨利弊的情况下，可采取随机选择的方法，即依据自己的喜好程度、经济能力而定。应该指出，在消费者动机互相冲突的情况下，企业营销人员应该抓住这种机会及时指导和引导，促使消费者作出购买决策。

5.指向性。消费者购买动机具有指向性，即方向性、目的性，它能使购买行为保持一定的方向和目的，因此，动机从总体上来说是自觉的。同时，由于动机是一个内在的心理过程，属于主观范畴，这种心理过程本身是看不见、摸不着的，只能从动机所推动的行为来分析它的内容和特征，因此，动机与实践有着密切的关系。消费者的任何行为或活动总是由动机所支配的，研究消费者动机，就是要把握消费者购买动机发展变化的规律，根据其指向性的特征，组织企业营销活动。

**【思考】**为什么要研究消费者购买动机？

研究消费者购买动机有助于把握消费者购买动机发展变化的规律。

(四)消费者购买动机的分类

消费者需要与刺激因素的多样性,决定了消费者购买动机的复杂性。据有些心理学家分析,驱使人们行为的动机约有600多种,这些动机按照不同的方式组合和交织在一起,相互联系、相互制约,推动人们沿着一定的方向行动,演奏出丰富多彩的人类社会生活的交响曲。尽管如此,我们仍然可以把消费者的购买动机分为生理性购买动机、心理性购买动机和社会性购买动机。

1.生理性购买动机。生理因素是引起消费者生理性购买动机的根源。消费者由生理本能引起,旨在购买满足其生理需要的商品而形成的动机,称为生理性动机。生理性动机又可分为维持生命的动机、保护生命的动机、延续生命的动机、发展生命的动机等种类。

由生理性因素引起的购买动机,是消费者本能的最能促成购买的内在驱动力,其购买的商品也是生活必需品,需求弹性比较小,一般应该比较明显、稳定,具有经常性、普遍性、重复性、习惯性和主导性等特点。随着生产力的提高和广大消费者物质生活、精神生活条件的改善,消费者的购买行为单纯受生理性动机驱使的情况已经不多,即使是购买食物充饥,往往也混合着非生理性动机,如对食品的色、香、味、形的要求,就体现了消费者的表现欲、享受欲和审美欲等。因此,企业的营销人员在组织提供满足消费者生理性需要的商品或劳动时,要注重商品和劳务的实用价值,强调商品的内在质量,力求物美价廉;同时,也要考虑消费者在满足生理性需要的购买行为中所渗透的非生理性动机,使消费者在一次性购买行为中得到更多、更好的满足,从而在消费者中建立良好的企业信誉。

2.心理性购买动机。消费者个体心理因素是引起其心理性购买动机的根源。消费者由于认识、情感和意志活动过程而引起的行为动机,称为心理性动机。心理性动机比生理性动机更为复杂多样,特别是当经济发展到一定水平,社会信息传播技术越现代化,消费者与社会的联系越紧密,激起人们购买行为的心理动机就越占有重要地位。它可分为以下几种:

(1)感情动机。是由消费者的情感和情绪两个方面所引起的购买动机。消费者的需要是否得到满足,会引起他对事物的好恶态度,从而产生其肯定或否定的情感体验,如求新求美、好胜求名动机等。

(2)理智动机。消费者在对商品的分析、比较基础上产生的购买动机称为理智动机,如求实求廉动机等。在消费者队伍中,有相当一部分消费者的购买动机是以理智为主、感情为辅的。这类消费者在购买之前,喜欢根据自己的经验和对商品的认识,收集商品的有关信息,了解市场行情,经过周密的分析和思考,做到对商品的特性心中有数。其选择商品时,比较注重商品的品质,讲究实用、耐久、可靠、使用方便、价质相宜、设计科学、有效率的辅助服务等。正是理智的本质特征,决定了有理智的消费者常常具有客观性、周密性和可控性的特点。

(3)惠顾动机。是消费者根据感情和理智上的经验,对特定的商品或商店产生特殊的信任和偏好,形成习惯、重复光顾的购买动机。产生惠顾动机的原因很多,如商店地点便利、售货迅速、服务周到、秩序良好、陈设美观、品种齐全、质量可靠、价格适宜和环境优美等。由于惠顾动机是以信任为基础的,因而其具有经常性和习惯性的特点。

3.社会性购买动机。它是指由社会性因素引起的消费者购买商品的动机。众所周知,每一个消费者都在一定的社会环境中生活,并在社会教育和影响下成长,其购买和消费商品必然受到所处地理环境、风俗习惯、科学文化、经济状况、阶层群体的影响和制约，都会产生激励其购买满足社会性需要的商品的动机。

消费者的社会性购买动机是在后天社会因素的影响下形成的，一般可分为基本的社会性动机和高级的社会性动机。由社会交往、归属、自主等意念引起的购买动机，属于基本的社会性购买动机；由成就、威望等意念引起的购买动机，属于高级的社会性购买动机。随着社会经济的不断发展、消费者经济收入和支付能力的逐步提高，社会性购买动机对消费者购买行为的支配也逐步明显，成为对某种消费者起主导作用的购买动机。企业重视和研究消费者社会性购买动机，采取适当的营销策略，对于满足消费者需要、提高经济效益是十分重要的。

(五)购买动机在购买行为中的作用

1.购买动机引发和发动消费者的购买行为。

2.购买动机指引购买行为向着某一目标展开。

3.购买动机是维持、增加或制止、减弱购买行为的力量。

## 二、消费者的购买行为

(一)消费者购买行为的概念

消费者购买行为，就是指消费者个人或家庭为了满足自己物质和精神生活的需要，在某种动机的驱使和支配下，用货币换取商品或劳务的实际活动。消费者的购买行为，总是以购买动机为先导，没有动机，就不会产生行为。研究消费者动机，主要是解决消费者为何购买的问题，而研究消费者购买行为，则是明确消费者的分类、购买习惯和购买过程，目的在于揭示消费者购买行为的规律。

由于消费者的购买行为是多种因素综合作用的结果，因此，长期以来，人们从不同的角度和方向分析研究消费者的购买行为，对消费者购买行为作出不同的解释和说明。这些分析概括起来有以下几种：

1.从经济学的角度分析。经济学家把人的需求同效用联系起来，提出了有效行为论，认为消费者购买商品，遵循“最大效用”原则，即设法从有限的收入中谋求最大效用，获得最大满足。经济学家认为，消费者由于受边际效用递减规律的影响，不愿把过多的收入花费在一种商品的购买上，而不管这种商品对他有多大的吸引力。这是因为，一种商品的购买量越多，其边际效用越递减，而任何消费者的收入都是有限的，在无法做到广购博采的情况下，又想谋求最大效用和最大满足，因此，价格对消费者购买行为的影响举足轻重，形成以下购买行为规律：价格越低，购买者越多；代用品价格低，原产品购买就少；互补品价格越低，原产品购买越多；工资收入水平越高，价格作用就越少；经济收入越多，经济因素对购买行为的作用就越小。

2.从社会学的角度分析。在社会学家看来，经济学遵循“最大效用”原则，把影响和决定消费者购买行为的因素归结为收入与价格两个变量，而没有考虑到其他因素，这显然与客观事实不符，存在着简单化的倾向，因而无法揭示消费者购买行为规律。社会学家据此认为，人们的购买行为除了受经济因素的影响和制约外，还在很大程度上受社会群体、社会环境、社会地位的影响，即消费者所处的社会地位、文化修养、相关群体都决定着他们的欲望和要求，支配着他们的购买行为，因此，研究消费者的购买行为，重要的是确定影响购买行为的诸种社会因素，准确地分析购买行为与各种社会因素之间的必然联系。

3.从心理学的角度分析。在心理学家看来，消费者购买行为不是纯经济因素和社会因素的产物，而是生理需要和后天经验相互作用的结果，其中，消费者个性心理和社会心理因素是购买行为过程不可缺少的重要环节和内在动力。研究消费者购买行为，就要研究消费者的个性、态度、兴趣、感觉、知觉、理智、后天经验等心理因素及其相互作用，运用心理学的理论和方法揭示购买行为发生的奥秘，指导企业的市场营销行为。

综上所述，尽管不同的学科对消费者购买行为作出了各不相同的解释，但是他们的解释说明了一个问题，即消费者购买行为的产生与发展，不是一个简单的、孤立的过程，而是受到经济、政治、社会、心理等各种因素的影响和制约，并具有一定的规律性。企业在现代市场营销条件下研究购买行为，只有运用系统论的观点，遵循顾客让渡价值和顾客满意度理论，从经济学、社会学、心理学、行为学等学科进行多角度透视、立体性观察、全方位分析，才能真正掌握消费者购买行为的规律。

（二）消费者购买行为的类型

1.按消费者购买目的的选定程度划分。

(1)全确定型购买行为。此类消费者在购买商品之前，已经将要购买商品的相关信息进行了比较系统的收集，对各种牌号的商品和商店作了比较分析，确定了明确的购买目标，对商品名称、商标、型号、规格、样式、颜色、质量、价格等都有明确的要求，在哪家商店购买都胸有成竹。这类消费者进入商店后，一般都是有目标地购买，对购买商品的要求明确、态度积极，只要营销人员服务热情，提供的商品符合消费者意愿，就能迅速成交。

(2)半确定型购买行为。此类消费者在购买商品之前，已有大致的购买目的，但具体要求不明确，最后购买决定是在购买现场经过选择后作出的。比如，买彩电，消费者事先已经打算购买，但购买什么品牌的，在哪里购买，都未拿定主意，需要在购买过程中作出最后决定。这类消费者进入商店后，往往首先对商店陈设的同类商品细心观察，再向营销人员询问不同品种、规格、型号商品的质量、性能、价格等，经过分析比较后付款购买。营销人员对半确定型消费者，接待不仅要热情周到，而且要耐心细致，熟悉所经销商品的性能特点，及时、准确地回答消费者提出的各种问题，解除消费者的疑虑，促使消费者购买行为由半确定型向确定型转化。

(3)不确定型购买行为。此类消费者进入商店前没有明确和坚定的购买目标，甚至进入商店只是为了参观游逛和消遣而已。他们之所以会在事先没有购买目标的前提下产生购买欲望，作出购买决策，完全取决于商店购货环境的刺激。在商店的消费者流量当中，不确定型消费者约占80%左右，能否吸引住这类消费者，使其产生现实的或潜在的购买行为，是企业营销能否成功的关键所在，因此，企业要着力优化营销环境，使消费者在优雅、舒适的环境中，接受营销人员主动、热情、周到、优质的服务。只要不确定型消费者对企业的产品产生了好感，就会激起购买欲望，在漫无目的的参观、游逛中产生购买行为。

2.按照消费者购买态度和要求划分。

(1)习惯型购买行为。此类消费者根据过去的购买经验和使用习惯从事购买活动。习惯型购买行为建立在消费者对商品认识或信任的基础上。由于这类消费者对商品的性能比较了解,对其牌号比较熟悉,体会比较深且所购商品多为日常生活用品,因此,他们在购买时一般不假思索,不经过挑选,购买决策快、时间短,购买行为比较容易实现。对这类购买者,营销人员应尽量简化购买手续,缩短消费者的购买时间。

(2)斟酌型购买行为。此类消费者对购买行为的选择比较慎重,实现购买行为往往要经过一段时间的仔细斟酌、考虑和分析、比较,特别是对高档消费品的购买,更是慎而又慎。他们往往需要对所购商品进行反复比较、挑选,权衡利弊后再作最后决策,因而,其购买决策速度慢、时间长,购买行为的实现也比较困难。对这类购买者,企业营销人员要以耐心的态度积极配合,协助和促进消费者完成购买行为。

(3)冲动型购买行为。此类消费者反应敏捷,情绪容易冲动,易受商品外观、质量、广告宣传和营业推广的影响,新产品、时尚品对其吸引力较大。在购买商品时,他们很少认真考虑商品的性能和质量,也不愿作反复的选择、比较,只要接受了外界刺激物的刺激,引起了心理的指向,就会毫不迟疑地作出购买决定。针对这类消费者,企业在组织市场营销时,要注意不断推出新产品,讲究商品的造型和款式,强化广告宣传等促销措施,充分发挥环境的刺激作用,促使消费者作出购买决策。

(4)情感型购买行为。此类消费者兴奋性比较强,情感体验深刻,想象力与联想力丰富,审美感较强, 因而在购买行为上容易受感情影响, 也容易受广告宣传及其他促销手段的诱导。企业在组织商品营销时,应根据这类消费者购买行为的特点,注意外观造型、色彩和命名,所采取的各种营销策略都要有利于引起消费者的想象与联想。对情感型购买者来说,只要商品的品质符合其感情需要,他就会作出购买决策。

(5)疑虑型购买行为。此类消费者具有内倾性,表现在购买行为上,善于观察细小事物,行动谨慎、迟缓,体验深而疑虑大。他们选购商品从不冒失、仓促地作出决定,在听取营销人员介绍和检查商品时往往小心谨慎,疑虑重重;挑选商品动作迟缓、费时较多,还可能因犹豫不决而中断;实行购买需"三思而后行",购后还会疑心受骗上当。企业营销人员接待这类购买者时,要实事求是地宣传、介绍商品,主动、热情地解答疑问和提供服务,及时解除购买者的后顾之忧,使其放心购买。

3.按消费者在购买现场的情感反应划分。

(1)沉实型购买行为。此类消费者由于神经活动平衡而灵活性低,反应比较缓慢而沉着,外界环境刺激对其影响不大,对所选购商品的性能、价格心中有数,购买时往往不动声色,态度持重,交际适度,不愿和营销人员多谈与商品有关的问题,只要营销人员介绍的商品符合自己的购买意向,就会当即买下;反之,也不作争论,便悄然离去。

(2)温顺型购买行为。此类消费者由于神经过程比较薄弱,在生理上不能忍受神经紧张,对外界的刺激很少在外表上表现出来, 但内心体验较持久。这种心理特征表现在购买行为上,一般称之为温顺型或谦顺型。此类消费者购买商品时往往缺乏主见,愿意遵从营销人员对商品的推荐和介绍,比较注重服务态度和质量,易受广告宣传的影响。只要营销人员热情接待,实事求是地说明商品的性能特点,一般都能促使这类消费者实现购买行为。

(3)健谈型购买行为。此类消费者由于神经活动平衡而灵活性高,能很快接受新事物,适应新的环境,但情感易变,兴趣广泛,活泼好动。这种心理特征表现在购买行为上,就是健谈型或活泼型。这类消费者在购买商品时,愿意与营销人侃侃而谈,开开玩笑,甚至海阔天空,忘乎所以。营销人员接待这类消费者时,要注意抓住促销机会,在融洽的气氛中提醒消费者的购买目的,推荐相应的商品。

(4)反抗型购买行为。此类消费者在个性心理特征上具有高度的情绪易感性,对于外界环境的细小变化都有所察觉,性格怪僻,多愁善感。这种心理特征表现在购买行为上,就是反抗型或反感型。此类消费者在购买商品时,对营销人员的介绍和推荐特别小心或警觉,以怀疑的态度去对待营销人员,并且反复检查商品的各个方面,想方设法挑毛病,寻找一些与营销人员介绍不相符的地方,不容易接受他人和广告宣传的介绍,因此,营销人员对这类消费者要热情接待,言语要恰如其分,让消费者自主选购。

(5)激动型购买行为。此类消费者由于具有强烈的兴奋过程和比较弱的抑制过程,因而情绪易于激动、暴躁而有力,在言谈举止和表情神态上都有狂热的表现。这种心理特征表现在购买行为上,就是激动型和傲慢型。此类消费者在购买商品时傲气十足,自以为自己经济上富有,对商品品质认识深刻,掌握知识全面,于是选购商品时对营销人员的服务态度和服务质量要求极高,容不得营销人员的不同观点和意见,甚至说话都是命令式的,稍有不合意,就与营销人员发生争吵,暴躁狂热而不能自制,这类消费者虽然为数不多,但接待不好,若发生冲突,影响极大。因此,营销人员遇上这类消费者,一定要耐心、细致、热情,集中精力接待,务必避免与其发生冲突。

(三)消费者购买行为的实现

1.消费者的购买决策。消费者在占有一定市场信息的基础上,从实现目的的若干购买方案中选择一种最优方案,据以作出的决定就是消费者的购买决策。购买决策是消费者心理变化的最高阶段,它表现为权衡购买动机、确定购买目的、选择购买方式方法、制定购买计划等方面,是消费者在购买前的准备阶段。消费者购买决策所包括的内容很多,但概括起来,主要有如下六方面:

(1)为什么买,即权衡购买动机和原因。任何一个消费者在一定时期内的消费者需要都是多种多样的,驱动满足需要,产生购买动机和原因同样存在多样性。在诸多的甚至彼此间存在矛盾的购买动机和原因中,消费者首先要进行权衡,作出选择。比如,某一消费者既想买电冰箱,又想买洗衣机,而实际货币支付能力只能选择其中一种。在这样的情况下,消费者就需要对购买两者的各种动机进行比较、选择,然后决定购买。即使消费者购买同一种商品,也存在着动机权衡的问题。当购买动机经过权衡之后,优势动机便得以确定,并直接影响着购买决策。

(2)买什么,即确定购买对象。这是购买决策的核心和首要问题。由于消费者所消费的商品是具体品牌的商品,因此,购买目标的选择也不能停留在一般的商品上,必须要确定具体的对象及内容,包括商品的名称、厂牌、商标、规格和价格等。

(3)买多少,即确定购买数量。消费者购买商品,总存在一个购买数量问题。消费者买商品取决于实际需要、支付能力、市场需求状况及其心理因素。消费者如果需要迫切,不购买就会影响到自己的生活和工作,即使支付能力不足,也有可能借钱购买;对消费者实际需要、市场供应紧张、涨价趋势明显的商品,消费者有可能多买,但一次买的数量也不会太多。

(4)在哪里买,即确定购买地点。消费者对购买地点的选择,取决于消费者对商品经销单位的信誉、路途的远近、购买商品的数量以及价格等因素。随着商品流通体制改革的深化,多种经济成分、多条流通渠道、多种经营方式并存的流通体制格局已经形成,市场上出现了激烈竞争的局面,商品营销企业的生存与发展取决于消费者的惠顾。于是,企业都以各种方式争取消费者。商品营销企业要吸引更多的消费者,必须清楚地认识到,消费者选择购买地点是与其惠顾动机、求廉动机、求速动机、信任动机等直接相关的,必须根据消费者选择购买地点的动机,改善经营管理,满足消费者需要。

(5)何时买,即确定购买时间。何时购买商品,是消费者购买决策的重要内容。购买时间的选择,取决于消费者对某种商品需要的迫切性、存货情况、营业时间、交通情况和消费者自己可控制的空闲时间等因素。其中,消费者对某种商品需要的迫切性是决定购买时间的决定性因素。

(6)如何买,即确定购买方式。以什么方式购买商品,也是消费者购买决策的重要内容,是消费者取得商品的途径。购买方式包括直接到商店选购、邮购、函购、预购、代购、分期付款等。选择何种购买方式,取决于购买目的、购买对象、购买时间、购买地点等因素。企业要根据自身经营商品的范围和特点, 以多种多样的销售方式和服务项目去适应消费者的多种购买方式。

从以上对消费者决策一般内容的分析可以看出,购买决策具有如下特点:a.购买决策是购买行为不可缺少的准备阶段;b.这个阶段是一个脑力活动的过程,因而是一个心理活动的过程,也是一个思维过程;c.这个心理过程是在一定思想指导下进行的,目的在于实现购买行为。因此,购买决策是一个自觉的心理过程,它属于消费者心理活动的意志范畴。

2.消费者的购买行为过程。是指消费者为实现购买行为所进行的一系列心理活动和购买活动。消费心理学在对消费者进行研究的过程中发现,广大消费者在购买过程中的心理变化一般遵循五个阶段的模式,即唤起需要、寻找信息、比较评价、购买决定和购买后感受,如图 3.5 所示。这个模式强调了消费者购买决策在实际购买行动之前,就已经作出,而且在商品购买中乃至购买后,消费者的心理变化仍未中止。

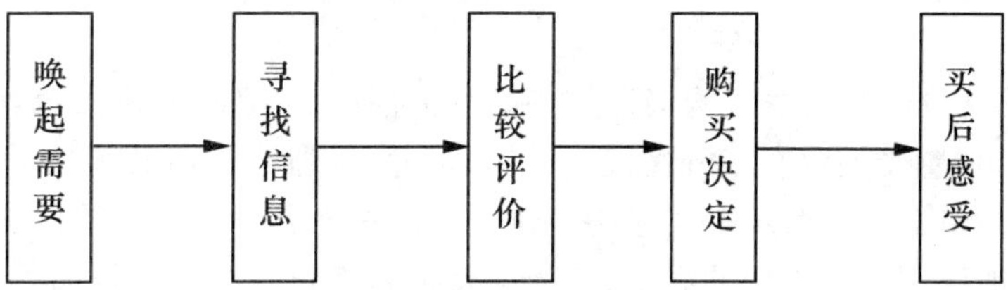


**图 3.5 购买过程的心理**

(1)唤起需要阶段。消费者购买行为过程的起点是消费者的需要。只有当消费者发现和意识到自己的某种需要,才有可能产生相应的购买动机和购买行为。消费者需要源于以下内部刺激或外部刺激:纯生理需要,主要来自于有机体本身的运作;社会性需要,主要由外界刺激的触发性因素所引起。消费者的需要是多种多样的,但多种多样的需要不一定形成购买需要和购买行为。消费者心理学所研究的消费者购买行为过程中的唤起需要,是指具备主、客观条件(购买方与货源)的需要,因为只有这样的需要才能形成购买需要,才对企业市场营销活动有实际的意义。

(2)寻找信息阶段。消费者为了满足需要,就要寻找信息。因为消费者购买行为既受到购买对象的制约,又自觉不自觉地受到经济核算、效益等原则的支配。一个消费者产生了某种需要,但并不一定能够转化为购买动机,进而实现购买。没有购买对象,需要只能仅仅停留在欲望阶段。要找到购买对象,必须先寻找、收集信息。同时,要实现购买效益最大化,也必须寻找、收集相关信息。

消费者信息的来源一般来自于三个方面:首先,市场来源。包括营销广告、工商企业、营销人员、市场商品、营业推广措施、企业公关活动等信息源;其次,社会来源。社会群体影响以及大众传播媒介、其他传播媒介等信息源;最后,经济来源。经济来源是指消费者自身通过参购、试用、实际使用、联想、推论等方式所获得的信息源。企业利用各种传播媒介传递市场营销信息,既能唤起消费者的购买需要,又能满足消费者寻找信息的需要。

(3)比较评价阶段。消费者在广泛收集信息之后,必须对相对杂乱无章的信息加以筛选,进行“去粗取精、去伪存真、由此及彼、由表及里”的分析比较,权衡各自的长短优劣,确定对某商品应持的态度和购买意向,以便作出最佳选择。一般来说,消费者对商品信息比较评价的标准,主要集中在商品的属性、质量、价格三个方面,但有时也因人而异。不同的消费者,其消费需要不同,对商品信息的比较和所得的结果必然有异。同时,消费者对商品的信息比较评价所用的时间也有长有短。一般对于紧俏商品、名牌商品、低档商品、日常生活用品等,消费者在比较评论时所花时间较短;而对高档商品,如彩色电视、全自动洗衣机等高技术耐用消费品,在比较评论时所花的时间较长。

(4)购买决定阶段。消费者在广泛收集商品信息并对其比较评价的基础上,形成了对某种商品肯定或否定的态度。肯定态度一旦形成,就会作出购买决定,这是消费者购买行为心理变化的最高阶级。消费者购买决定的内容是多方面的,除了包括对购买商品品牌的决定之外,还包括对购买地点、购买时间、购买数量、购买方式等的决定。不管各个消费者由于个性因素和社会因素的不同,在作出购买决定时所遵循的准则如何不同,只要企业有适销对路的商品和优质的服务,能在消费者心目中树立起良好的形象和较高的信誉,就能招徕很多的顾客。

(5)买后感受阶段。消费者购买了某一品牌的商品后,必然对商品进行观察、使用,产生相应的感受。这种感受大致有三种情况:一是很满意,即所购买商品满足了自己的消费需要,这样会加强消费者对该品牌商品的爱好,坚定今后继续消费该商品的信念;二是基本满足,即所购商品不能给买主以预期的满足,这样会使消费者重新修正对该品牌商品的认识,甚至会动摇消费者今后继续消费该商品的信念;三是不满足,即所购商品没有达到买主的预期目的,使消费者产生严重的内心不协调状况。在第三种情况下,其不协调状况也主要有三种表现形式:第一,进行合理化解释;第二,营销人员成了商品的替罪羊;第三,产生遗憾与后悔情绪，造成失望感。消费者一旦对所购商品不满意，今后有可能会中断对该品牌的购买和消费。可见，买后感受对购买行为有重要的反作用，甚至是唤起需要的重要因素。

综上所述，消费者购买行为过程是唤起需要、寻找信息、比较评价、购买决定、买后感受五个阶段的统一。当然，在现实的购买活动中，并非所有的购买行为都依次经过上述五个阶段。事实上，有时消费者购买行为很简单，从唤起需要到决定购买，几乎同时进行；有时候，消费者购买过程比较复杂，不仅要经过每个阶段，而且会出现反复。不论购买行为的过程简单还是复杂，其目的都是为了选到满意的商品，即选到与自己需要相一致的质高价廉、符合个人爱好的商品。

（四）影响消费者购买行为的主要因素

影响消费者购买行为的因素很多，但主要有经济的、社会文化的、心理的几个方面。这些方面的各种相关因素共同作用于不同的消费者，从而产生了多种多样的购买行为。对于从事市场营销的企业来说，这些因素是无法控制的，然而它们确确实实地影响着消费者的购买行为。因此，企业必须通过对这些因素的分析，把握购买行为的规律性，为营销决策提供依据。

1.经济因素。从经济因素分析，影响消费者购买行为的，主要有两个方面的问题：一是商品功能与价格的统一；二是商品的价格与消费者收入的关系，即商品价格能否为目标市场的顾客所接受。

(1)商品功能与价格的统一，是企业营销活动中必须认真处理好的一个问题。商品功能与价格的统一，其实质就是要求商品的价格与其质量相符，这是商品的内在规律，即价值与使用价值相统一。产品功能与价格的关系，一般表现为以下三种情况，两种不同的结果，这就是高质量、高价格的商品有销路，某些低质量、低价格的商品也有销路，而质次价高的商品通常难以打开销路，所以，从功能与价格的统一来看，一方面我们要重视功能；另一方面要正确确定商品的定价，力求价格与质量相符。

(2)企业对商品的定价，除了使商品价格与功能相符外，还必须考虑企业商品的定价能否为目标市场的顾客所乐于接受，这也是市场营销中应当重视的一个问题。有时虽然商品价格与商品功能之间的关系处理得比较好，做到了质价相符，但如果不能为目标市场的顾客所接受，仍然不可能取得营销上的成功。因为价格的高低是对目标市场的营销环境而言的，在某一市场上的中价商品，在另一市场可能是高价商品，同一质量、同一价格的商品在某一市场可能受到欢迎，而在另一市场可能遭到冷遇和抵制。因此，必须认真结合市场营销环境研究价格、确定价格。

2.社会因素。社会因素主要指文化、社会阶层、相关群体等方面的因素。

(1)文化。它主要包括教育程度、生活方式或共同遵守的信仰、行为规范、风俗习惯等。任何人都在一定的社会文化环境中生活，不同社会文化环境的人们，认识事物的方式、行为的准则和价值观念是不同的。例如，西方人认为美的东西，东方人也许不一定认为是美的。中国人认为很平常的手工艺品，而工业发达国家的人则认为是十分珍奇的工艺品，因为各国的审美观、价值观是不同的。

(2)社会阶层。它主要是指不同收入水平的人群，不同社会阶层的人，生活方式、消费特征和价值观念都有很大差别,因此,他们的购买行为也就不同。

(3)相关群体。它是指购买者的社会联系。一个人的消费习惯和爱好并不是天生的,往往是在社会和别人的影响中逐渐形成的。这种影响他人消费行为的个人或集团,就是这个人的相关群体。例如,有的消费者模仿银幕上的演员,购买了一种式样新颖的服装,这个演员就是某些消费者的相关群体。人们在生活中,无时无刻不受到各种相关群体的影响。不过由于关系不同,受到影响的程度不同而已:比较密切的相关群体包括家庭成员、邻居、同事等;关系一般的相关群体包括各种有关的社会团体,虽无直接关系但影响很大的电影、电视、体育明星等。

相关群体影响消费者的购买行为,一般表现为:第一,相关群体为每个人提供各种可供选择的消费行为或生活方式的模式;第二,相关群体引起的仿效欲望,影响人们对某种商品选择的"一致化",影响人们对某种商品花色的选择。

所以,企业必须十分重视相关群体对购买行为的影响力。在制定生产和营销策略时,要选择同目标市场关系密切、传递功能最迅速的相关群体,了解其爱好,做好产品推销工作,以期扩大销售。

(4)家庭状况。在消费者购买行为中,家庭的影响是至关重要的,因为消费者的许多购买活动都是以家庭为单位进行的。家庭是对人影响最深的小团体,所以,研究影响消费者购买行为时,应把它看成一个特殊的"相关群体"。不同的家庭状况有不同的消费行为。比如,家庭规模的大小,就决定其购买行为的特点。家庭人口多,商品购买数量就大;四世同堂,自然饭桌也要大;三口之家,厨房用具和餐具自然小巧。

此外,处于不同家庭寿命周期的家庭,购买行为也有很大差异。在美国,有人把家庭寿命周期分为七个阶段。

A.未婚阶段:单身汉。

B.新婚阶段:没有子女。

C.少子女阶段:年轻夫妇,有一个三岁以下的孩子。

D.多子女阶段:年轻夫妇,有两个以上三岁以上的孩子。

E.子女成年阶段:中年或老年夫妇,子女已经独立。

F.老年阶段:没有子女负担。

G.独居阶段:丧偶、独居。

处于不同阶段的家庭,对于商品的需求和兴趣有明显的不同。每一阶段的家庭,其权威性、职业状况、收入高低、人口多少、相关影响力大小等都不相同,这些都直接影响到消费者购买的行为。

3.心理因素。影响消费者购买行为的心理因素很多,概括起来,主要有以下几个方面:

(1)个性。个性即个人性格,是一个人身上表现出的经常的、稳定的、实质性的心理特征。个性的差别也将导致购买行为的不同。例如,在服装选择方面,性格外向的人,往往偏爱色彩鲜艳、对比强烈、款式新颖的服装;而性格内向的人,一般比较喜欢深沉的色调。另外,消费者个性还可导致消费者在购买过程中的不同表现。例如,外向型的消费者,一般喜欢与售货员交谈,表情容易外露,很容易表现出对商品的态度,但也较容易受外界的影响;内向型的人大多沉默寡言，内心活动复杂，但轻易不表露；理智型的人大多喜欢对商品进行反复比较、分析和思考，最后才作出购买决定等。

(2)态度。态度是指消费者对某个客体的见解和倾向。这种见解和倾向表现对人对事所持有偏爱或厌恶的特殊感觉。态度对消费者的购买行为有很大的影响。

消费者对某种商品或劳务的态度，不像有的动机那样先天就存在，态度是学习来的。文化、社会阶层、相关群体、后天经验等因素都对态度产生影响。一般来说，消费者态度的形成，主要有三个方面的依据：一是消费者本身对商品和劳务的感觉；二是相关群体的影响；三是自己的经验及学习的知识。态度能够帮助消费者选择目标，影响购买决定。因此，企业就根据消费者的态度设计和改进产品，使产品很好地符合他们的要求，或者利用促销手段不断改变他们的态度，以利产品的销售。但是，在一般情况下，企业根据消费者的态度来设计改变产品，要比改变一个对企业不利的态度容易得多。

(3)感觉。感觉是指人利用眼、耳、鼻、舌、身等感觉器官，接受物体色、香、味、形等刺激而引起的内在反应。任何消费者在购买商品时，都要通过自己的感觉器官，对商品和劳务产生一定的印象，在对其进行综合分析后，才能作出是否购买的决定，所以，一切产品的宣传，只有通过消费者的感觉，才能影响消费者的购买行为。

因此，企业为了形成消费者对产品和劳务的最佳感觉，从而更好地刺激需求，就必须采取多种营销手段，把商品的外观、色泽、功能、特性等充分展现给消费者，引起消费者的注意，加强其感觉，以激发其购买行为。

(4)自我概念。自我概念是指一个人对自己的看法和估计他人对自己的看法。一个人对自己的看法和评价往往是很复杂的问题，自我概念的类型不一致，而且也没有一定的标准。但无论如何，人总是力求保持一个较好的形象，不断改善自我形象，并通过自己的言行向人们表达这种形象。自我形象如何在企业了解消费者的购买行为方面是很有用的，因为表达自我形象的重要途径之一就是消费。人们往往通过自己购买的商品来反映自己所希望表现出来的形象，因此，消费者的自我概念帮助他们选择商品，影响他们的购买决策。由于消费者总是购买与自我概念一致的商品，在企业营销中，就应使产品形象与人们追求的自我形象达到一致，从而使他们倾向于购买。为达到这一目的，必须分析、研究不同产品在不同消费者中的印象，通过价格、包装、商标、广告等促销策略来创造并完善产品形象。

(5)后天经验。所谓“后天经验”，是说购买动机不是先天产生的，而是后天的经验形成的。在后天经验理论中，应用比较普遍的是“刺激—反应”模式，简称“S—R”模式。这种理论认为，消费者购买动机是由下列五种要素互相作用的结果：驱使力、刺激物、提示物、反应和强化。如图 3.6 所示。

一个行人在路上突然感到饥饿，产生了食欲。他正好看到路旁小吃店在卖汉堡包，于是想起麦克唐纳的汉堡包招贴画，他就决定去小吃店买麦克唐纳汉堡来充饥。这位行人吃了后感到十分满意，加深了对麦克唐纳汉堡包的印象，下次感到饥饿，他就会不假思索地去购买汉堡包了。

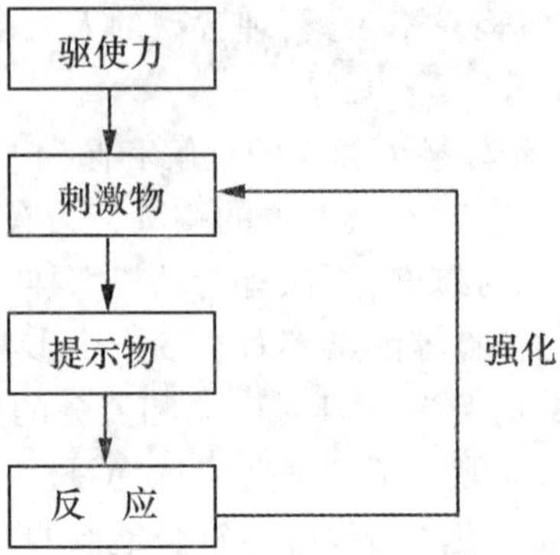


图 3.6 "S—R"模式图

食欲是驱使力,小吃店的汉堡包是刺激物,招贴画是提示物,行人吃后的满意是反应,加深印象就是强化。

一个企业要扩大产品销售,不仅要了解自己的产品(刺激物)与潜在消费者的驱使力的关系,而且要善于向消费者提供诱发需求的提示物——适当的广告宣传手段,并且积极进行反复宣传的"强化"工作,加深消费者的印象。只有这样,企业产品才能实现"后天经验"的效果,成为人们喜爱的商品。

## 案例讨论 3-7 从豆浆到维他奶

### 一、案例介绍

一碗豆浆、两根油条是三顿美餐中的第一餐,这是长期以来许多中国人形成的饮食习惯。豆浆,以大豆为原料,是豆腐作坊的副产品,在中国已有两千多年的历史。它的形象与可乐、牛奶相比,浑身上下冒着"土气"。以前,喝它的人也多是老百姓。

但是,现在,豆浆在美国、加拿大、澳大利亚等国的超级市场上都能见到,与可乐、七喜、牛奶等国际饮品并列排放,且价高位重,有形有派。当然,它改了名,叫维他奶。

豆浆改名维他奶,是香港一家有50年历史的豆品公司为了将街坊饮品变成一种国际饮品,顺应不断变化的价值和现代人的生活方式,不断改善其产品形象而特意选择的。"维他"来自拉丁文Vita,英文Vitamin,其意为生命、营养、活力等,而舍"浆"取"奶",则来自英语soybean milk(豆奶,即豆浆)的概念。50年前,香港人的生活不富裕,营养不良,各种疾病很普遍。当时生产维他奶的用意,就是要为营养不良的人们提供一种既便宜又有营养价值的牛奶代用品——一种穷人的牛奶。在以后的20年中,一直到20世纪70年代初期,维他奶都是以普通大众的营养饮品这个面貌出现的,是一个"廉价饮品"的形象。

可是到了20世纪70年代,香港人的生活水平大大提高,营养对一般人来说并不缺乏,人们反而担心营养过多的问题。如果此时还标榜"穷人的牛奶",那么喝了不就掉价了吗?难怪豆品公司的职员发现,在马路边的汽水摊前,喝汽水特别是外国汽水的人喝起来"大模大样",显得十分"有派",而喝维他奶的人,就大多站在一旁遮遮掩掩,唯恐人家看到似的,因而,豆品公司的业务陷入低潮。

20世纪70年代中期，豆品公司试图把维他奶树立为年轻人消费品的形象，使它能像其他汽水一样，与年轻人多姿多彩的生活息息相关。这时期的广告便摒弃了“解渴、营养、充饥”或“令你更高、更强、更健美”等字眼，而以“岂止像汽水那么简单”为代表。1983年，又推出了一个电视广告，背景为现代化城市，一群年轻人拿着维他奶随着明快的音乐跳舞……可以说，这时期维他奶是一种“消闲饮品”的形象。

然而，到了20世纪80年代，香港的年轻人对维他奶怎么喝也喝不出“派”来了，于是，从1988年开始的广告便重点突出它亲切、温情的一面。对于很多香港人来说，维他奶是个人成长过程的一个组成部分，大多数人对维他奶有一种特殊的亲切感和认同感，它是香港本土文化的一个组成部分，是香港饮食文化的代表作，维他奶对香港人如同可口可乐对美国人一样。由此，维他奶又开始树立一个“经典饮品”的形象。

在同一时期，维他奶开始进入国际市场。这一时期，太多的脂肪成了美国等国公民的一大问题。在美国，维他奶标榜高档“天然饮品”。所谓天然饮品，就是没有加入人工的成分，如色素和添加剂等，可以使消费者避免吸收太多的脂肪，特别是动物脂肪。标榜天然饮品，当然受美国人的欢迎。于是便出现了这样历史性的趣事：维他奶创始之初，标榜穷人的牛奶，强调它与牛奶的相似之处，并且价格比牛奶要低；今天在美国市场，维他奶强调的是与牛奶不同的地方（维他奶具有牛奶所有的养分，而没有牛奶那么多的动物脂肪），其价格也比牛奶高。

（资料来源：清华大学经济管理学院工商管理研究组：《MBA工商管理800例》，世界图书出版公司，1998年版）

**二、案例分析**

从豆浆变成维他奶直至国际饮品的过程，揭示出这样一个道理：同一种产品，在不同的时代或社会，应以不同甚至截然不同的形象出现，即使其物质产品的内容、性能毫无改变，也能找到正确的市场定位，成为畅销商品。这是因为，在不同的时代或不同的社会，人们的价值观和生活方式是逐步发展变化的，而且存在着巨大的差异。企业应该以消费者的需要和欲望为重点，了解和掌握消费者的真正需求，顺应消费者的愿望，从而长期占领市场。

**三、思考·讨论·训练**

1.为什么豆浆更名为维他奶后，能长期占领市场？

2.香港的豆品公司是如何根据时代的变迁来调整经营策略的？

3.随着时间的推移，你认为维他奶的市场前景如何？为什么？

4.人们的怀旧情绪对企业的市场营销活动有什么影响？举若干实例进行分析。

## 案例讨论3-8 “泛洋城市度假村”的经营推广

**一、案例介绍**

俗话说，“三流企业做产品，二流企业做技术，一流企业做品牌”，而真正超一流的企业，面对激烈的市场竞争，它却是在制定行业的游戏规则，成为产业的开创者，规避竞争，进入无竞争领域，如入无人之境般尽享市场的“头啖汤”。这对于一个休闲娱乐项目，在当今"各领风骚三五年"的休闲娱乐市场,通过创新一种业态,从而创造一个潮流,引导一种时尚,则显得尤为艰难与关键。

1998 年,云都作为国内首家日式温泉浴场,开创了综合性大浴场新业态,在上海引起轰动,商家纷纷效仿,使得沪上沐浴业得以超速度地蓬勃发展。泛洋沐浴城,地处上海市中心的静安区,总投资 1500 万美元,营业面积达 3.2 万平方米,是上海规模最大、档次最高的综合性大浴场之一。

针对沪上休闲产业进行深入的市场调查研究是破译该产业成功的不二法门,是正确地为项目选择经营定位、拟定经营模式、设计营销战术、制定经营计划的前提,是确保项目迈向成功的基础。

经调查发现,近些年来消费者的消费观念发生了变化,越来越青睐于那种高雅而又正规的休闲场所,崇尚健康消费的人越来越多,而大浴场能够营造这种环境和氛围。

与传统的歌舞厅、KTV、保龄球馆等休闲方式来缓解精神压力不同,洗浴自然而又放松,是一种真正能够缓解生活压力,使人轻松下来的休闲方式,充分迎合了生活节奏越来越紧张的现代人士。

与传统洗浴行业相比,新兴的大浴场发生了巨大的变化。大浴场是一种集餐饮、休闲、健身、娱乐、洗浴为一体的休闲场所,除了最基本的洗浴间外,还有表演舞台、餐厅、美容美发厅、健身房、影视厅以及棋牌室、保龄球馆、高尔夫练习场、射箭房、网吧、陶吧、阅览室等附属设施,不仅消费种类多,而且大都上规模、上档次,各类设施齐全,服务也十分完善,有自己独到的特色。

为此,在开业期间,企业采用"体验营销"的方式,规划设计了系列化的活动与独特服务方式,如针对会员入会的欢迎会,布置欢迎旗、荣誉榜、集体的欢迎活动、高规格的接待与摄像摄影留念,又如组织与引入当前流行的"开心辞典"、"财富大考场"等参与性高、娱乐性强的热门活动,以有助于营造顾客体验,维系顾客忠诚,缔造"泛洋"品牌。

**二、案例分析**

80%的战略失败在于对"购买者行为"判断有误,正因为"万事开头难",所以,通常导致"从头错到尾",这里的"头"即顾客。我们必须以"千里之行,始于足下"的严肃态度来面对这个看起来简单实则危机重重的问题。一般意义的休闲已无法满足顾客日益提升的需求,度假概念正大行其道;一般人又承受不起自备交通工具、高昂的会员费的野外度假要求;如果能让他们既享受度假的概念又只用付出一般休闲的代价,那么,这种消费方式必将大受追捧,使企业取得经营成功。

**三、思考·讨论·训练**

1.结合本案例,讨论影响购买者实施购买行为的因素。

2.市场营销者研究购买行为有何意义?

## 复习思考题

一、主要概念

顾客让渡价值　顾客满意度　消费者需要　消费者购买动机　消费者购买行为

二、素质题

市场上有些粗制滥造的假、冒、伪、劣产品也有人购买，为什么？

三、判断题

1.对衣食住行的需要是每个人都有的，因此说所有人的需要都是一样的。(　　)

2.市场顾客是可以被创造出来的。(　　)

3.顾客的购买动机是多种多样的。(　　)

4.千方百计提高顾客满意度是企业取得长期成功的必要条件。(　　)

5.消费者的购买行为是由消费者的经济因素决定的。(　　)

四、选择填空题

1.顾客让渡价值是(　　)和(　　)之差额部分。

A.购买成本　B.整体顾客价值　C.产品价值

D.货币成本　E.整体顾客成本

2.按照消费者需要的产生和起源，可以把消费需要分为(　　)和(　　)。

A.生理性需要　B.生存需要　C.享受需要

D.社会性需要　E.发展需要

3.影响消费者购买行为的主要因素有(　　)。

A.经济因素　B.收入因素　C.社会因素

D.情感因素　E.心理因素

五、简答题

1.消费者需要有哪些特征？

2.简述消费者购买决策及其过程。

六、技能题

假如你是一名推销员，想要推销成功，最首要的工作是什么？

七、分析题

试分析马斯洛的需要层次理论。

# 第四章 市场细分、选择目标市场和市场定位

**学习目标**

市场细分的依据与作用
市场细分的条件与标准
选择目标市场
目标市场定位

**知识目标**

掌握市场细分的概念和依据
掌握并能熟练地对生活资料和生产资料市场进行细分
能在市场细分的基础上学会选择目标市场
掌握市场定位的原理

**能力目标**

理解市场细分、选择目标市场和市场定位的关系
能熟练地对某一市场进行细分,找出目标市场,恰当地与竞争者抗衡定位

工商企业进行市场营销,要解决的一个中心问题是企业如何制定营销战略。营销战略的制定,首先要选择正确的目标市场,目标市场的正确选择又必须依靠市场细分来提供可能。

## 第一节 市场细分的依据与作用

### 一、市场细分的概念

所谓市场细分,又称“市场区隔”、“市场分片”、“市场分割”等,就是营销者通过市场调研,根据消费者对商品的不同欲望与需求、不同的购买行为与购买习惯,把消费者整体市场划分为具有类似性的若干不同的购买群体——子市场, 使企业可以从中认定其目标市场的

过程和策略。这里所讲的子市场就是指消费者群。每一个消费者群就是一个细分市场;每一个细分市场都是由需求倾向类似的消费者构成的群体;所有细分市场之总和便是整体市场。在消费者群内,由于大家的需求、欲望大致相同,企业可以用一种商品和营销组合策略加以满足。但在不同的消费者群之间,其需求、欲望则各有差异,需要企业以不同的商品,采取不同的营销策略加以满足。因此,市场细分实际上是一种求大同、存小异的市场分类方法,它不是对商品进行分类,而是对需求各异的消费者进行分类,是识别具有不同需求和欲望的购买者或用户群的活动过程。

市场细分这个概念是由美国市场营销学家温德尔·史密斯于20世纪50年代中期总结了企业的实践活动之后,首先提出来的一个新概念。它的提出,顺应了二战后美国众多商品市场由卖方市场转化为买方市场这一新的市场形势,是一些企业市场营销实践经验的概括和总结,是企业市场营销观念的新发展,也是企业营销贯彻以市场为导向的营销原则的合乎逻辑的产物。

## 二、市场细分的依据

市场细分是有客观依据的。

1.市场是商品交换关系的总和,它是由生产者、消费者和中间商组成,其本身就是可以细分的。不同区域的市场处在不同的地理环境之中,就形成了不同的细分市场。

2.消费者需求和购买行为差异的同类性,是市场细分的主要依据。消费者个人由于经济、地理、文化素养、民族习惯等方面的差异,形成了各种各样的偏好、兴趣,对商品的需求千差万别,于是就形成了差异性。但总有相当数量的消费者对商品的需求是一致的,这又形成了同类性。市场细分就是建立在消费者相似需求的共同特征基础上的。

3.构成市场买卖双方的企业和消费者都具有各自的“个性”。各个工商企业因其资源、设备、地理位置、技术等差别,有自己的优势,可以从事不同的商品经营;消费者则有各自的购买欲望和需求特点。这样,企业可根据消费者的需求进行市场细分,比较准确地选择分片市场作为自己的营销服务对象,谋求最佳的经济效益。

在市场细分理论中,依据消费者对商品的同质需求和异质需求,可以把市场分为同质市场和异质市场。同质市场是指消费者对商品的需求大致相同的市场。例如,消费者对食盐、白糖、大米、火柴的需求差异很小,消费者购买这些商品的数量比较稳定,对其要求最简单的包装、最方便的购买和最低的价格,则这些商品的市场就具有较大的同质性,企业无需进行市场细分。但对大多数商品来说,由于市场因素的多元化,需要进行细分,属于异质市场。这种异质市场是指市场群之间的差异大,但各市场群内部的差异趋小的市场。市场细分实际上也是一个将异质市场分成若干个同质市场的过程。

图4.1(a)表示一个拥有六位买主的市场。因为各位买主都有自己特有的需求和欲望,所以每位买主都可成为一个潜在的独立市场。卖方可以针对每位买主来设计不同的产品,制定相应的营销计划。例如,波音公司只为少数几家航空公司制造飞机,并根据它们各自的特殊要求单独定制产品。这种市场细分的极限程度称为定制营销,如图4.1(b) 所示。

大多数卖方会发现,为每位买主定制产品是无利可图的。在实际业务中,卖方会根据买主对产品的不同需求或营销反应将买主分为若干类型,如卖方会发现不同的收入群体具有不同的消费需求。在图4.1(c)中,用数字1、2、3来表示每位买主的收入水平,并将处于同一收入水平的买主圈在一起。这样,按收入水平可将市场细分为三个部分,其中最大的细分市场就是收入水平1,与此同时,卖方会发现年轻买主与老年买主之间也存在着显著差别。图4.1(d)中用字母A和B来表示买主的年龄大小,这时按年龄差别可将市场细分为两个部分,每部分包含三位买主。

现在假设收入和年龄同时影响买主的产品购买行为,这时市场就可以分为五个细分市场:1A,1B,2B,3A和3B。图4.1(e)说明1A这个细分市场内有两位买主,而其他细分市场各包含一个买主。

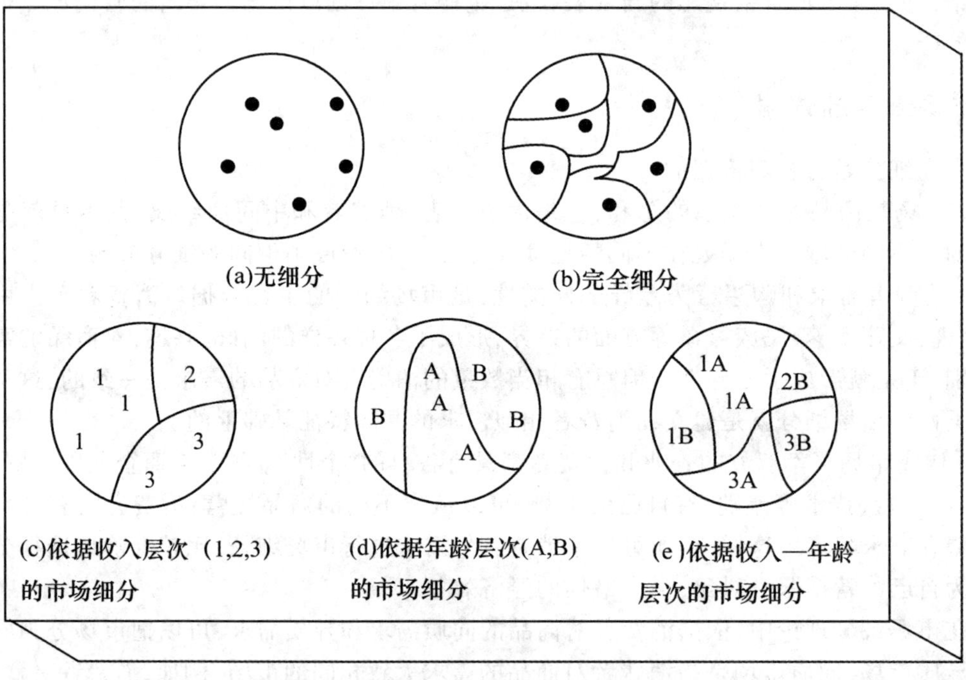


图4.1 不同的市场细分

【思考】对食盐、白糖、火柴等商品市场是否需要进行市场细分?

不需要。因为消费者对这些商品的需求差异性很小,购买这些商品的数量比较稳定,对其要求最简单的包装、最方便的购买和最低廉的价格,这些商品的市场具有较大的同质性,因此,企业无需进行市场细分。

## 三、市场细分的作用

1.有利于企业分析、发掘新的市场机会。

2.有利于企业制定和调整市场营销组合策略。

3.有利于中小工商企业开发和占领市场。

4.有利于提高企业的经济效益和社会效益。

市场细分对提高经济效益的作用主要表现在两个方面:一是通过市场细分,确立目标市场,然后把企业的人力、物力、财力集中投入目标市场,形成经营上的规模优势,取得理想的经济效益;二是在市场细分之后,企业可以面对自己的市场,组织适销对路的商品。

**案 例 4-1 奔驰、宝马与大众汽车的市场细分**

德国的奔驰、宝马汽车主要服务于中高档市场,大众汽车服务于中低档市场。而中国的彩电市场不仅没有一家企业愿意将自己局限在某一细分市场,就是同一厂家同一尺寸的彩电也恨不能占领所有的市场。

**分析提示:**德国奔驰、宝马、大众汽车公司,把整个汽车市场细分为若干个不同的市场群体,根据每个小市场上需求的差异性,设计不同的产品,实行差别性的市场营销策略,而我国彩电业正是忽视了这一点,形成不了市场营销特色,因而难有稳定的市场份额。

# 第二节 市场细分的条件与标准

## 一、市场细分的条件

1.可衡量性。是指市场细分的标准和细分以后的市场是可以衡量的。它包括三个方面的内容:首先是消费者需求具有明显的差异性。只有这样,才值得对市场进行细分。相反,如果消费者对商品需求差异不大,无法确定清楚、明确的细分标准,就不必费力去进行市场细分。其次,它是指对消费者需求的特征信息易于获取和衡量,能衡量细分标准的重要程度并进行定量分析,否则,也无必要加以细分。再次,它是指经过细分后的市场范围、容量、潜力等也必须是可以衡量的,这样才有利于确定目标市场。

2.可占领性。是指经过细分的市场是企业可以利用现有的人力、物力和财力去占领的。可占领性也有两层含义:首先,细分后的市场值得企业去占领,即市场细分要有适当的规模和发展潜力,同时有一定的购买力,企业进入这个市场后有足够的销售额。如果细分市场规模过小,市场容量有限,就没有开发的价值。其次,细分后的市场,企业能够占领。市场细分的目的是为了正确选择目标市场,因此,细分市场必须考虑到企业的经营条件和经营能力、物力和财力所不能达到从而无法占领的,那么,细分市场就失去了相应的意义。同时,要充分了解细分市场上的需求满足程度和竞争者状况。若市场需求满足程度已饱和,或竞争者已经处于垄断地位而企业又不能战胜对方,这样的市场也无开拓的必要。

3.可接近性。是指企业容易进入细分市场。它有两方面的含义:一方面,它是指市场细分后所确定的目标市场上的消费者,能够了解企业所经营的商品,并已对商品产生购买兴趣和购买行为,能通过各种渠道推广本企业经营的商品;另一方面,企业采取的各种营销措施和营销策略,诸如人员推销、营业推广、广告宣传、公共关系等促销手段,可以达到被选定的细分市场,其营销努力能够引起细分市场上的消费者的注意和反应。

4.稳定性。市场细分的目的在于正确选择目标市场,集中力量开拓经营,扩大销售,增加企业盈利。这就要求细分的市场不但要有一定的市场容量和发展潜力,而且要有一定程度的稳定性,即占领市场后的相当长时期内不需要改变自己的目标市场。因为目标市场的改变必然带来企业经营设施和营销策略的改变,而这种变动过快,给企业带来的风险和损失也会随之增加。因此,一般说来,目标市场越稳定,越有利于企业制定长期的营销战略和策略,越有比较稳定的利润。

此外,还需指出的是,市场细分程度要合理,不能认为市场的细分是越细越好。近年来,西方市场营销学家反对"超细分策略",而主张将许多过于狭小的市场组合起来,以便利用较低的价格去满足这一市场较广的需求。尤其在我国当前市场处在以中低消费能力为主的情况下,一般不宜将市场划分得过细,应因时、因地制宜并与日渐增长的物质文化的实际需求相适应,宜细则细,宜粗则粗,以务实为尚。

**阅读资料 4-1　关于零售业**

A.竞争与"无形的手"

任何一种零售业态的出现,都是市场竞争加剧的产物,也是竞争的必然结果,市场这只"无形的手"就是在不断的竞争中发生作用。零售商业大厦就是其中一例。它近年来遇到严峻的市场挑战:大型商厦迅猛增加,造成区域性相对饱和,导致同行业之间拼争激烈;综合超市、专营店、连锁店、仓储式商场等多种业态的崛起,更加剧了百货业的竞争;消费取向已向个性化、多样化的需求转移,对商业服务功能的要求日益提高。而某商厦因其经营面积相对狭小,如果像大型百货店一样追求"大而全",就没有优势可言,因而力求就某一个主题做到"小而精,精而全"。

现在零售业开始面对的是日益成熟的、具有较高松散性和流动性的消费群体,市场消费正在发生巨变,市场内容的多元化、需求层次的复杂化和购买行为的理性化,需要零售企业树立科学、整体的营销观念,研究自己的消费者,对自身作一个标准的定位,真正让消费者成为企业营销活动的中心。

B.创新和垄断利润

零售业利润微薄,已是不争的事实,要想使自己企业的个别利润高于行业的平均利润,就必须创造垄断,这个过程即"寻租"。无论是一种产品,还是一个企业,创造出差别就会形成一定程度的垄断,通俗地说就是有个性、有特色。创新是差别的途径之一。美国经济学家熊彼特给创新下了这样的定义:生产要素的重新组合。其形式包括五种:引进一种新产品,开辟一个新市场,找到一种原料的新来源,发明一种新的生产工艺流程,采用一种新的企业组织形式。

在许多人提到创新时,往往习惯把创新说成"科技创新",其实,从某种意义上讲,制度创新比技术创新更重要。零售业出现的"主题经营",对于这些零售店来说是一种企业制度的创新,也是自身利润增长的"路径依赖"。但这种垄断是一种无故障的垄断,所以,要想持续获得垄断利润,就应该不断创新。

C.效用与消费者剩余

创新是从企业角度阐明了"主题经营"的百货店可获取垄断利润,那么,效用理论可以从消费者角度来解释更高利润的来源。西方经济学中的效用,简单地说就是消费者在消费一定量的物品和劳务时所得到的满足程度,效用有大小之分、高低之分。如何最大限度地提高或扩大消费者效用,这是企业家所面临的又一问题。"主题经营"的百货店,让人感到某一类商品种类齐全、品牌应有尽有,这种"小而全"比"大而全"更有利于满足挑剔的消费者的特定需求。譬如,对于一个寻遍整个城市而未找到某一品牌商品的消费者而言,倘若它在追求"完全品牌"目标的某一主题商店得到这种品牌,那么,这种商品给它带来的效用将是十分明显的。这样,它就愿意对这种商品支付更高的价格,当然,这种价格只是消费者心目中的价格,而事实上成交还是按市场价格进行的。这两种价格之间的差额即"消费者剩余",消费者剩余越大,购买的欲望就越强烈,长久下去,"回头客"就会越来越多,商家的生意就会越来越火。

D.专业化与生产者利得

作为商品交换的发达形式,商业是第三次社会大分工的产物。需要着重指出的是,商业行业的内部分工从未间断过,譬如物流与商流的分离就是典型表现形式,而近期"主题化经营"也同样不失为商业内部分工细化的发展形势。

分工对于厂商而言即意味着专业化,专业化会发挥各自的比较优势,在此基础之上所形成的贸易会产生生产者利得,即比分工前获取更高利润,进而提高整个社会的福利水平,产生消费者利得。

以上分析的背后隐藏着一个重要的中间环节,即机会成本。就拿某商厦为例分析,商业大厦在做出"时尚主题"之前,一定要经历一个"艰难而痛苦"的比较过程,要在两种策略中进行选择:是主要销售女性产品呢,还是主要销售男性产品呢?这里就存在着机会成本的问题。若主要销售男性产品,就必须放弃主要销售女性商品的策略,那么放弃女性产品销售就是主要销售男性产品的机会成本;反之,放弃男性产品销售,就是主要销售女性产品策略的机会成本。比较这两个机会成本,一定是前者大于后者,所以,至少从机会成本角度来讲,经营女性产品的决策是正确的。

## 二、市场细分的标准

消费者需求的差异性是市场细分的依据。凡是构成消费者差异的因素,都可以作为市场细分的标准。为了研究方便和实际操作的需要,市场营销学根据消费者的购买行为和企业市场营销的实际状况,按照生活资料市场和生产资料市场的不同特点,总结出以下细分标准。

### (一)生活资料市场细分标准

生活资料市场的细分标准,因企业不同而各具特色,但一般说来,主要有地理环境标准、人口状况标准、消费者心理标准和购买行为标准四个方面,每个方面又包括一系列的细分因素(见表 4-1)。

**表 4–1 生活资料市场细分的一般标准**

| 细分标准 | 细分变量因素 |
|---|---|
| 地理环境 | 区域、地形、气候、城镇规模、交通运输条件、人口密度等 |
| 人口状况 | 年龄、性别、家庭人口、家庭收入、职业、教育、文化水平、信仰、种族、国籍、家庭生命周期等 |
| 消费者心理 | 生活方式、社交、态度、自主能力、服从能力、领导能力、成就感 |
| 购买行为 | 购买动机、购买状况、使用习惯、对市场营销因素的感受程度 |

1.地理环境。包括区域、地形、气候、城镇规模、交通运输条件、人口密度等具体变量因素。

2.人口状况。包括年龄、性别、家庭收入、家庭人口、职业、教育、文化水平、信仰、宗教、国籍、家庭生命周期等。如以年龄为标准细分市场，可以把市场细分为老年市场，中年市场，青、少年市场和婴儿市场等。把构成人口状况的因素作为细分市场的标准，是因为人口是构成市场最主要的因素，它与消费者需求、与许多商品的销售都存在密切的联系。工商企业认真研究人口因素对生活资料市场的影响是十分重要的。

3.消费者心理。包括消费者的生活方式、社交、态度、自主能力、服从能力、领导能力、成就感等。如以生活方式为标准，可以把市场细分为时髦市场、朴素市场和随俗市场等。细分市场要考虑消费者心理，是因为消费者需求受个人生活方式及其性格等因素的影响极大，如性格外向的人购买快乐商品的多，而内向的人则注重实用类商品的购买；独立性较强的人，自己左右货币投向，受外界因素影响较小，而依赖性较强的人，则经常受外界的影响。企业按照心理因素标准细分市场，并根据各个子市场的需求和偏好，选择对路的商品和制定适合的营销策略，更能取得营销的成功。

4.购买行为。包括消费者的购买动机，购买状况，使用习惯，对市场营销因素的感受程度等。如，根据消费者的购买动机细分市场就可以发现，有的消费者追求物美价廉，有的追求社会声誉，有的则追求商品使用的方便，而且，随着市场经济的迅速发展，商品的不断丰富，人们收入水平的提高，这一细分标准的地位越来越重要。分析和掌握这一细分标准，是正确制定营销策略的必然选择。

(二)生产资料市场的细分标准

生产资料市场除了使用生活资料市场的细分标准外，还要根据生产资料的特点，补充用户(客户)要求，用户规模和购买力，用户地点作为细分生产资料市场的标准(见表 4–2)。

**表 4–2 生产资料市场细分补充标准**

| 细分标准 | 细分变量因素 |
|---|---|
| 用户(客户)要求 | 商品的规格、型号、品质、功能、价格等 |
| 用户的规模和购买力 | 大、中、小量用户，购买次数，户数，资金等 |
| 用户地点 | 资源条件、自然环境、企业地理位置、生产力布局、交通运输及通讯条件等 |

1.用户(客户)要求。用户(客户)的不同要求,是生产资料市场细分最通用的标准。在生产资料市场,不同用户购买同一种商品的使用目的往往是不同的,因而对商品的规格、型号、品质、功能、价格等方面提出不同的要求,追求不同的利益。工商企业要根据生产资料用户的要求来细分市场,把要求大体相同的用户集合成群,以便企业开展针对性营销,设计不同的合适的市场营销组合方案。

2.用户的规模和购买力。用户规模和购买力的大小,也是生产资料市场细分的重要标准。在生产资料市场中,大用户、中用户、小用户的区别要比生活资料市场更为普遍,也更为明显。大用户单位户数虽少,但购买力很大;小用户单位则相反,户数虽多,购买力不大。企业对大用户市场和小用户市场应分别采取不同的营销组合。

3.用户地点。用户地点涉及当地资源条件、自然环境、地理位置、生产力布局等因素。这些因素决定地区工业的发展水平、发展规模和生产布局,形成不同的工业区域,产生不同的生产资料需求特点。工商企业按用户的地点来细分市场,选择用户较为集中的地区作为自己的目标市场,不仅联系方便,信息反馈快,而且可以更有效地规划运输路线,节省运力与运费,同时也能更加充分地利用营销力量,降低营销成本。

市场细分是一项复杂的工作。细分市场需要运用以上标准,但又不是僵化不变的,要针对企业和消费者需要的具体情况,用动态的观点来选择某些变数作为细分的标准,根据分析的结果确定企业的目标市场。

## 三、市场细分的程序

市场细分的程序一般分为七个步骤,即:

1.正确地选择市场范围。

2.列出市场范围内所有顾客的全部需求。

3.确定市场细分标准。

4.为各个可能存在的细分子市场确定名称。

5.确定本企业开发的子市场。

6.进一步对自己的子市场进行调查研究。

7.采取相应的营销组合开发市场。

## 四、市场细分的方法

市场细分的方法是多种多样的,但通行的方法有四种。

(一)单一标准法

它是指根据市场主体的某一因素进行细分,如,按品种来细分粮食市场、按性别细分服装市场、按用途细分钢材市场等。当然,按单一标准细分市场,并不排斥环境因素的影响作用。考虑到环境的作用更符合细分市场的科学性要求。

(二)主导因素排列法

它是指一个细分市场的选择存在多因素时,可以从消费者的特征中寻找和确定主导因素，然后与其他因素有机结合，确定细分目标市场。例如，职业与收入一般是影响女青年服装选择的主导因素，文化、婚姻、气候则居于从属地位，因此，应以职业、收入作为细分女青年服装市场的主要依据。

(三)综合标准法

它是指根据影响消费者需求的两种以上的因素综合进行细分。综合因素法的核心是并列多因素分析，所涉及的各项因素都无先后顺序和重要与否的区别。

(四)系列因素法

它是指细分市场所涉及的因素是多项的，但各项因素之间先后有序，由粗到细，由浅入深，由简至繁，由少到多。例如，鞋的市场细分就可以利用系列因素法，如图 4.2 所示。

- 鞋市场
  - 城市
  - 农村
    - 女性
    - 男性
      - 老年
      - 中年
        - 高收入
        - 中收入
        - 低收入
          - 求廉心理
          - 求坚实耐用
          - 求美观
          - ……
      - 青年
      - 少儿

**图 4.2　鞋的细分市场**

# 第三节　选择目标市场

## 一、目标市场选择的概念

(一)目标市场

它是指工商企业在细分市场的基础上，经过评价和筛选所确定的作为企业经营目标而开拓的特定市场，即企业可望能以某种相应的商品和服务去满足其需求，为其服务的那几个消费者群体。

(二)目标市场选择

它是指企业从可望成为自己的几个目标市场中，根据一定的要求和标准，选择其中某个或某几个目标市场作为可行的经营目标的决策过程和决策。

任何企业拓展市场，都应在细分市场的基础上发现可能的目标市场并对其进行选择。因为，首先，对企业来说，并非所有的细分市场和可能的目标市场都是企业所愿意进入和能进入的。其次，作为一个企业，无论规模多大，实力多强，都无法满足所有买主的所有需求。由于资源的限制,企业不可能有足够的人、财、物力来满足整体市场的需求,因此,为保证企业的营销效率,避免资源的浪费,必须把企业的营销活动局限在一定的有限市场范围内,否则,势必会分散企业的力量,达不到预期的营销目标。鉴于上述原因,企业必须在细分市场的基础上,根据自身的资源优势,权衡利弊,选择合适的目标市场。

市场细分、目标市场、目标市场选择是三个既有区别又有密切联系的概念。如图 4.3 所示。

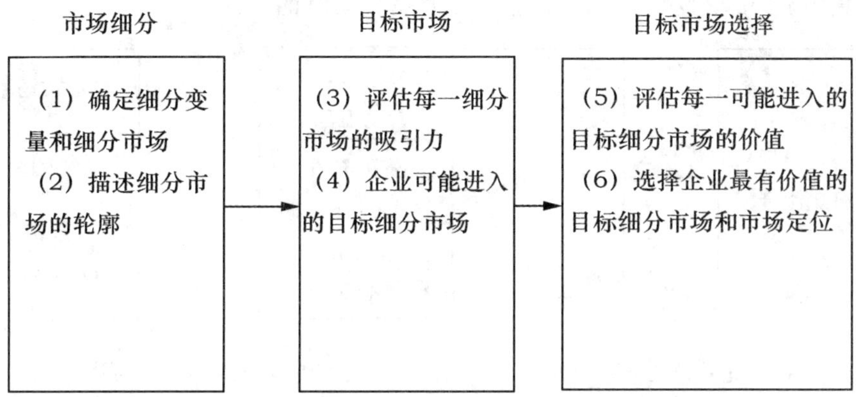


图 4.3 市场细分、目标市场与目标市场选择的关系

市场细分是按不同的购买欲望和需求划分消费者群的过程, 而确定可能的目标市场是企业选择某几个市场的过程。目标市场选择,则是在几个可能的目标市场中选择最有价值的目标市场,作为营销对象的决策过程。所以,发现目标市场和进行目标市场的选择,都有赖于市场细分。市场细分是发现可能目标市场和进行目标市场选择的前提和条件,发现可能目标市场和目标市场选择则是市场细分的目的和归宿。

## 二、选择目标市场的条件

一个理想的目标市场必须具备下列四个条件:

1.有足够的市场需求。一定要有尚未满足的现实需求和潜在需求。理想的目标市场应该是有利可图的市场,没有需求而不能获利的市场谁也不会去选择。

2.市场上有一定的购买力。要求足够的销售额。市场仅存在未满足的需求,不等于有购买力和销售额。如果没有购买力或购买力很低,就不可能构成现实市场,因此,选择目标市场必须对目标市场的人口、购买力、购买欲望进行分析和评价。

3.企业必须有能力满足目标市场的需求。在市场细分的子市场中,可以发现有利可图的子市场有许多,但是不一定都能成为企业自己的目标市场,必须选择企业有能力去占领的市场作为自己的目标市场,同时,开发任何市场都必须花费一定的费用。将花费的一定费用和带来的企业利润相比较,只有当带来的企业利润大于企业花去的费用时的目标市场,才是有效的目标市场。

4.在被选择的目标市场上本企业具有竞争的优势。竞争优势主要表现为:该市场上没有或者很少有竞争,如有竞争也不激烈并有足够的能力击败对手,该企业可能取得较大的市场占有率。

## 三、选择目标市场策略

所谓目标市场策略，是指企业对客观存在的不同消费者群体，根据不同商品和劳务的特点，采取不同的市场营销组合的总称。企业选择的目标市场不同，提供的商品和劳务就不同，市场营销策略也不一样。一般来说，目标市场的策略有三种：无差异性市场策略，差异性市场策略和密集（集中）型市场策略，图 4.4 概括了三种营销策略的差别。

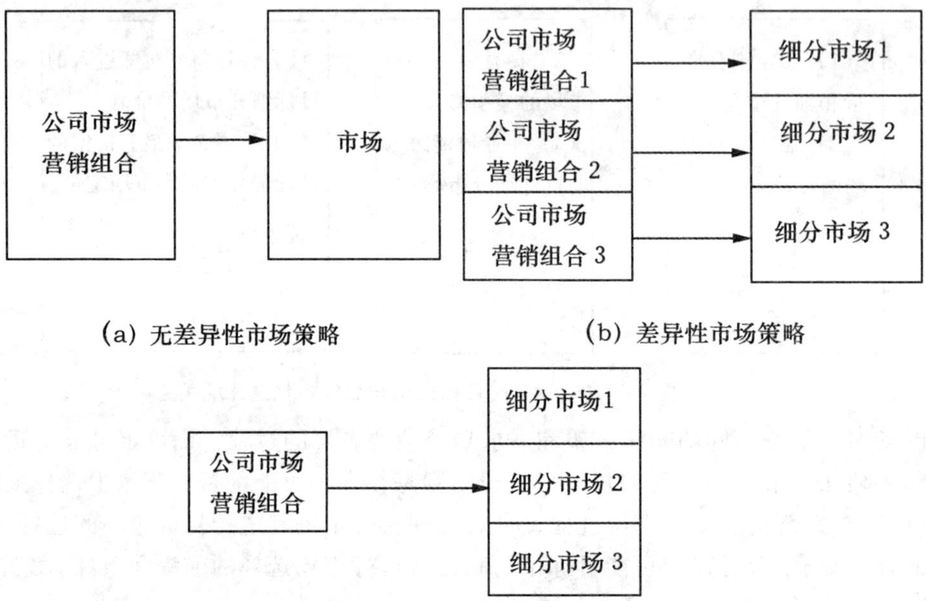


(a) 无差异性市场策略　　(b) 差异性市场策略

(c) 密集型市场策略

图 4.4　三种不同的市场策略

1.无差异性市场策略。这是企业采用单一的营销策略来开拓市场，即企业着眼于消费者需求的同质性，把整个市场看成一个大市场，对市场的各个部分同等看待，推出一种商品，采用一种价格，使用相同的分销渠道，应用相同的广告设计和广告宣传，去占领总体市场的策略。其指导思想是：市场所有消费者对某一商品的需求是基本相同的，企业大批量经营，就能满足消费者的需求，获得较多的销售额，因而把总体市场作为企业的目标市场。这一策略的最大优点是：由于大批量生产和经营，有利于企业降低成本，取得规模效益；由于不需要对市场进行细分，可相应地节省市场调研和宣传费用，有利于提高利润水平。此种策略的缺点是：难以满足消费者多样化的需求，不能适应瞬息万变的市场形势，应变能力差。因此，一般来说，选择性不强、差异性不大的大路货商品，供不应求的商品，具有专利权的商品等，宜于采用此策略。在生产观念和推销观念时期，它是大多数企业实施的营销策略。随着消费者需求向多样化、个性化发展，生产力水平和科技进一步发达，其使用范围逐步缩小。

2.差异性市场策略。这是企业把整个大市场细分为若干不同的市场群体，依据每个小市场在需求上的差异性，有针对性地分别组织经销商品和制定营销策略，即组织不同的商品，根据不同的商品制定不同的价格,采用不同的分销渠道,应用多种广告设计和广告宣传,去满足不同顾客的需求。其指导思想是:消费者对商品的需求是多种多样的,企业经营差异性商品以满足消费者的各种需求,就能提高企业的各种竞争能力,占领较多的市场,因而企业应选择较多的细分市场作为目标市场。很显然,差异性市场策略的最大优点在于:全面满足消费者的不同需求,同时,一个企业经营多种商品,实现营销方式和广告宣传的多样性,能适应越来越激烈的市场竞争,有利于获取市场占有率,扩大企业销售额,提高企业信誉。其缺点在于:销售费用和各种营销成本较高,受到企业资源和经济实力的限制较大。因此,它适用于选择性较强、需求弹性大、规格等级复杂的商品营销。

3.密集(集中)型市场策略。也称为集中型市场策略。这是企业把整个市场细分后,选择一个或少数几个细分市场作为目标市场,实行专业化经营,即企业集中力量向一个或少数几个细分市场推出商品,占领一个或少数几个细分市场的策略。其指导思想是:与其在较多的细分市场上都获得较低的市场份额,不如在较少的细分市场上获得较高的市场占有率。因而企业只选择一个或少数几个细分市场作为目标市场。密集型市场策略的主要优点在于:可准确地了解顾客的不同需求,有针对性地采取营销策略;可节约营销成本和营销费用,从而提高企业投资利润率。这种市场策略的最大缺点在于:风险性大,最容易受竞争的冲击。因为目标市场比较狭窄,一旦竞争者的实力超过自己,消费者的爱好发生转移或市场情况发生突然变化,都有可能使企业陷入困境。因此,密集型市场策略经常被资源有限的中小企业所采用,因为它们所追求的不是在较大市场上占有较小的份额, 而是要在细分市场上占有较高的份额。

## 四、选择目标市场策略应考虑的因素

1.企业资源。如果企业资源条件好,经济实力和营销能力强,可以采取差异性目标市场策略;如果企业资源有限,无力把整个市场或几个市场作为自己的经营范围时,则应该考虑选择密集型市场策略,以取得在小市场上的优势地位。

2.商品特点。有些商品在品质上差异较小,同时消费者也不加以严格区别和过多挑剔,可以采取无差异性市场策略或密集型市场策略。

3.商品市场生命周期。一般来说,商品从进入市场到退出市场要经过投入、成长、成熟和衰退四个阶段,商品处在不同的阶段,应采取不同的市场营销策略。企业应随着商品所处的市场生命周期阶段的变化而变换市场营销策略。当商品处于进入市场阶段时,由于竞争者较少,企业主要是探测市场需求和潜在顾客,这时宜采取用无差异性和密集型市场策略;当商品进入饱和或衰退市场阶段,企业为保存原有市场,延长商品市场生命周期,集中力量对付竞争者,应当采用密集型市场策略。

4.市场特点。是指各细分市场间的区别程度。当市场消费者需求比较接近,偏好及其特点大致相似,对市场营销策略的刺激反应大致相同,对营销方式的要求无多大差别时,企业可采用无差异性市场策略; 若市场上的消费者需求的同质性较小, 明显地对同一商品在花色、品种、规格、价格、服务方式等方面有不同的要求时,则宜采用差异性市场策略或密集型市场策略。

5.竞争状况。企业采用哪种目标市场策略,需针对竞争对手的实力和市场营销策略情况而定。

**阅读资料 4-1**

市场一定要细分,但不是所有的细分市场都是有效的,所以,企业选择进入何种细分市场一定要慎而又慎。如果无法获得某个市场的详细资料来进行估量,就不能把它纳入本企业市场细分的范围;如发现要进入的细分市场快饱和,自己无机可乘,或者虽然市场存在潜力,但自己无此能力进入,也只好作罢;如果细分市场缺乏规模效益,也不值得细分;再者,如细分市场变幻太快,难以捉摸,目标市场如昙花一现,企业则要慎重考虑其经营风险。

# 第四节 目标市场定位

## 一、目标市场定位的概念

目标市场定位指企业决定把自己放在目标市场的什么位置上。这种定位并非随心所欲,必须对竞争者所处的市场位置、消费者的实际需求和本企业经营商品的特性作出正确的评估,然后确定适合自己的位置。为此,需掌握以下几种信息:

1.目标市场上的竞争者提供何种商品给顾客?

2.顾客确实需要什么?

3.目标市场上的新顾客是谁?

企业根据所掌握的信息,结合本企业的条件,适应顾客一定的需求和偏好,在目标顾客的心目中为本企业营销的商品创造一定的特色,赋予一定的形象,从而建立一种竞争优势,以便在细分市场上吸引更多的顾客。

## 二、目标市场定位策略

实质上是一种竞争策略,它显示了一种商品或一家企业同类似的商品或企业之间的竞争关系。定位的方式不同,竞争态势不同。

(一)市场领先者定位策略

这是指企业选择的目标市场尚未被竞争者发现,企业率先进入市场,抢先占领市场的策略。它必须符合以下条件:

1.该市场符合消费发展趋势,具有强大的市场潜力。

2.本企业具备领先进入的条件和能力。

3.进入的市场必须有利于创造企业的营销特色。

4.提高市场占有率,使本企业的销售额在未来市场的份额中占绝对优势。

（二）市场挑战者定位策略

这是指企业把市场位置定在竞争者的附近，与在市场上占据支配地位的，亦即最强的竞争对手“对着干”，并最终把对方赶下现居的市场位置，让本企业取而代之的市场定位策略。必须具备以下条件：

1.要有足够的市场潜量。

2.本企业具有比竞争对手更丰富的资源和更强的营销能力。

3.本企业能够向目标市场提供更好的商品和服务。

（三）跟随竞争者定位策略

这是指企业发现目标市场竞争者充斥，座无虚席，而该市场需求潜力又很大，企业跟随竞争者抵入市场，与竞争处在一个位置上的策略。必须具备下列条件：

1.目标市场还有很大的需求潜力。

2.目标市场未被竞争者完全垄断。

3.企业具备抵入市场的条件和与竞争对手“平分秋色”的营销能力。

（四）市场补缺者定位策略

这是指企业把自己的市场位置定在竞争者没有注意和占领的市场位置上的策略。当企业对竞争者的市场位置、消费者的实际需求和自己经营的商品属性进行评价、分析后，如果发现企业所面临的目标市场并非竞争者充斥，存在一定的市场缝隙或空间，而且自身所经营的商品又难以正面抗衡，这时企业就应该把自己的位置定在目标市场的空当位置，与竞争者成鼎足之势。必须具备以下条件：

1.本企业有满足这个市场所需要的货源。

2.该市场有足够数量的潜在购买者。

3.企业具有进入该市场的特殊条件和技能。

4.经营必须盈利。

当然，企业的市场定位并不是一劳永逸的，而是随着目标市场竞争状况和企业内部条件的变化而变化的。当目标市场发生下列变化时，就需要考虑重新调整定位的方向：

(1)竞争者的销售额上升，使本企业的市场占有率下降，企业出现困境时。

(2)企业经营的商品意外地扩大了销售范围，在新的市场上可以获得更大的市场占有率和较高的商品销售额时。

(3)新的消费趋势出现和新消费者群的形成，使本企业销售的商品失去吸引力时。

(4)本企业的经营战略和策略作重大调整时，等等。

## 案例讨论 4-2　善做产品定位的拜耳公司

### 一、案例介绍

每个人都知道，产品质量越好，其制造成本往往越高，因而大多数企业都从低价值切入市场，但德国拜耳公司却偏偏反其道而行之，并大获成功。

拜耳公司创立于 1863 年，1991 年销售额达 255.81 亿美元，利润额 1 亿美元，雇员 16.4 万人，在世界 500 家最大的工业公司中排名第 42 位。

并不是每一个企业都能够而且敢于将产品定位在高质量、高技术市场上，因为高质量要求企业具有较高的研究开发能力，搞得不好，画虎不成反类犬。但拜耳公司则不同，它重视研究开发并具有高质量产品的研发能力。

拜耳公司的领导人认为，在化学工业领域，研究与制造和销售同样重要。拜耳公司的产品都是花大量研究力量研制的结果。至1990年，拜耳集团遍布世界各地的研究机构已获多达157670项研究专利。由此可以看出，拜耳集团的研究成果是巨大的。

1990年，拜耳集团用于研究开发的经费达27.38亿马克。1991年，这笔费用增加到30亿马克，占拜耳集团销售额的7%。一位资深的分析家对拜耳的产品进行分析后认为，在过去的十五年内，拜耳公司营业额的50%是靠科技投入获得的。

1990年，拜耳公司的研究人员为13206人，到1991年增加至13488人。其中8000多人在德国境内的拜耳企业内从事基础和应用科学研究。研究经费的2/3用在德国的研究机构。同时拜耳公司也重视其在国际上的研究力量，尤其是在美国和日本的公司着力研制新产品。

拜耳公司由于始终严格按照自己的定位策略去经营，所以一直致力于开发世界领先的新产品。自从阿司匹林成功后，该公司接连不断地研制出新的闻名于世的药物和化学产品。1939年，拜耳公司的研究人员多马克因研究发现磺胺的药物作用而获得诺贝尔奖。据统计，该公司创立100多年来，研究发明的医药达1300多种，其中20世纪70年代以来新开发的药物就有700多种。80年代起，随着化学工业和计算机技术的发展，拜耳公司的科研工作更上一层楼，又推出20多种世界闻名的新药，其中有对冠心病和高血压疗效显著的硝苯吡啶。

另外，拜耳化学公司的广告宣传也一直把自己的产品定位在世界水平，定位于世界市场。拜耳公司为了履行自己的承诺，现在更加注重科研。该公司虽已有庞大的科研队伍，近年来，它仍在美国开设了两个生物工程研究中心，并准备在日本再建立一个研究中心。

**二、案例分析**

在目标市场上实施产品定位，树立企业产品在消费者心目中的形象，是企业的经营战略。拜耳公司的产品主要得益于其高质量、高技术的定位。一般产品定位在低档品，因为消费群体大，有利于企业成功。但拜耳公司依据自身的实力，定位在高档品市场，也取得了成功，它表明了市场营销竞争没有不变的规则，见机行事才是不变的准则。

**三、思考·讨论·训练**

1.拜耳化学公司实施高定位的基础是什么？

2.拜耳化学公司是如何实现其产品定位的？

## 案例讨论4-3 米勒啤酒的目标市场营销

**一、案例介绍**

菲利普·莫里斯公司买下了经营不善的“米勒”酿酒公司。仅仅一年半的时间，“米勒”啤酒已跃居美国啤酒市场占有率第一位。

“米勒”啤酒是怎样起死回生的呢？是目标市场营销使“米勒”啤酒获得了成功。

由于不少美国啤酒公司都来自欧洲，因此啤酒技师的思想在这些公司占据了统治地位。这些公司只注意产品本身而不注意市场，他们更关心产品的质量，而不太关心顾客从其产品中得到的实际价值。为了宣传啤酒的味道，这些公司在研制和广告方面花费很大，他们强调啤酒花的数量、水的质量、各成分的比例及发酵程序等。这些啤酒公司认为，普通的饮酒者也能像酿酒师一样辨别出各种牌号的啤酒的不同味道。实际上，大多数的美国饮酒者并不能区分不同牌号啤酒的差别，人们在选择啤酒时也并非仅仅看重味道。

为了了解消费者购买啤酒的因素，新的米勒酿酒公司调查了美国的啤酒消费者，发现啤酒的最大消费群是男性年轻人，主要是蓝领工人。同时还发现，这些蓝领工人是在酒吧里和同伴一起喝酒，而不是在家里和妻子一起饮用。

在公司买下米勒啤酒以前，作为主要消费力量的蓝领工人几乎没有引起公司的重视。各啤酒公司所做的广告，刊登的是一些与蓝领工人生活格格不入的东西。例如，市场上居领先地位的巴德维塞公司在其广告上刊登这样的画面：在某宅邸优雅的游泳池旁举行的社交舞会上，上流社会富有的绅士淑女们喝着“巴德”牌啤酒。为此，米勒公司抛弃了“香槟”的概念，推出了“米勒好生活”牌啤酒——一种适应工人口味的新啤酒。由于不少顾客在钓鱼或打猎时也要喝很多啤酒，米勒公司开始使用听装，并开始向超级市场供货。而且，公司还向全国各地的酒店和保龄球场销售其产品。

为了使人们问津“米勒好生活”啤酒，米勒公司设计了一个旨在吸引蓝领工人的广告宣传活动，并为此投入了大量财力。“米勒好生活”啤酒挤进了工人们的日常生活，人们下班后的时间成了“米勒”的时间。米勒的广告词对石油、铁路、钢铁等行业的工人的工作大加赞赏，把他们描绘成健康的、干着重要工作并为自己是班组的一员而自豪的工人。为了进入目标市场，米勒公司只在电视上做广告，这是蓝领工人们所乐于选择的传播媒介，并集中在他们所喜爱的体育节目时间播出。

在一年时间里，米勒公司的市场占有率从第八位跃居第四位，随后又逐步上升到第二位。

再接再厉，米勒公司又推出了一种新产品——保健啤酒，该公司将它定位为低热量啤酒，命名为“米勒莱特”。该产品面向三个目标市场：年轻男性蓝领工人、老工人和妇女，结果很快就成为市场上的超级明星。

**二、案例分析**

米勒啤酒的成功应归功于市场细分和目标市场营销。市场细分是企业进行后续市场营销活动的前提，米勒公司正是因为这才起死回生。由此可见，正确地细分市场以及正确地选择目标市场是获取高市场份额的基础。

**三、思考·讨论·训练**

1.米勒公司细分市场的标准是什么？

2.细分市场的方法有哪些？

## 复习思考题

一、主要概念

市场细分　同质市场　异质市场　目标市场　目标市场选择　目标市场定位

二、素质题

1.市场细分是对消费者的需要和欲望进行分类,而不是对产品进行分类,这对企业有什么启示?

2.结合实际谈谈市场细分的客观依据。

三、判断题

1.市场细分实际上是对产品进行分类。(　　)

2.依据消费者对商品的同质需求和异质需求,可以把市场分为同质市场和异质市场。(　　)

3.消费者需求和购买行为的差异性和同类性,是市场细分的主要依据。(　　)

4.市场细分是选择目标市场的目的和归宿。(　　)

5.一个理想的目标市场必须有足够的市场需求。(　　)

四、选择填空题

1.生活消费品市场的细分变量主要有地理环境、人口状况、消费者心理、购买行为四类,其中使用习惯属于(　　)。

A.购买行为　B.人口状况　C.消费者心理　D.地理环境

2.将许多过于狭小的市场组合起来,以便利用较低的价格去满足这一市场较广的需求。这种市场细分战略叫做(　　)战略。

A.超细分　B.反市场细分　C.地理细分　D.多数谬论

3.(　　)是市场细分的条件之一。

A.竞争性　B.可衡量性　C.效益性　D.适应性

4.生产资料市场细分标准,除使用生活资料市场细分标准外,还要根据生产资料的特点,补充标准之一是(　　)。

A.生活方式　B.气候　C.消费者心理　D.用户的规模

五、简答题

1.市场细分有什么作用?

2.选择目标应考虑哪些因素?

六、技能题

1.什么样的市场不需要细分?

2.假如你是某零售企业的经理,你如何确定企业的目标市场?

七、分析题

美国华格利公司是世界上最大的口香糖生产商。该公司通过市场调研,发现桂花香型口香糖这一细分市场上,“丹尼”品牌居于领导地位,但这个市场的消费者对“丹尼”品牌的清新气息在口腔内保留时间太短、体积不够大表示不满，华格利针对“丹尼”的缺陷，推出了“大红”牌口香糖，并取代了“丹尼”的地位而成为桂花香型口香糖领导者。

问题：试分析华格利为什么取代了“丹尼”？

八、案例题

位于珠海的巨人公司，曾经是中国民营高科技公司的一面旗帜，它抓住了国内电脑科技发展的机遇，以经营巨人汉卡起家，短短的几年，即成为20世纪90年代初与联想、四通等齐名的大公司。然而，随着电脑市场的竞争日趋激烈，该公司转向营养保健品市场，生产和经营“巨人”脑黄金、巨不肥等，不太成功，同时，涉足高风险的房地产业，投巨资在珠海兴建70多层的“巨人大厦”，最终这些工程半途而废，庞大的巨人公司也被拖垮。

问题：试分析巨人公司失败的原因。

# 第五章 市场营销组合策略

**学习目标**

市场营销组合的内容和作用

市场营销组合的特点与模式

**知识目标**

掌握市场营销组合的概念和内容

掌握组合的各种模式

**能力目标**

理解从4P到11P

能熟练地应用二维、三维、四维等各种组合模式解决实际问题

市场营销组合是市场营销学中一个十分重要的概念。现代市场营销学以系统论为依据，认为企业在组织营销活动时，不仅要制定正确的产品策略、定价策略、分销渠道策略和促销策略，而且必须针对不同的市场环境和内部条件，将产品、价格、渠道、促销四个方面的策略进行最佳组合，使他们互相配合，产生一种协同作战的综合作用。一个以市场消费者导向为指导思想的经营者的任务，就是有效地设计和实现各种营销手段的最佳组合。

## 第一节 市场营销组合的作用和内容

### 一、市场营销组合的概念

市场营销组合就是企业通过市场细分，在选定目标市场以后，将可控的产品、定价、渠道、促销诸策略进行最佳搭配，使他们之间互相协调，综合地发挥作用，以实现企业的市场营销目标。

市场营销组合是现代市场营销学中的一个重要概念，它是由美国哈佛大学尼尔·恩·博

登教授于1950年左右首先提出来的。这一概念的提出和应用,是以"以消费者需求为中心"的市场营销观念为基础的。

【思考】市场营销组合体现了什么样的营销观念?

体现了"以消费者需求为中心"的市场营销观念。

## 二、市场营销组合的内容

它是指企业进行营销组合时必须考虑的一些因素。为了便于分析,营销学家们提出了营销因素的各种分类。

(一)"4P"及其内部变量和相互关系

美国市场学教授尤金·麦卡锡认为,市场营销组合就是企业为了满足目标市场的需要而加以组合的可控变数。

1.产品(PRODUCT)。它是企业提供给目标市场的产品和劳务的集合体,包括产品的质量、功效、外观、品牌、包装和服务等。

2.价格(PRICE)。价格通常又称定价。它是指企业出售产品和劳务的经济回报,包括价目表上所列价格、折扣、折让、支付方式、支付期限和信用条件等。

3.地点(PLACE)。地点通常又称分销渠道。它是指企业使其产品进入和达到目标市场所进行的各种活动,包括商品流通的途径、环节、场所、仓储和运输等。

4.促销(PROMOTION)。它是指企业利用各种信息载体与目标市场进行沟通的各种活动,包括广告、公共关系、人员推销和营业推广等。

由于产品、价格、地点、促销的英文第一个字母均为P,所以简称"4P"。它们是企业市场营销中可以控制的四个因素,也是企业市场营销的四个手段。它们相互依存、相互影响、相互制约。因此,市场营销组合也就是企业为满足其目标市场需要,而对这四个"P"的适当组合与搭配。把市场营销组合因素看做是企业"可控制的因素(变数)",是因为企业可根据目标市场的需要自由决定自己的产品结构,制定产品价格,选择分销渠道和促销方式等。如图5.1所示。

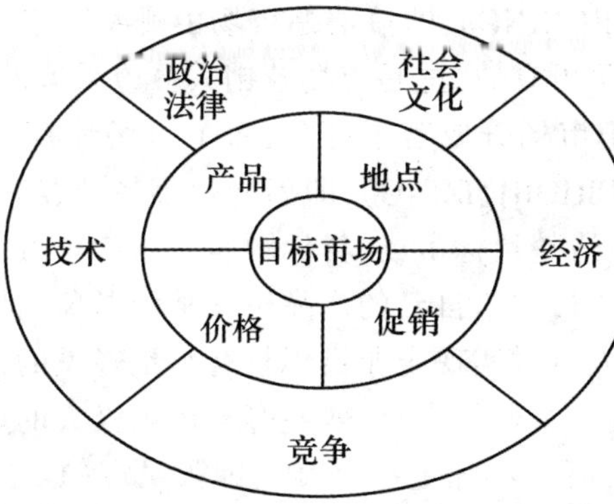


图5.1 市场营销组合及四个基本策略

上图说明了三个要点:第一,以目标市场为中心;第二,四大基本策略间的关系是相互配合、相互协调的关系;第三,对外界环境变化,如竞争、经济形势、法规等变化,必须具有预见性和适应性。

组合还表明，四大基本策略虽独立构成四个子系统，但各自又有若干可变因素，每一可变因素都可能影响其他因素，从而产生新的组合关系。

当然，企业对营销手段运用和搭配的自主权只是相对的，而不是绝对的、随心所欲的。这是因为，“4P”不仅受到企业自身资源和企业目标的影响和制约，而且还要受到各种微观和宏观环境的影响和制约。因此，企业营销管理者的任务就是要密切注视其微观和宏观环境的动向，适当安排“4P”，千方百计地使这些“可控制的变数”与外部“不可控的变数”（微观和宏观环境）迅速相适应。这是企业营销能否成功、企业能否在激烈竞争的环境中生存和发展的关键，也是企业市场营销理论的核心。

**【思考】**“4P”因素是企业的可控因素，企业营销成功与否，关键是“4P”的有效组合。这一命题对吗？

不对。企业营销的成功，不仅取决于“4P”因素的科学组合，而且取决于可控的“4P”因素与不可控的微观、宏观环境因素的迅速适应。

（二）从“4P”到“11P”

还有一些营销学家对营销组合的内容提出了自己的看法。美国著名旅馆市场学家考夫曼认为，营销组合是企业经理人员所力图使用的几个变数的综合。他在1980年出版的《旅馆销售》一书中把组合因素概括成6个“P”，即人（PEOPLE），指旅客；产品（PRODUCT），指提供能够完全满足旅客需求的产品和服务；价格（PRICE）；促销（PROMOTION）；实施（PERFORMANCE），指产品的传递；组合（PACKAGE），指产品的组合和产品的包装等。在他看来，旅馆营销因素组合就是这6个“P”的组合与搭配。

1984年，美国市场营销学家菲利普·科特勒提出了“大市场营销”理论。这是对当代企业市场营销管理核心理论的新发展。就是在“4P”之上再加上两个“P”，即权力（POWER）和公共关系（PUBLIC RELATION），成为“6P”。

1986年，菲利普·科特勒在中国对外贸易大学的演讲中，在“6P”基础上又提出战略上的“4P”：第一个“P”是调查（PROBING），即搞清楚市场由哪些人组成，市场都需要什么，竞争对手是谁以及怎样才能使竞争更有效。这是市场营销人员应采取的第一步骤。第二个“P”是“分割”（PARTITIONING），即把市场分成若干部分，每个市场都有各种不同的人。也即市场细分。第三个“P”是“优先”（PRIORITIZING），即搞清楚哪些顾客对你最主要，哪些顾客应成为你推销产品的目标，亦即搞清楚目标市场、目标顾客。第四个“P”是“定位”（POSITIONING），即每个企业都必须在顾客心目中给自己的产品树立某种形象。他还强调人员的重要性，认为作为企业可控因素之一的人员对实现企业目标具有举足轻重的作用，特别是营销人员和服务人员的言行、仪表和态度对企业的声誉、效益等会产生极大的影响，因此，人也应被看做是营销组合的一个重要因素，所以再加上一个“P”，即人员（PEOPLE），于是出现了市场营销的“11P”组合策略。

## 三、市场营销组合的作用

1.市场营销组合是企业市场营销的基本手段。

2.市场营销组合是制定企业市场营销战略的基础。

3.市场营销组合是赢得竞争的有力武器。

4.市场营销组合是协调企业内部力量的纽带。

5.市场营销组合是合理分配企业销售费用预算的依据。

## 第二节 市场营销组合的特点与模式

### 一、市场营销组合的特点

1.市场营销组合的因素都是企业可以控制的因素。如图 5.2 所示。

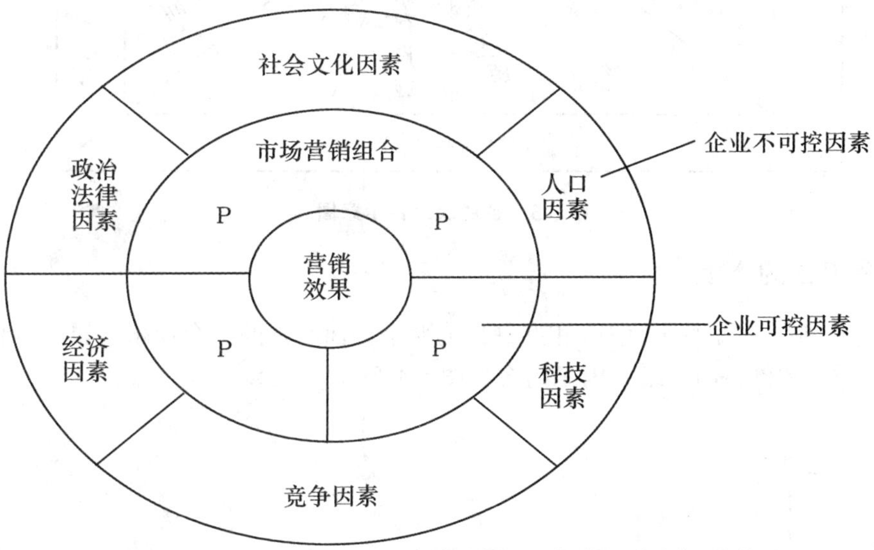


图 5.2 影响市场营销的因素

2.市场营销组合是一个动态的组合。

3.市场营销组合是多层次组合。从 4P 到包含的各层次,再到各种因素,构成了多层次组合。如图 5.3 所示。

4.市场营销组合是各营销因素的整体组合。市场营销组合不是四大因素的自然数相加的总和,即不是“1+1+1+1=4”,而是各个因素相互配合、协同作战、综合地发挥作用的整体。在组合合理的情况下,整体的功能要大于各局部功能之和,即“1+1+1+1>4”。这是因为,在局部功能各自发挥作用的情况下,由于缺乏协调,有些功能会相互抵消,而在营销组合的情况下,由于步调一致、目标集中,企业能达到取得最佳经济效益的目的。

5.市场营销组合是突出重点的组合。

6.市场营销组合必须具有竞争性。

7.市场营销组合独具企业特有的营销风格。

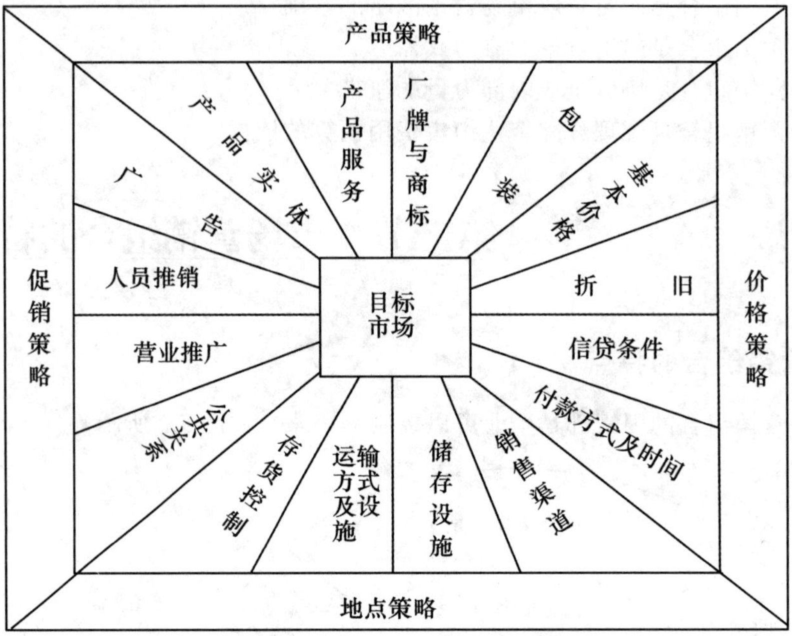


图 5.3　多层次组合示意图

## 二、市场营销组合的类型

1.二维组合。指只考虑紧密相连、相互制约的两个方面因素的组合策略。如产品和市场的二维组合。质量和价格的二维三因子组合如图 5.4 和 5.5 所示。

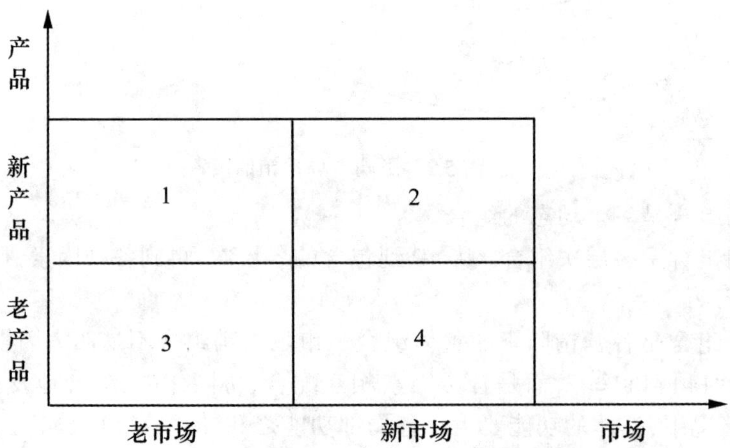


图 5.4　二维组合图

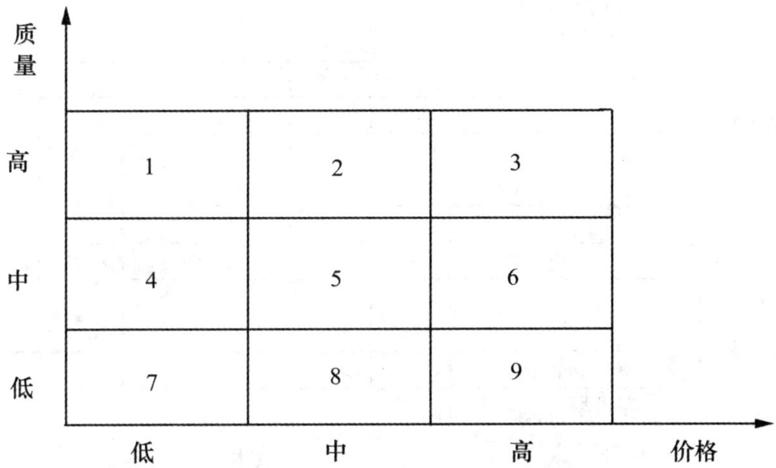


图 5.5　二维三因子组合图

2.三维组合。指要考虑紧密相连、相互制约的三个方面因素的组合策略。产品、技术、市场三类因素进行组合如图 5.6 所示。

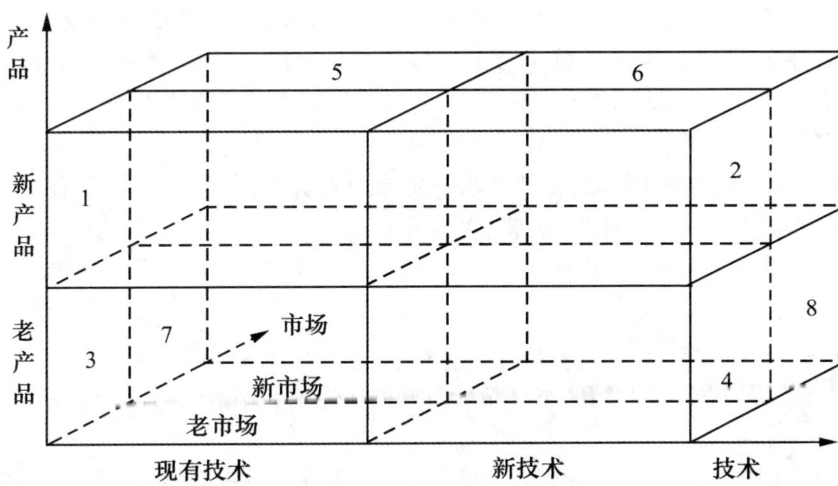


图 5.6　三维组合图

3.四维组合。就是在三维组合策略的基础上，再把时间因素考虑进去的组合策略。如在上述三维组合图中再加上时间维就成为四维组合，如图 5.7 所示。

4.综合因素组合。指把多个紧密相连、相互制约的因素加以组合的策略。可用多因素表综合表示。

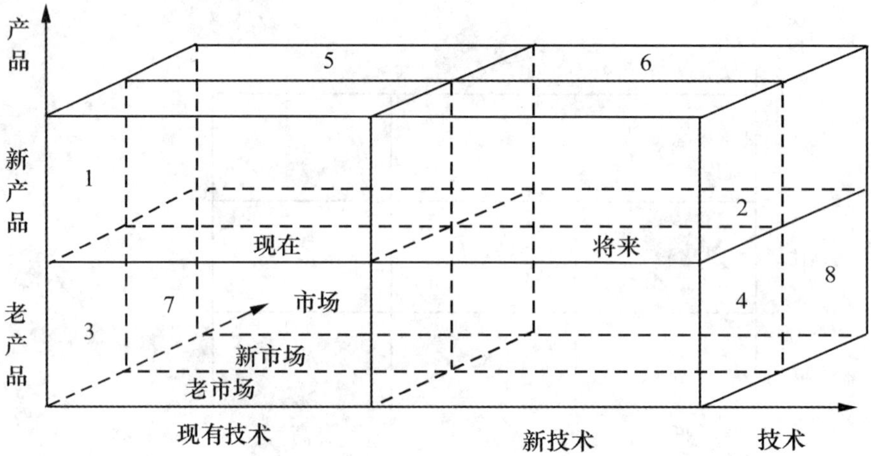


图 5.7 四维组合图

## 案例讨论 5-1 "伊诺"进入欧洲市场的战略及 4P 组合

### 一、案例内容

美国干酪产量是世界上最高的，然而出口却很少。由于澳大利亚和新西兰的生产成本比美国低得多，两国在世界干酪市场上占据了支配地位。但是，美国一家叫做伊诺的食品公司竟然成功地打入了欧洲干酪市场，成为向欧洲出口干酪的第一家美国公司。其进入欧洲市场的战略是：

1.战略目标：打入欧洲市场，短期争取一定市场占有率，长期争取较大利润。

2.产品策略：包括产品、种类、包装、商标名称等。

(1)产品：出售特制干酪。因为公司规模较小，只生产三个品种，即洋葱味、大蒜味和胡椒辣味。

(2)种类：一般来说，一个国家的食品很难适应另一个国家消费者的口味。但试销已经证实，欧洲人喜欢"伊诺"产品，并且在三个品种中，法国味洋葱干酪是本企业的独特产品。

(3)包装：由于生产地与销售市场的距离较远，需要设计特制包装，以便于运输和长期储存。为此，"伊诺"研制了一种新的包装。这种包装有一个不透气但可以重新封口的容器，可以防潮，把储藏期延长了三个月。

(4)商标名称：商标名称采用法语，因为世界上食品名气较大的国家是法国和中国。在欧洲，使用法语，欧洲人会以为是很好的食品。

产品取名为"朗得尔"，标签也用法语。干酪形状呈圆形，因为法语"朗得尔"就是圆形的意思。

3.价格策略：包括运费和关税、措施、降低成本的可能性等。

(1)运费和关税：在这里，它们是影响产品价格的两个主要因素。企业虽然经过努力，希望关税委员会帮助降低关税，但没有成功。原因是公司规模小、职工少，从而使职工选民在政治上的影响不大。

(2)措施:为了打入欧洲市场,不得不实行价格补贴。它可能意味着亏本(如果补贴太大),也可能意味着利润减少(如果补贴不是很大)。

(3)降低成本的可能性:其他可能性没有,唯一的办法是在欧洲设立工厂。

4.广告策略:包括广告媒介及广告目的和手段。

(1)广告媒介:由于公司的市场只是一个很小的高档食品市场,"伊诺"决定不利用电视或广播做广告,因为其成本太高,销量有限,不合算。除了产品包装本身的广告宣传外,"伊诺"印制了一种发送给现场顾客的宣传材料。

(2)广告目的和手段:树立两种形象,一种要使顾客联想到法国食品,一种要使顾客联想到美国西部的大草原和牛仔,因为欧洲人很喜欢美国的牛仔裤。所用的手段是用法语把产品描述成"来自美国大草原的干酪"。

5.销售策略:包括销售经营、中间商、选择超级市场等。

(1)销售经营:由于公司距欧洲太远,必须在欧洲设立负责管理欧洲销售的经营公司。

(2)中间商:"伊诺"是在一个新的环境里销售产品,对当地情况不熟悉,需要寻求当地中间商的帮助。中间商不仅了解行情,而且还有自己的经销机构、专用运输工具和老客户,由于中间商经销很多产品,容易取得规模效益,从而可以降低销售成本。

(3)选择超级市场:"朗得尔"干酪是一种高档食品,到超级市场选购的消费者比较富裕,易于销售,在普通零售店不能实现较大销量。

**二、思考·讨论·训练**

1.运用市场营销组合原理进行分析。

2.模仿"伊诺"进入欧洲市场的战略,为某企业产品进入一定市场制订策划方案。

## 复习思考题

一、主要概念

市场营销组合　二维组合策略

二、素质题

1.为什么要进行市场营销组合?

2.简述4P组合原理。

三、判断题

1.市场营销组合体现了"以生产为中心"的经营理念。(　　)

2.市场营销组合是制定企业市场营销战略的基础。(　　)

3.市场营销组合的因素是企业可控制的因素。(　　)

4.市场营销组合的各因素在组合中具有均衡性。(　　)

四、选择填空题

1.市场营销组合体现了(　　)的市场营销观念。

A.以生产者为中心　　B.绿色营销　　C.以消费者需求为中心

D.以经济效益为中心　　E.社会营销

2.市场营销组合是将(　　)、(　　)、(　　)和(　　)进行最佳组合,使它们互相配合,产生一种协同作战的综合作用。

A.产品策略　　B.营销策略　　C.促销策略

D.定价策略　　E.分销渠道策略

五、简答题

1.市场营销组合有什么作用?

2.简述市场营销组合的特点。

六、技能题

请运用市场营销组合理论解决某商店产品质量与价格的组合问题。

七、分析题

市场营销四大因素的科学合理组合,其整体功能要大于各局部功能之和。试分析其中的道理。

# 第六章　产品决策

**学习目标**

营销系统产品的概念
产品的简单分类与品牌策略
包装策略
产品组合策略
产品生命周期与营销策略
新产品开发策略

**知识目标**

掌握营销系统产品的五个层次及其内涵
掌握产品的简单分类,理解品牌的概念、设计、命名和策略
掌握产品实体的包装概念及其策略
了解新产品的概念和开发策略

**能力目标**

掌握营销实战中的4P策略,牢固掌握第一个P的实战内容
能用产品生命周期理论开展实际营销活动

产品是企业市场营销组合中的一个最重要因素。在现代市场上,企业之间的激烈竞争是以产品为中心的,企业其他营销因素也是围绕产品策略进行的,因此,产品决策直接影响和决定着其他市场营销组合因素的决策制定,对企业市场营销活动,进而对企业的生存和发展起着决定性的作用。

## 第一节　产品的整体概念

产品的整体概念包括五个层次,如图6.1所示。

1.核心产品。指向购买者提供的能够满足其需要的基本效用或利益。它是系统产品概念中最基本、最主要的部分。

2.形式产品。指核心产品借以实现的形式,是企业向消费者提供的产品实体和服务的外观。产品外观出现于市场时,可以为消费者提供识别的面貌。可归纳为由以下五个标志构成。

(1)产品品质:这是指产品的理化性能、技术指标、使用寿命等内容。它是表明产品质量水平的重要标志。

(2)产品特点:这是指本产品与同类产品相比所具有的独特之处。它在很大程度上决定着产品的市场份额和竞争力。

(3)产品款式:这是指产品的原理结构、造型、外观设计上的新颖性、艺术性和奇异性。它是影响消费者选择的重要指标之一。

(4)产品品牌:这是指企业产品的名称,用以区别不同企业的产品。它是企业实力的综合反映,是企业的一项无形资产。

(5)产品包装:这是指企业产品的外部包扎和容器。好的包装既能保护产品,美化产品,提高产品价值,又能方便顾客,促进销售。

3.期望产品。指购买者购买产品时期望得到的东西。如:送货上门、质量、安装与维修保证。消费者的期望产品得不到满足时,会影响其对产品的满意程度、购后评价及重复购买率。

4.延伸产品。指顾客购买形式产品和期望产品时所能得到的附加服务和利益,包括提供信贷、免费送货、产品安装调试、售后服务等。

5.潜在产品。指包括现有产品的所有延伸和引申部分在内,最终可能发展为未来产品的潜在状况的产品。

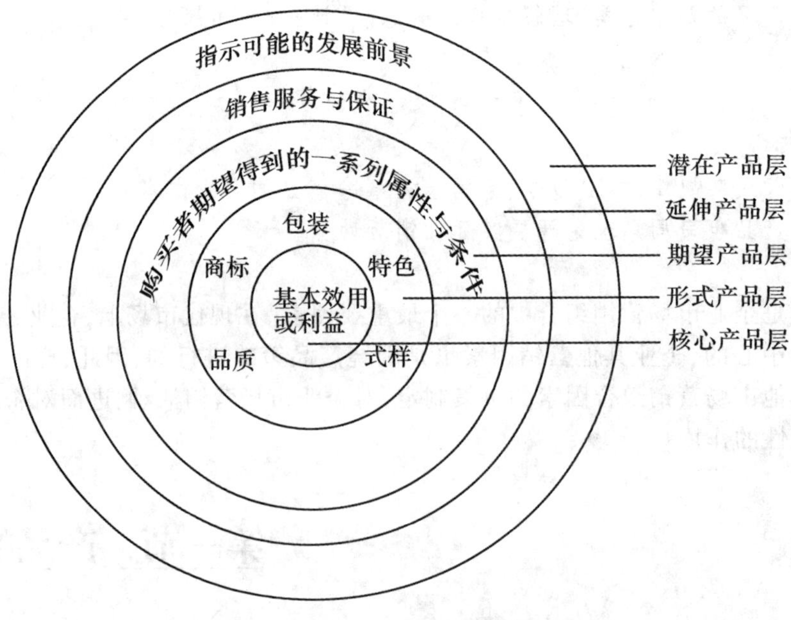


图 6.1 系统产品的五层次示意图

**案例 6-1　香水**

当一位女性消费者购买香水的时候，她买的远远不是一些芳香的液体。香水的形象、允诺、香味、名字、包装以及它的制造公司和销售商店，所有这些都已成为整个香水产品的一部分。著名营销大师菲利普·科特勒在分析露华公司的成功时认为，它出售的不仅仅是一种有形的产品，同时也是在出售香水所代表的生活方式、自我表现和别具一格，出售成功和地位，出售温柔、浪漫、激情和幻想，出售回忆、希望和梦想。

**案例 6-2　购买照相机**

某先生购买照相机是为了照相，以满足欢乐、怀旧的精神需要。这是指什么产品？

**分析提示**：这是核心产品。满足消费者欢乐、怀旧的需要正是消费者购买照相机所追求的利益。

# 第二节　品牌策略

## 一、产品的简单分类

产品的简单分类如图 6.2 所示。

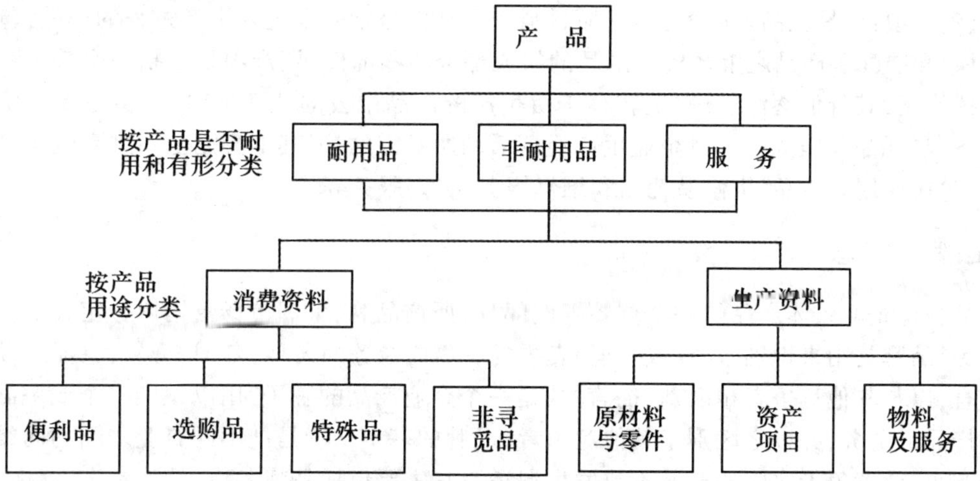


**图 6.2　产品分类关系图**

（一）产品按照是否耐用和是否有形，可分为耐用品、非耐用品和服务

所谓耐用品，是指在正常情况下能多次使用的有形产品，如电视机、电冰箱、汽车等。经营耐用品要求企业有较雄厚的资金，能够提供更多的销售服务和销售保证，毛利一般也定得高些。

所谓非耐用品，是指在正常情况下一次使用就被消费的有形产品，例如，牙膏牙刷、糖果烟酒、肥皂洗衣粉等。经营非耐用消费品，要求网点设置要多且接近居民区，以便于消费者购买，同时坚持薄利多销，注重广告宣传，诱导消费者购买。

所谓服务，是指出售无形的活动、效益或满意。服务这种产品的主要特点是基本无形、不用大批量生产、生产与消费不可分割、不经久。因此，经营服务更需要加强服务质量管理，密切购买者和经营者的关系，提高经营者的信誉以及对购买者的适应性，以根据顾客的需要提供差别化的服务。

(二)产品按照其用途，可分为消费资料和生产资料

所谓生活资料，是指直接用于满足最终消费者生活消费的产品。所谓生产资料，是指企业或组织购买后用于生产其他产品的产品。生活资料与生产资料不仅有着用途上的差异，而且购买频率、数量、方式也有不同，在营销上需要采取不同的策略。

按照消费者购买习惯，生活资料，又可分为便利品、选购品、特殊品和非寻觅品。便利品是消费者经常购买和使用，希望一需要就立刻买到，而且只花最少的精力和最少的时间去比较品牌、价格的这一类消费品，如日常生活用品等。选购品是消费者在购买商品的过程中，对商品的花色、式样、质量、价格等比较后才能购买的商品，如家具、衣服、家用电器、服务等。特殊品是指具有特殊效益或特定品牌，拥有一批购买者，并愿意特别花精力认定其品牌而购买的消费品，如特殊品牌和造型的奢侈品、名牌服装、特殊邮票、供收藏的钱币等。非寻觅品是消费者不知道的产品，或虽然知道但没有兴趣购买的产品。

按照进入生产过程的程度以及它们的相对成本来划分，生产资料可以分为原材料与零部件、资产项目、易耗品及服务三类。原材料和零部件是指完全进入生产过程的产品，包括原料、材料和装配于产品之上才成为产品的组成部分的零部件。资产项目是指在生产过程中长期发挥作用，其价值逐渐、分次地转移于所生产的产品中去的劳动资料，包括主要设备和附属设备。易耗品及服务是维持企业生产经营活动所必需的，但其本身完全不进入生产过程的产品，包括使用易耗品、维修易耗品和维修服务、咨询服务等。

## 二、品牌的概念

品牌是企业整体产品的一个重要组成部分。所谓品牌，美国市场营销协会定义委员会的定义为：品牌是用来识别一个(或一群)卖主的货物或劳务的名称、名词、符号、象征或设计或其组合，以与其他竞争者相区别。简言之，是一个企业产品的牌子，用以识别一个或一群出售者的产品或劳务，并以之区别于其他竞争者。品牌的基本功能是把不同企业之间的同类产品区别开来，使竞争者之间的产品不致发生混淆。它主要包括品牌名称、品牌标志、商标。

1.品牌名称。是指品牌中可以用语言称呼的部分。例如，可口可乐、百事可乐等都是美国著名的品牌名称；松下、索尼是日本著名的品牌名称；杉杉、罗蒙、雅戈尔则是我国西服的著名品牌名称。

2.品牌标志。是指品牌中易于识别，但不能用语言称呼的部分，如记号(符号)、图像、图案、色彩等。

3.商标。它实质上是一个法律名词，是指经过注册登记受到法律保护的品牌或一个品牌的一部分。它作为区别不同种类商品的标记(或标志)，往往印在商品的包装、标签上。企业产

品品牌或品牌的一部分在政府有关主管部门注册登记以后，就享有其使用专用权，并受到法律保护，其他任何企业都不得仿效使用。应该指出，在我国，商标的概念有所不同。我国对所有品牌不论其注册与否，统称商标。而另有"注册商标"与"非注册商标"之别。注册商标所代表的产品一般来说质量高，特色鲜明，包装等比较规范。未注册商标则不受法律保护，所代表的产品一般来说质量不够稳定，特征尚不明显，包装、广告、标贴等费用较低。本节讨论的商标是指注册商标。

综上所述，品牌与商标是两个既有联系又有区别的概念。其联系在于：品牌包括商标；它们的对象都是商品；它们的功能都在于用来区别商品；其设计都是由名称、文字、图形、符号构成的；其价值都反映企业产品实力，是企业的无形资产。但两者又有细微区别：品牌侧重于名称，商标侧重于标志（或标记）；品牌与企业联系在一起，品牌与厂牌往往一致；而商标与具体商品联系在一起，经过商标注册活动与宣传，不同商标代表不同商品，有利于消费者从商标特征上分辨不同档次的商品；品牌侧重于名称宣传，以提高企业知名度，而商标侧重于商标注册，取得商标专用权，防止他人侵权；品牌由来已久，而商标则是在近代商标法出现后才有。

在我国，"品牌"与"商标"这两个概念常通用，品牌策略即为商标策略。

品牌是企业的无形资产。任何品牌都有其特定的含义和作用，品牌的设计和命名、品牌的策略内容繁多。

## 三、品牌的内容

品牌之所以有价值，因为它是销售者向购买者提供的一组特定的利益和服务，好的品牌传达了质量的保证。一个品牌表达了六层含义：

1.属性。一个品牌首先给人带来特定的属性。

2.利益。一个品牌不仅仅限于一组属性，顾客不是购买属性，他们是购买利益。

3.价值。品牌还体现了该制造商的某些价值。

4.文化。品牌可能附加了一定的文化。

5.个性。品牌代表了一定的个性。

6.使用者。品牌还体现了购买或使用这种产品的是哪一种消费者。

## 四、品牌的作用

1.一个品牌反映一个企业产品的实力、形象、特色和质量，因此，拥有品牌，是企业的无形资产和财富。

2.品牌代表了企业的个性特征，既有助于企业进行推广宣传，树立良好的形象和产品形象，又有助于消费者识别、选购，从而促进销售，占领市场。

3.品牌表明了企业及其产品的特征，有助于促进消费者产生偏好，培养消费者对产品的忠诚感，建立稳定的顾客群，增加重复购买，扩大销售。

4.品牌形成后，既有利于促使企业保持良好的产品品质，也有利于提高竞争力，维护企业和消费者的合法权益，还便于消费者对产品进行评价和监督。

5.品牌反映不同企业产品的质量、特点、等级,有利于营销者按品牌质量实行区别价格。名优品牌的商品还会使消费者显示其生活档次和品位,获得心理满足。

6.品牌产品的零部件都注有品牌的标志,其质量水平和各项指标是相同的,有利于产品的更换与维修。

## 五、品牌的制作

品牌或商标是由文字、名称、图案、符号等构成的,其题材极其广泛,凡是花鸟虫鱼、飞禽走兽、人物事件、名胜古迹、神话传说、天文地理等,都可以作为品牌或商标的题材。

(一)品牌的设计

设计一个较为完美的、合理的品牌,要符合以下要求:

1.个性显著。品牌的首要作用就是区别于同类产品、企业或劳务,因此,在一定程度上,品牌的个性、特色是品牌的生命。品牌雷同、平庸,往往不能引人注目,在市场竞争激烈的情况下,某种产品要创牌子,某个企业要树立形象,不设计独具特色的商标就很难达到目标。

2.简洁通俗。就是要求品牌或商标图形线条简明,色彩单纯,易于理解,易于记忆。内容文字概括、简练,不宜过长。所谓通俗,就是要求图形文字一目了然,主题明确,图案清晰,无须费劲猜想。通俗并非不如高雅易于传播,大白话往往能出奇制胜。

3.新颖别致。造型别致、新颖、美观、大方、富有美感的品牌或商标能够捕捉消费者的视觉,从而引起注意,产生兴趣,达到过目不忘的效果。

4.寓意深刻,富有韵味。品牌或商标的设计应通过直接形象、间接形象或含蓄的文字等恰如其分地反映、表示、隐喻商品的特征和风格,以利于消费者的回味与想象。同时,品牌也是一种听觉符号。就品牌对听觉的刺激来说,品牌应该铿锵有力,富有节律感。

5.严肃性。品牌的文字、名称、图案、符号要符合中国商标法的规定;不得同中国或外国的国家名称、国旗、国徽、军旗、勋章相同或相似;不得同国际组织的旗帜、徽记、名称相同或相似;不得同"红十字会"的标志、名称相同或相似;不得带有民族歧视性或带有欺骗性;不得有损社会主义道德风尚。

6.差别多样性。一般情况下,企业的产品只有一个品牌或商标。这样,产品的市场生命与品牌或商标的好坏紧密联结在一起。品牌成功,产品也成功;品牌无人理会,产品也跟着受冷落。它们之间有一损俱损、一荣俱荣的关系。由于市场经济的竞争激烈,一个产品、品牌或商标能否成功,都是未知数。为了减少风险,创造成功的机会,生产多种产品的企业可以设计系列化的品牌或商标。它们各自成功与否,都互不影响,为企业品牌选择留下余地。这样做有利于企业适应不断变化的市场需求,在竞争中处于优势地位。

(二)品牌的命名

品牌的制作关键在于品牌名称。国外的企业都十分重视给自己的产品起一个好的名称,而且还有专门的"命名公司"为企业和产品命名或更名。可供选择的方法有:

1.产地命名。如"西湖龙井茶"是以产地杭州西湖龙井而命名,具有香郁味甘,色绿形美等特点。这种方法,能给消费者以产品真材实料、效用显著、具有独特的生产经营环境和地方风味等感觉,并借助于地方的风景名胜使人产生羡慕、亲切与向往之感。该方法多用于颇有名气的土特产品的命名。

2.人物命名。如“俞兆林保暖内衣”,“王麻子剪刀”、“贵妃酒”等以历史人物、传奇人物、产品的设计者以及对产品有特别偏好的名人命名,可衬托和说明产品品质,引起消费者的敬仰,借物思人,因人忆物,借以提高产品身价。

3.制法命名。如北京的白酒“二锅头”,就是由蒸酒的方法命名的。它具有两次换水的特点,能使白酒香气浓郁。对于具有独特制造工艺的产品,此方法命名便于消费者了解产品制造技术,突出产品制造方法的艰辛,能满足消费者求知的需求,又能使消费者对产品质量产生信任感。“泸州老窖”特曲、头曲、二曲等就是如此。

4.效用命名。该方法多在日用工业品、医药品之类商品命名时使用,能直接反映产品的主要性能和效用,便于消费者直接认识,加速消费者对产品的认识过程,指导人们的消费,如“三九胃泰”、“感冒清”等。

5.外形命名。以商品外形命名,可突出产品优美或奇异的造型与特点,引发消费者的兴趣和注意,如棒棒糖等。

6.译音命名。该方法多在为进口产品、合资产品、化工产品、西药、纺织品、食品等命名时使用,如天津努德莱斯巴食品有限公司生产的“高乐高”饮用食品,就是英文“COLA CAO”的译音。

7.寓意命名。以吉利的词语命名,给人以美好的想象和祝福,如“百岁野马”牌摩托车、“梦”牌席梦思、“幸福”牌床罩等。

8.夸张命名。用艺术夸张的词语命名,以显示商品的独特功效,如“永固”牌弹字锁。

9.数字命名。此方法利于记忆或利用谐音促销,如“555”牌电池、“3388”牌铅笔。

10.以产品成分命名。能反映产品构成成分及构成成分的珍贵,以告知消费者产品的价值,促使消费者购买,如“人参蜂王浆”。

11.以产品生产厂家命名。厂家有名望、有传统、有专利技术或借以树立企业形象,“美菱冰箱”就是如此。

12.以动植物命名。有些动物或植物比较珍贵或受人青睐、敬仰,用其命名可突出产品的优良品质,如“熊猫”彩电、“迎客松”香烟等。

13.以革命圣地、名胜古迹命名。这种命名方法有象征意义,借人们对名胜的敬仰引起对产品的青睐或使产品有一定的文化意义,如“石林”牌香烟等。

14.以自然存在物命名。借自然存在物的永恒,以隐喻产品的美好与持久,也便于记忆。

品牌的命名方法还有很多,企业在品牌制作时,应在注重命名的同时,注意标志与名称间的协调及组合,使之相得益彰。

## 六、品牌策略

企业的品牌策略,是指企业如何合理地使用品牌,以达到一定的营销目的。一般选择:

1.同一品牌策略。它是指企业生产的一切产品均使用同一种品牌进入市场。如娃哈哈集团的产品,无论是营养口服液、果奶、营养八宝,还是冰糖营养燕窝等,都使用“娃哈哈”这一种品牌。采用这种策略,有利于建立一整套"企业识别体系"和企业统一的品牌商标,广泛传播企业精神和特点,让产品具有强烈的识别性,提高企业的声誉和知名度。还可以利用市场上已知名的品牌推出新产品,有利于节省商标设计费用和促销费用,提高广告效果。但采用这种策略,企业必须具备以下两个条件:a.这种品牌必须在市场上已获得一定的信誉;b.采用统一品牌的各种产品具有相同的质量水平,否则会因某一产品质量不佳波及其他产品并影响整个企业形象。这就要求企业要有较高的经营管理水平。

2.个别品牌策略。它是指企业按产品的品种、用途和质量,分别采用不同的品牌,如五粮液酒厂生产的白酒采用"五粮液"、"五粮春"、"尖庄"等不同品牌。采用这种策略,能够严格区分不同产品和品种,区别质量档次,反映了不同的特色,以适应市场上不同层次的消费水平,扩大市场容量,以取得规模效益。采用这种策略,企业承担的风险较小,因为,即使有一两种品牌的商品不受市场欢迎,也不会影响到本企业其他品牌商品的销售,不会对企业整体形象造成不良影响。但企业要为每一个产品设计品牌,为每一个品牌作广告宣传,费用高,消费者也不易记住,难以树立企业的整体市场形象。

3.品牌扩展策略。又称特殊品牌策略,是指企业利用成功的品牌推出新产品或改良产品,如春兰集团以生产春兰空调器而闻名遐迩,他们在摩托车产品中采用"春兰虎"、"春兰豹"的品牌,采用这种策略,可以节省新产品的宣传广告费用,利于增强消费者对品牌的信任感,使新产品能够顺利进入市场。

4.更换品牌策略。更换品牌策略,就是更换原有企业的品牌,采用新的品牌,如科龙集团原生产容声冰箱,后生产空调器时采用科龙这一品牌。采用更换品牌策略的原因很多:或原有品牌过时,需要更换;或采用某一特别著名产品的品牌;或企业生产方向的变更或扩大;或者企业认为需要重新设计产品形象等。

5.中间商品牌策略。它是指在销售者品牌下从事市场营销。传统品牌是厂商的制造标记,因为产品的设计、质量、特色都是由制造商决定的。但是,近年来,在西方国家,越来越多的中间商大力提高自己的声誉,树立企业的形象,创立品牌,即中间商把制造商生产的产品大批量地买进来,再使用自己的品牌将产品转卖出去,如美国著名的零售商西尔斯百货公司,90%以上的商品都用自己的牌子。采用这种策略可以利用中间商良好的品牌声誉以及庞大、完美的分销体系为生产企业在新的市场推销新的产品和服务。但采用这种策略,要求中间商对制造者的产品质量严格控制,否则,不仅会影响产品销售,而且会砸掉中间商的牌子。

6.借用品牌策略。即企业生产的产品不用自己的品牌,而用借来的品牌销售。国内许多联营企业常采用这种策略:由主导厂提供技术,严把质量关,协作厂的产品用主导厂的品牌出售。采用这种策略看上去出于无奈,是消极的举措,但从长远看是积极的,借牌是为了使企业渡过难关,出现转机,开创未来。

7.无品牌策略。一般来说,绝大部分企业或产品都使用品牌或注册商标,但在某些特殊情况下,可以不使用品牌或注册商标,只注明产地或生产厂家名称,也可使用未经注册的临时商标。无品牌策略适用于以下三种情况:首先是产品技术要求简单,不同生产厂家其产品质量是同质的,故消费者没有必要凭品牌去购买,如原材料、煤炭、电力等;其次是小范围的地产、地销商品,习惯只注明产地或厂家,也可以使用未注册商标,如土特产、手工艺品等;再次是企业临时性加工或一次性生产的产品,如接受外商的加工业务,一般是由经营单位重新包装,使用经营者的商标。

## 七、创名牌策略

(一)名牌的内涵

所谓名牌,目前尚无统一的、公认的定义,但经济界普遍认为,名牌的基本内涵应包括:具有极高的知名度和美誉度;产品竞争力强劲,市场占有率高;工艺精湛,内美外秀;质量稳定可靠,服务优良;消费者对它有种责任感、安全感和荣誉感。

名牌有地区性名牌、国家级名牌和世界名牌。名牌本身就是财富,具有极高的经济价值。一个企业或产品成为名牌,必然有很强的市场吸引力,不仅吸引消费者购买,而且吸引着投资者、吸引着人才,因此,创名牌就成为众多企业追求的目标和发展战略。

(二)创名牌策略

创名牌是一项系统工程,涉及企业经营管理工作的方方面面,我们认为,重点应抓好以下几个方面:

1.确保产品质量,做到持之以恒。确保名牌产品始终具有优于竞争对手的产品质量,这是世界名牌久盛不衰的首要秘诀。

2.发展规模经济,增强企业实力。

3.加强科学管理,培养优秀人才。管理出质量,管理出效益,已成为企业家的共识 。造就优秀人才,是名牌企业成功的关键所在。

4.注重形象宣传,提高企业信誉。名牌商品的形成离不开公关广告宣传,不宣传,名牌则难以打造出来。消费者选择的是知名产品,而不会选择不知名的产品。以沈阳“沈乐满”牌热水器为例,该热水器的质量是令人信服的,但知名度不高,销售量就不尽如人意;而广东省的“神州”、“万家乐”热水器,一开始就注重宣传,成为消费者的首选商品。由此可见,同质、同价的同类产品,市场对它们的反应却明显不同,形象模糊的,问津者少;形象清晰、良好的,容易得到消费者的青睐,因此,企业的产品形象直接影响产品的销售。一些外国企业,即使目前在中国市场上卖不出去多少东西,但也要做广告,就是要先期宣传自己的牌子,目的是占领中国的市场。我们要参与竞争,就要积极宣传自己的品牌,树立品牌形象和提高企业信誉。

5.坚持开发创新,增强品牌活力。名牌产品一成不变的是质量和信誉,但名牌产品的性能和功能却不能一成不变。产品性能要随着技术的进步而不断提高,产品功能要随着消费需求的变化而不断改变。实践证明,市场竞争无定论,名牌没有终身制,切实抓好名牌产品的开发创新,是保持名牌青春常在的关键一环,为此,企业要深入市场调查,把握市场脉搏,根据市场需求,有组织、有计划地开发新产品,以强大的创造力形成名牌永久的生命力。

6.注意价格定位,满足大众消费需要。名牌产品按其服务对象大致可分为两类:一类是为少数高薪阶层、富豪服务的,用以显耀身份的高档名牌;另一类是为普通人服务,但又是大多数人喜爱的大众化名牌。高档名牌价格高,大众化名牌质高价廉,普及率高。在实施名牌策略中要注意市场定位。企业可以生产高档名牌产品,其价格高,但物有所值,当然会有一定的市场,但我国是一个发展中国家,人们的生活水平还不高,我们应当大力生产普通消费者所喜爱的、在经济上能承受得了的大众化名牌,以满足大众消费的需要。

**案例 6-3　奔驰汽车的质量**

具有百余年历史的德国奔驰汽车,从产品的构思、设计、研制、试验、生产直至推销、维修,质量第一的原则贯彻始终。为提高产品质量,公司建立了一支熟练的技术队伍,在国内设有 502 个培训中心,他们成为提高产品质量的决定因素。同时,公司严把质量关。一个引擎要经过 42 道检验,油漆稍有划痕,必须返工。从事生产的工人有 1/7 左右是专门从事质量控制和质量检验的,且标准非常严格,如外厂给公司提供的零部件,一箱里有一个零件不合格,就要把整箱零件全部退回。

**分析提示:**德国奔驰汽车之所以成为享誉全球的名牌汽车,就是因为持之以恒地确保汽车的卓越超群的质量性能。公司将质量第一的原则贯穿到生产的全过程、各个方面和全体员工中。高质量的产品带来了高知名度、高美誉度、高市场占有率和高效益。

## 第三节　包装策略

### 一、包装的概念与作用

(一)包装的概念

包装是指产品的容器和外部包扎。产品包装一般包括三部分:

1.首要包装。是产品紧靠着的包装容器,如酒瓶子。

2.次要包装。是保护首要包装的包装物,又称销售包装,如酒瓶子外部的长方体小盒子。

3.运输包装。是为了储存和运输的需要而形成的大包装,如集 12 瓶为一箱的大箱子。

(二)包装的作用

包装是产品的外衣,在市场营销中可发挥以下作用:

1.保护产品。包装保证产品在生产结束后直至被消费掉以前,产品的使用价值不受外来影响,产品实体不会损坏、散失和变质。如易腐、易碎、易燃、易蒸发的产品,有了完善的包装,就能保护使用价值,这是包装的基本作用。

2.提供方便。运输包装,有利于商品的合理堆码、装卸、存储;销售包装,便于经营者陈列、清点、售卖,也方便消费者购买、携带、消费和保管。

3.易于识别。包装是商品的外壳,是消费者和营销人员较先熟知的部分。包装是注册产品型号、数量、品牌及制造厂的名称,能帮助库管人员准确地找到产品,防止错发,也可以帮助售货人员与购买者从包装外形上区别同类企业产品,从而节省商品买卖时间,加速商品的购买过程,也有利于消费者对商品的回忆和再认,增加重复购买。

4.增加利润。有许多商品本身并不能使人产生美感,通过精心设计的包装可美化产品,提高档次,吸引消费者青睐,促进销售,增加收益。同时,包装合理,可以减少产品损耗,降低储运费用,增加企业利润。

## 二、包装的类型

1.按包装的用途分为:首要包装、销售包装、运输包装。

2.按包装的层次分为:内包装、中包装、外包装。

3.按包装的保护功能分为:防水包装、防锈包装、防震包装、防腐包装等。

4.按包装的材料分为:纸质包装、木质包装、塑料包装、金属包装、玻璃包装等。

5.按包装的耐压性分为:硬包装、半硬包装、软包装。

6.按包装的方便性分为:便携包装、易开包装、定量包装、喷雾包装、开窗包装等。

7.按包装的作业方式分为:手工包装、机械包装、自动化包装等。

8.按包装的对象分为:药品包装、食品包装、电器包装、服装包装等。

## 三、包装的基本要求

1.产品包装应根据不同的产品特点合理选择包装材料。不同产品,其自然属性和形态不同,如液态、固态、整体、细散、易碎怕震、易霉、易挥发等。包装应针对这些特点,采用不同的包装材料,如硫酸用瓷瓶包装,氧气用高压钢瓶包装,机器设备用木箱包装等。

2.包装结构、大小要便于产品储运,切实保护产品。特别是某些不规则的产品,应注意堆码和根据安全需要合理设计包装尺寸、形状,形成立体结构;有的产品分解包装,节约仓容。

3.包装设计要反映企业产品工艺特点。注意消费者追求新颖、美观、方便、实用、高贵的心理,使包装与商品价值相一致。切忌过分包装,以免消费者负担过重,影响产品销售。

4.要考虑顾客生活方便的需要。注重便携式包装、喷雾式包装、易开式包装、定量包装的科学设计,尽可能方便消费者携带、使用。

5.尊重民族、风俗习惯。不同国家和地区的消费者对文字、图案、颜色有不同的要求,在设计包装装潢上要注意这些问题。

6.对于大包装,还应做好包装标记。标明发货人、收货人、到达地名、货物名称、等级、数量、体积等。

除此之外,还应注意包装的标准化及组织包装材料的回收利用等。

## 四、包装策略

常用的包装策略有:

1.系列式包装。企业生产经营的产品都用相同或相似的包装。引入CI设计的企业往往采用这种包装策略。由于系列包装,使产品甚至使企业形象更加鲜明。

2.连带式包装策略。将具有消费连带性的产品包装在一起。其目的在于给消费者以便利感和整体感。

3.分量式包装策略。对于一些称重产品,根据消费者在不同时间、地点,使用量不同等情况,采用重量大小不同的包装。也有一些价格较贵的产品,实行小包装,给消费者以便宜感。还有一些新产品,为让消费者使用而采用小包装。其目的在于给消费者以便利感、便宜感、安全感。

4.等级式包装策略。为了区别不同产品的不同质量,按其质量等级采用相应的包装,这是一种常用的包装形式。其目的在于满足不同需求层次的消费者,区分产品档次。

5.复用式包装策略。为了节约包装材料或刺激消费者需求,采用可重复使用的或转作他用的包装。其目的在于给消费者一种便宜感、节约感。

6.开窗式包装策略。在包装物上留有“窗口”,让消费者透过“窗口”来直接认识和了解产品。其目的在于直接让消费者体会、认识产品的品质。

7.密封式包装策略。将产品严实地包裹起来,接口处以胶、蜡等密封,常见于防潮、防晒、防尘等易损、易变质的产品。其目的在于确保商品质量。

8.名贵式包装策略。专用于包装名贵产品。其包装设计精良,具有一定的艺术价值,常见于名贵的药材、文物、工艺品、金银制品、高档服装等。其给消费者一种荣华、高雅的感觉。

9.赠品式包装策略。在包装物内装有赠品或奖券。这种包装有较强的促销作用。其目的在于给消费者一种便宜感、机会感。

10.礼品式包装策略。装饰华丽,富有欢乐色彩,包装物上常冠以“禄”、“福”、“寿”、“喜”、“如意”等字样及问候语。其目的在于增添节日气氛和欢乐,满足人们交往、礼仪之需要,借物寓情,以情达意。

11.异常式包装策略。异于同类产品的包装策略。其目的在于使消费者感到新奇,印象鲜明,进而加深记忆。

12.特殊式包装策略 。追求包装的独特风格,并长期使用,给消费者形成较为深刻的印象。其目的在于风格独特,易于同类产品区分,同时可以起到一定的预防伪制、假冒的作用。

13.通常式包装策略。和常见的同类产品使用同样的包装材料、色彩、造型等。其目的在于便于消费者认识和引起消费者注意。

14.情趣式包装策略。追求包装造型、色彩、图案的艺术感,通过包装的造型、色彩等来赋予一定的象征意义。其目的在于激发消费者联想与情感。

15.年龄式包装策略。按年龄段设计相应的包装,亦即包装采用适宜不同年龄的造型、图案、色彩等。其目的在于满足不同年龄消费者的的需要。

16.性别式包装策略。按性别不同采用相适应的包装。男性用品包装追求潇洒、刚正、质朴;女性用品包装崇尚温馨、软弱、秀丽、新颖、典雅。其目的在于满足不同性别消费者的需求。

以上包装策略也可综合使用。

**【思考】**产品包装也可以创造价值吗?

产品包装也可以创造价值,因为包装作为整体产品的重要组成部分,既可以增加产品价值,又可以增加产品美感,提高档次,促进销售,降低成本,增加利润。

# 第四节 产品组合策略

## 一、产品组合

产品组合是指一个企业生产或经营的全部产品线、产品项目的结构，又叫产品的各种花色品种的配合。它包括四个变数：产品组合的宽度、长度、深度和关联度。

产品线的数目称为产品组合的宽度。所谓产品线，是指具有相同使用功能但其型号规格不同的一组类似产品项目，亦称为产品系列或产品大类。一条产品线往往包括一系列产品项目，而产品项目是指同一产品系列下各种类型的产品，它是产品目录中经特别设计的不同功能、尺寸、规格、型号、颜色、用途等特点的产品。一个企业的产品组合中产品项目的总数为产品组合的长度。每一产品线包括的不同品种规格的产品数目称为该产品的深度。一个企业的各个产品线的平均深度，即为企业产品组合深度。

企业各条产品线在最终用途、生产条件、分销渠道等方面在产品组合中的密切相关程度，为产品组合关联度。它要视具体情况而定，并不是愈强愈好，也不是愈弱愈好。

## 二、产品组合策略

产品组合策略是指企业根据市场状况、自身资源条件和竞争态势对产品组合的广度、长度、深度和关联度进行不同组合的过程。一个企业产品组合决策并不是任意确定的，而应遵循有利于销售和增加企业总利润的原则，根据企业的资源条件和市场状况进行灵活选择。

(一)从静态的角度分析

可供选择的产品组合策略有：全线全面型策略、市场专业型策略、产品线专业型策略、有限产品线专业型策略、特殊产品专业型策略、特殊专业型策略。

1.全面全线型策略。这种策略着眼于向任何顾客提供他所需的一切产品。条件就是企业有能力兼顾整个市场的需要。整个市场的含义可以是广义的，即不同行业的产品市场的总体；也可以是狭义的，即某个行业的各个市场面的总体。广义的全面型产品组合策略就是尽可能地增加产品线的宽度和深度，不受产品线之间关联性的约束，例如，日本索尼公司的经营范围从电视机、收录机、摄像机、VCD、DVD到旅行社、连锁餐馆、药房等，十分宽广。狭义的全面全线型产品组合策略，是提供在一个行业所必需的全部产品，如美国奇异电气公司，产品线很多，但是都和电气有关。该策略能较大限度地分散各种产品的经营风险，扩展企业的实力和声势，取得最大的市场覆盖面，最大限度地满足顾客的需要，一般大公司或大工业集团普遍采用这种策略。

2.市场专业型策略。即向某个专业市场(某类顾客)提供所需的各种产品。如以建筑业为产品市场的工程机械公司，其产品组合由推土机、翻斗车、挖沟机、起重机、水泥搅拌机、压路机、载重卡车等产品线所组成。该策略重视各产品之间的关联程度与组合的宽度，而组合深度一般较小，它能使某一类顾客在某种消费上从一个企业获得全方位的满足，方便了顾客,扩大了销售。

3.产品线专业型策略。企业集中某一类产品的生产,并将其产品推销给各类顾客。如一汽集团公司生产各类小汽车,以满足不同顾客的需要。有普通型红旗轿车、旅行车、客货两用车、救护车、交通指挥车、豪华车、礼宾车、加长车等。该策略产品线数目少且各项目密切相关,产品品种丰富,分别满足不同顾客、不同用途的需要。

4.有限产品线专业型策略。该策略与产品线专业型相比,不仅产品线数目少,且产品线内部的产品项目有限。它一般适合生产经营条件有限的中小型企业,这类企业以单一的市场或部分顾客作为目标市场。该策略产品组合宽度很小,深度有限,关联度较强。

5.特殊产品专业型策略。企业根据自己所具备的特殊资源条件和技术专长,专门生产某些具有良好销路的产品项目。该策略具有组合宽度极小、深度也不大、但关联度极强的特点,所能开拓的市场是有限的,因其资源、技术特殊,能创造出特色产品,市场竞争威胁小,如生产某些特效药、名酒、特殊用途的器械等的企业就采用这种策略。

6.特殊专业型策略。本策略是指企业凭借其特殊的技术、服务满足某些特殊顾客的需要,如提供特殊的工程设计、咨询服务、律师服务、保镖服务等。本策略组合宽度小、深度大、关联性强。

(二)从动态的角度分析

可供选择的产品组合策略有:扩大产品组合策略、缩减产品组合策略、高档产品策略、低档产品策略。

1.扩大产品组合策略。即扩大产品组合的宽度或深度,增加产品系列或项目,扩大经营范围,生产和经营更多的产品以满足市场需要。

2.缩减产品组合策略。指降低产品组合的宽度或深度,删除一些产品系列或产品项目,集中力量生产和经营一个系列的产品或少数产品项目,提高专业化水平,力图从生产和经营较少的产品中获得较多的利润。

3.高档产品策略。是指在同一产品线内增加生产高档次、高价格的产品项目,以提高企业和现有产品的声望。

4.低档产品策略。是指在同一产品线内增加生产中低档次、低廉价格的产品项目,以利用高档名牌产品的声誉,吸引因经济条件所限购买不起高档产品,但又羡慕和向往高档名牌产品的顾客。

应注意的是,无论采取高档产品策略还是低档产品策略,都存在一定的风险,因为在中低档产品线中推出高档产品难以树立高档产品的独特形象, 而在高档产品线中推出低档产品,容易损害高档产品甚至企业的形象。

### 案例6-4 迎客松系列香烟

芜湖卷烟厂生产各种品牌香烟,其中迎客松品牌系列从高档到低档的品种有:国宾迎客松、金牌迎客松、四星级迎客松、贵宾迎客松、极品迎客松、精品迎客松、普通迎客松,以满足不同层次顾客的需要。

**分析:**采取了产品线专业型策略。在同一产品线内生产密切相关、品种丰富的产品,以分别满足不同层次顾客的需要。

# 第五节　产品生命周期与营销策略

## 一、产品生命周期的概念

产品生命周期是指一种产品从投入市场开始到退出市场为止的周期性变化的过程。它是产品的经济寿命,即在市场上销售的时间,而不是使用寿命。

产品的使用寿命是指产品的自然寿命,即具体产品实体从开始使用到消耗、磨损、废弃为止所经历的时间。

从理论上分析,完整的产品生命周期可分为投入期、成长期、成熟期和衰退期四个阶段。销售额和利润随产品推进时间而发生变化,通常表现为类似 S 型近似正态分布的曲线,被称为产品生命周期曲线图。如图 6.3、6.4 和 6.5 所示。

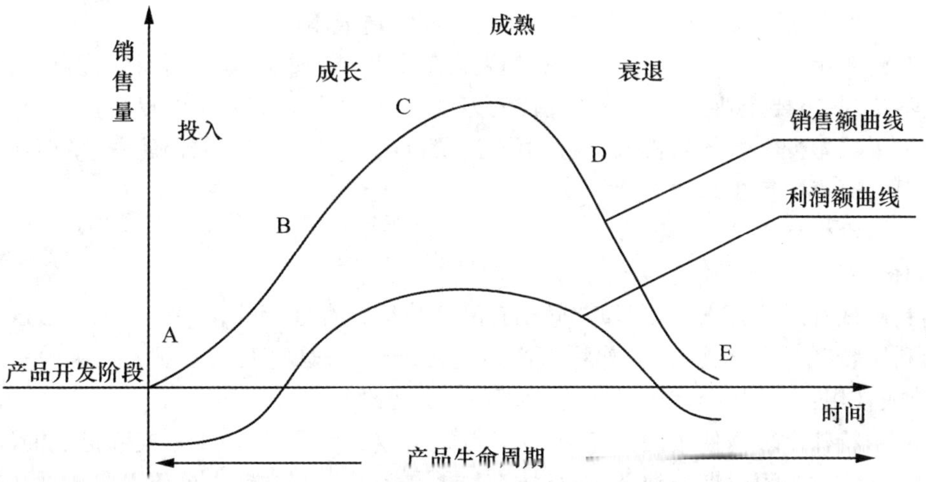


图 6.3　产品生命周期曲线图

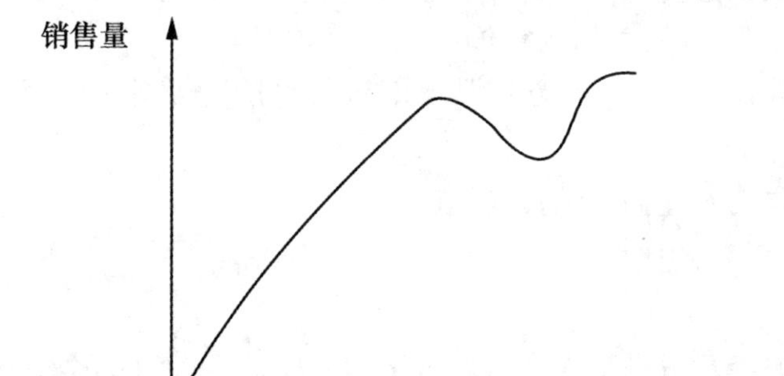


图 6.4　第二个快速成长曲线图

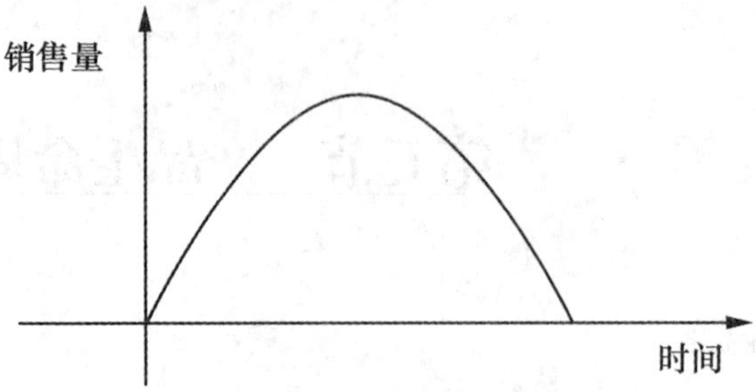


图 6.5　时髦产品生命周期图

## 二、产品生命周期各阶段的特点及营销策略

(一)导入期的特点及企业营销策略

导入期是新产品进入市场的最初阶段。

1.主要特点。

(1)生产批量小,制造成本高。因为新产品刚开始生产时,技术不够稳定,不能批量生产,次品率较高,根据市场反应测试,改进费用高,因此制造成本较高。

(2)营销费用高。新产品刚进入市场,消费者对其性能、质量、款式、价格、优点等不了解、不认识、不认同,需要企业加大推销和宣传的力度,必然引起营销费用的提高。

(3)销售数量少。新产品投入市场,由于消费者不了解,只有少数创新者、早期接受者购买产品,因而销售数量少。

(4)产品价格常偏高。

2.具体策略。

(1)利用现有产品提携支持,如随同现有的已博得顾客好评的相关产品免费赠送。

(2)利用特殊手段诱使使用,如将新产品免费供给一段时间;特价优惠或到消费者处所免费示范或使用;免费传授使用、维修技术等。

(3)利用特殊手段诱使中间商经销,如采取寄售或其他手段,减少中间商进货的风险;给中间商独家经销权;提供广告津贴;派员协助推销或为其训练推销人员等。

(4)利用其他手段,如进行大规模的广告宣传及其他刺激购买的方法,设法使相关团体中的某些头面人物使用其产品,并加以宣传。

(5)采取高品质、高价格策略。在新产品上市初期,利用顾客求新心理,着重树立产品的市场形象和威望。

(二)成长期的特点及企业的营销策略

成长期是产品市场寿命周期的第二个阶段。

1.主要特点。

(1)产品销势强劲,经营成果令人瞩目。由于产品已被广大消费者使用,销售势头良好,销售额大幅度上扬。成长期单个商品的进销差价虽不及导入期的单个新产品,但是由于销售额的大幅度上扬,且单个产品的经营利润仍保持在一定的额度上,因而市场上该类产品的绝对利润额大大超过导入期的绝对利润额，厂家和商家在经营处于这一时期的产品时，一般都可获得丰硕的经营成果。

(2)产品质量日趋稳定，企业已形成规模化生产。新产品经过导入期的不断改进和完善，其质量开始逐渐提高。在进入成长期后，产品也基本定型。由于产品已被大多数消费者所接受，因此，市场的需求量明显提高。为充分满足广大消费者的需要，各家企业开始投入批量生产，其中部分企业已形成规模化生产能力，并取得良好的规模效益。

(3)市场竞争日趋激烈，其产销的垄断性基本消除。成长期产品的生产和经营已不再是独家占有，并开始形成多家企业竞争的格局。由于丰厚利润的吸引，“多头竞争”局面愈演愈烈，导入期的那种产销方面的垄断被竞争所代替。

产品处于成长期，要求企业稳定产品质量，扩大生产能力，组织好销售工作。

2.具体策略。

(1)改进产品性能，提高产品质量。根据用户需求与建议，不断改进产品性能，提高产品质量，增加品种、型号、款式，力求创出新的特色。

(2)扩展购买新产品的市场，如扩大推销函购的范围；采取多种包装推广新用途；增加经销店和销售渠道；在适当时机降低价格，以吸引对价格敏感的潜在顾客。

(3)加强商标地位。采用注册商标，取得商标专用权；改变广告宣传重点，由介绍产品转向树立产品形象；争取创立名牌产品，争取新老客户。

(4)巩固销售渠道的地位，加强与销售渠道的联系。

(三)成熟期的特点及企业的营销策略

成熟期是产品生命周期的一个“鼎盛”时期，其前半期的销售额逐渐上扬而达到最高峰，在稳定一个相对较短暂的时期后，其销售额开始缓慢回落，这时便进入一个转折时期，即成熟期的后半期。成熟期是产品生命周期中的“极盛”和“巅峰”时期，又同时是一个由“盛”到“衰”的转折时期。

1.主要特点。

(1)产品结构基本定型，工艺成熟。厂家在研制、生产出新产品后，将其投放市场，经过导入期、成长期的试销和成批销售，厂家根据反馈的有关产品的信息，对产品结构进行了多次调整，进而使产品结构定型。工艺日趋完善与成熟。因此，成熟期的产品在性能及质量方面再度进行改进的余地已经不大。

(2)产品销售额在逐渐达到顶峰后开始缓慢回落。成熟期产品对广大消费者来说已属于半新半旧产品，相当一部分人已购买和使用过这类商品，他们在使用这类商品时，已对产品的性能、质量有所了解，并大胆地进行重复购买，从而大幅度提高了购买量，致使销售额在成熟期的前半期达到顶峰。但是在成熟期的后半期，市场上已开始出现同类产品，一些勇敢的使用者和其他少数消费者已将目光转向功能更先进的新产品，从而将成熟期的相同类型的半新半旧产品的购买量减下来，因此，成熟期又是一个由“盛”转“衰”的转折时期。

(3)产品价格差距不大，竞争处于“白热化”。成熟期产品生产厂家众多，其技术水平和生产成本趋于平衡，因此，产品销售价格差距不大，从而导致市场竞争处于“白热化”状态。前期竞争平稳，后期竞争激烈。

(4)企业经营状况不尽如人意,利润开始下降。激烈的市场竞争使企业的宣传费用增加,加之库存产品的积压,资金周转速度缓慢,所付出的银行利息开始增加,企业的利润开始下降,其经营前景不容乐观。

成熟期的长短直接影响产品开发经济效益的大小,企业要千方百计地延长产品成熟期的时间。

2.具体策略。

(1)产品改革,亦称产品再推出。此种策略有品质改良,如提高耐用性、可靠性;有性能改良,如增加适应性、方便性;有形态改良,如提高产品的外形美。电视机厂将彩电由卧式带防爆玻璃改为平面直角、带遥控的超大规格电视机,再到数字化彩电、多媒体彩电等,就是产品改良的一个例子。

(2)市场改革。包括寻找尚未采用本产品的新市场或市场中的新部分;增加产品新的用途,创造新的消费方式等,如美国杜邦化学公司开发的尼龙产品最初用于军事,制造降落伞和绳索,以后用于服装领域,现在用于轮胎的衬布等,使一种产品在一种市场饱和后又在一个新的市场焕发生机。

(3)市场组合改革,即指改变某些市场组合的因素,以增加销售量,如运用降低价格、改进包装、扩大分销渠道、采用新广告、加强销售服务等手段刺激现有顾客增加使用率。

(4)转移生产场地,即把处于成熟期的产品转移到某些生产成本低、市场潜力大的国家和地区。

(四)衰退期的特点及企业的营销策略

1.主要特点。

(1)产品陈旧,且日趋"老化"。当产品处于衰退期时,市场上已经出现功能更先进、外形更美观的同类新产品。这些新产品转移了部分消费者的注意力。于是,在这部分人的眼中,衰退期的产品已彻底陈旧、老化,且不屑一顾。同时,当某种产品进入衰退期,也有一些较早开发出来的新产品已跨越短暂的导入期,进入了成长期,其新产品在此时被广大消费者接受,也占据了同类产品市场的大部分份额,老产品的市场份额越来越小,已无旺盛的生命力。

(2)产品的销售量急剧下降。由于大部分消费者已对衰退期产品不感兴趣,并将购买力投入同类的新产品或较新产品方面,因而旧产品的销售量急剧下降。

(3)利润明显下降,部分企业出现亏损。由于产品销路受阻,企业库存出现积压,仓储费增加,资金周转速度明显减慢,银行利息开始上升。这些因素导致企业成本大幅度上升,利润明显下降等,部分企业开始出现了亏损。

(4)大幅度削价处理库存产品,企业濒临破产的危机。为了减少库存损失,企业开始大幅度削价处理产品,从而造成亏损。最终企业正式转产,开始开发、生产其他的新产品。

2.具体策略。

(1)继续经营策略,也称为自然淘汰策略。它是指企业继续使用过去的经营策略,直到该产品完全退出市场为止。当企业在市场占有绝对支配地位且产品竞争者退出市场后该市场仍有一定潜力时,通常可采用本策略。这样可利用该产品分销网、品牌等培植企业的另一个新产品,保持企业与市场的联系。

(2)集中策略。它是指把企业能力、资源集中在最有利的子市场和渠道上,放弃那些没有盈利机会的市场。本策略一般在某中心市场顾客对本企业产品质量、品牌、服务有特殊感情与信任时采用。

(3)放弃策略。它是指当企业现有产品并无潜在市场机会或新一代产品已经上市且前途看好时应当机立断放弃老产品,把企业生产条件、经营渠道、广告宣传等转移到新产品上。企业要注意老产品库存处理、生产线的调整、员工的培训,为新产品进入市场成长期准备条件。

### 三、延长产品生命周期的方法

产品生命周期的长短受到技术进步、市场竞争、政府干预、消费者需求等多种因素的制约。以产品给企业带来利润的多少作为衡量标准,企业一般都希望延长产品生命周期中的成长期和成熟期,缩短投入期和衰退期,希望出现第二个成长期。产品的生命周期从总体上来说取决于企业外部环境变化趋势,但如果企业营销工作卓有成效,可适当延长产品生命周期。主要方法有:

1.加大促销力度,促使消费者增加使用频率,扩大购买。

2.对产品进行改造。要根据产品的市场反应,改进产品的性能,开发产品的功能,革新产品造型和包装,增加产品的美感,以巩固老顾客,争取新顾客。

3.开拓新市场,拓展顾客群。由于不同区域市场消费存在明显的差异性,企业可以利用这种差异开拓新的市场领域,如有的产品在本地市场已开始衰退,可以转销外地市场,城市市场滞销可以向农村市场发展。对消费者也是如此,有的产品可以先争取女性顾客,然后再争取男性顾客,满足了儿童市场的需求再开拓老年市场等。

4.开拓产品新的使用领域。有的产品用途随着生产发展、科技进步和消费水平提高而不断拓展。产品新的用途一旦开拓出来,其生命周期必然延长,如纸,过去主要用于书写和印刷,后扩展到餐巾纸、装饰纸、卫生纸、纸桌布等。用途多了,销售量就大,产品生命周期就长。

## 第六节　新产品开发策略

### 一、新产品的含义和种类

(一)市场营销学中新产品的定义

市场营销学中的新产品与科技开发意义上的新产品并不完全相同，前者比后者内容要广泛得多。营销学所讲的新产品并不一定是新发明的新产品。它是对企业而言的新产品,是企业第一次生产、出售的,可能在世界上早已出现,在其他地区早已经销或本地区其他类似的企业已提供的产品。因此可将新产品定义为:

企业向市场提供的较原来已经提供的有根本不同的产品。这种产品具有与其他同类产品不同的特点,并能给用户带来某种新的利益。

(二)营销意义上的新产品应具备的条件

在结构、性能、材质、技术特征等某一方面或几方面有显著改进、提高或独创;具有先进性、实用性,能提高经济效益,具有推广价值;在一个省、市、自治区范围内是第一次试制的新产品。

(三)新产品的种类

一般分为以下两种:

1.非连续性新产品。是生产厂家运用现代新科技、新工艺、新材料生产、制造出来的并用以交换的全新产品。这种产品的结构、造型、性能均是全新的,它与市场上已有的产品无雷同之处,它不是在老产品的基础上经过革新的产品,也不是同类产品中的仿制品,而是科技人员创造、发明的前所未有的全新产品。由于该类产品不是承接旧产品的结构、性能、外观而重新设计、制造,因而被称为非连续性新产品,即全新型新产品,如汽车、电视、电子计算机最初上市时,都属全新产品。

2.连续性新产品。是指新产品在原有旧产品的基础上,运用新原料、新工艺对整体产品中任何一部分的创新或改进,其具有新的特征、新的性能及新的用途等。按程度又可分为:

(1)革新型新产品。是在老产品的基础上部分采用新技术、新材料、新结构研制的性能上有显著提高的产品,如从 VCD 到 DVD 等。

(2)改进型新产品。是在原有旧产品的基础上对其作部分改进或稍加改良而成的新产品。其改进的程度一般是在设计、装置、用料上作部分改进,以提高产品的性能及用途,如山地自行车、多功能电扇等就属于该种类型产品。

(3)部分改进型产品。指设计者和生产者对产品外观、造型或产品的零件部分作少许调整、改良而成的产品,如将铁壳水瓶改进成塑料水瓶等。

(4)模仿新产品。又称为企业新产品或地域新产品,是指市场上已经存在而企业没有生产过的产品,或其他地区已经存在而在本地是第一次生产的产品。由于这些产品的开发与生产都是对已有产品的一种模仿,所以叫模仿新产品,如数字化彩电国外较早就已上市,我国才开始生产,就属于模仿新产品。

进入市场的新产品大多数是革新型产品。

【思考】我国生产的第一台海尔冰箱属于什么类型的新产品?

属于模仿新产品。

## 二、新产品开发的必要性

1.新产品开发是企业发展的生命线。

2.新产品开发是企业保持其市场竞争优势的重要条件。

3.新产品开发是充分利用企业资源,增强企业活力的条件。

4.新产品开发是提高企业经济效益的重要途径。

## 三、新产品开发应遵循的原则

(一)新产品必须有市场潜力

新产品开发是从营销观念出发所采取的行动,因此,首先必须是适应社会经济发展需要,生产适销对路的产品。不能满足一定市场需求,或虽能满足某一需求但需求量太小的产品,对企业而言再新也没有意义。符合市场需要的产品必须做到:

1.有特色,包括式样新、功能全或高能化、性能特等。

2.节能、小型、标准化。新产品能耗少,可以减少消费者使用成本。小型化则是在功能不变的情况下细小轻便,便于使用,或者体积、重量略增而功能大大提高。标准化则是指产品结构、形式等力求精简、标准,达到产品系列化,零部件标准化、通用化,便于使用和维修。

3.使用安全、质量可靠。新产品必须有一定的安全性,保证常规使用不会给消费者造成伤害。儿童用品不能有有毒有害物质,避免坚硬锐角。

(二)企业新产品开发必须有开发和生产能力

新产品开发是一项高风险、高投入的活动,不能盲目进行,必须同时考虑公司的开发能力以及开发后的生产能力。首先,应明确所开发的新产品按企业的技术水平、财务承受能力能否完成,会不会因这些客观条件限制而夭折。其次,要研究新产品研制出来后,企业的生产条件(资金、技术、原材料等)是否具备。企业开发新产品的目的是产品生产后投入市场以获取较高利润。如果有了新产品而不能批量生产,新产品开发的经济效益就会大大降低。

(三)新产品开发必须坚持开发与管理并重

## 四、新产品开发的形式

1.独立研制。是指企业完全依靠自己的科研、技术力量研究开发新产品。这是新产品开发的基本形式,也是有独立研制能力的大企业产品创新的力量所在。这种方式可以密切结合企业优势和特点,容易形成本企业的产品系列,使企业在某一方面具有领先地位,但相应投入大量的人、财、物,有很大的风险。主要是因为企业掌握的信息有限,开发能力有限,风险自负,需求变化快,所以,应注意集众家智慧,力求新产品开发成功。

2.技术引进。是指从企业之外引进先进技术、购买专利来开发新产品。引进方式有两种:一是引进样品进行仿制;二是引进先进的工艺技术,用于新产品的设计和生产。这种方式可缩短开发时间,节约研制费用,风险也较小,而且可促进企业技术水平和生产效率乃至产品质量的提高。在企业科研、技术能力有限的情况下是一种有效的方式,可通过加快开发速度,尽快推上市场而获利。

3.研制与引进相结合。指企业某种新产品的部分技术是自己研制出来的,另一部分是从企业外部引进的。这种新产品开发方式得以成功的关键在于企业要抓好技术知识的转换工作,同企业已有的技术合成,或是引进新技术以弥补不足,或是在充分消化、吸收引进技术的基础上,结合企业已有的技术进行创新。这种方式采取"两条腿走路"方针,投资低、见效快,产品有一定的先进性和特色,并能促使企业的技术改造和创新,是一种较好的开发方式。

4.协作研制。是指企业之间,企业与科研、教学单位之间协作进行新产品开发。它有利于充分利用社会的科研能力,弥补企业力量的不足,把科研成果转化为生产力,促使其商品化,比较符合建立市场经济体制过程中我国企业和科研、教学单位的实际需要。

## 五、新产品开发过程

一般包括以下几个环节:

(一)市场调研

1.市场动向资料。

2.用户需求资料。

3.产品技术资料。

(二)确定产品开发目标

(三)进行产品构思

从严格意义上讲,构思是开发新产品的基础与起点,没有构思就不可能生产出新产品实体。构思是对潜在新产品的基本轮廓结构的设想。

1.发动企业内部职工提方案。

2.向外征集新产品的构思。

3.组织专门研究和技术攻关。

4.分析其他企业的先进产品。

(四)筛选新产品构思

其目的在于及时剔除那些达不到预期目标或能达到目标而企业能力所不及的设想方案。

1.新产品的主要性能和预期达到的经济技术指标。

2.新产品的社会效益和给用户带来的经济效益。

3.新产品预期达到的经营目标。

4.新产品的主要用户和销售情况估计。

5.新产品竞争能力的分析。

6.新产品开发所需要的资源条件和本企业能力的分析。

7.新产品开发的财务可行性分析。

8.新产品开发进度表。

(五)试制新产品

将经筛选的新产品构思交研制部门,把抽象产品变成实体产品,这是一个很重要的步骤。

1.研制样品。

2.消费试验。

(六)市场试销

市场试销与消费试验不同,消费试验主要解决新产品的内在质量问题,而市场试销则是收集市场对新产品的反应，以决定有没有必要生产。

1.试销城市的选择。

2.试销城市数目的决定。

3.试销时间的决定。

（七）申请新产品的鉴定

由企业向主管部门申请。被列为国家或地方重点新产品的鉴定工作，通常由国家或地方生产技术部门和标准化部门联合组织。申请鉴定要具有以下条件：

（八）正式上市

## 六、新产品开发策略

1.抢占市场策略。
2.超越自我策略。
3.迟人半步策略。
4.借脑生财策略。
5.差异化策略。
6.市场扩散策略。

### 案例讨论 6–5 从“今日”到“乐百氏”

**一、案例介绍**

品牌策略必须根据企业经营环境、发展战略的变化作出适时调整，“今日集团”改成“乐百氏集团”，便是企业根据实际发展作出调整的成功范例。

（一）“今日”的源起

今日集团的前身是广东省中山市乐百氏保健制品有限公司。1989 年创业的时候，向广州乐百氏租用了奶类十年的商标使用权。而后，中山乐百氏锐意进取，经营有道，不到两年时间，实力就远远超过了“老子”——广州乐百氏。但是，由于商标不是自己的，中山乐百氏一直难以大展拳脚。

1991 年，公司管理层决定着手推广属于自己的新品牌。因仰慕北大“将一泓清灵名之为未名湖那样蕴意无穷的灵感”，到北大征寻公司名称。当时的着眼点是将企业发展成一个庞大的大产业、多元化的集团公司，因此，公司名称征集书上写道：“未来的集团公司将投资开发生产其他系列轻工产品（如食品、服装、电子、印刷、塑料制品等），新的公司名称要预见性强，当产业愈趋多角化时，公司名称要畅通无碍，魅力无穷。”结果在上万个名称中挑中了北京大学 1988 届学生袁莹创意的“今日”。觉得今日内涵丰富，积极向上，因为“今日是最现实的，无法回避的，代表着脚踏实地的实干精神，当明天到来的时候，又是一个新的今日开始，永不停息进取才会有企业的勃勃生机”，这与今日创业者希望企业永续经营、创百年金字招牌的思想十分吻合。

（二）环境变化，战略调整

20 世纪 90 年代初，中国企业界出现了企业家心态浮躁，以为任何事都能干，乱铺摊子，大干快上的经营环境。今日集团的高层领导审时度势，及时察觉到了多元化的风险，于是在1993—1994年果断地对战略作了重大调整，由原来的多元化发展改为专业化发展，把企业定位在专业化的发展方向上，即在饮料食品业做大、做强，争取成为中国的“达能”、“雀巢”。

既然选择了专业化生产食品饮料，相比较而言，乐百氏品牌就比今日更适合了。因为今日固然是一个十分大气、内涵积极向上的名称，由此而演绎出来的理念极具感召力，能有力地凝聚员工的向心力，对经销商、媒介与企业研究者等高关联群体也有较强的震撼力。但这么一大堆理念，普通消费者难以理解，全国消费者记得住今日理念的不到1%。所以说，今日品牌的作用更多的是对内部与高关联群体产生引力，对促进产品卖给普通消费者意义不大。何况，今日品牌内涵十分适合于综合性企业集团、投资公司，由于过于硬气，用于食品饮料不很稳妥。因为食品应该给人以“温馨、亲切、快乐、甜蜜”的联想，而“乐百氏”(Robust)无论中英文的含义都与食品有天然的吻合，标志也以“圆润、柔和”的线条为主要设计元素，散发着无尽的亲和力与绵绵情意。

可以说，既然选择了“中国雀巢”的定位，今日品牌名就没必要再用作对外宣传了，但那时乐百氏商标所有权还不是今日的。

(三)收购乐百氏商标所有权，把“今日集团”改为“乐百氏集团”

1997年，今日集团以“仅有品牌，但没有营销、网络、资金和经验，无法延续乐百氏品牌的生命力”为理由，对乐百氏的商标持有人广州乐百氏晓以大义，说服广州乐百氏把商标所有权转让给今日。其后，公司利用企业名、品牌名二位一体的优势，在广告传播中得到了消费者的极大认可。

今日的首脑们毅然决定将“今日集团”改为“乐百氏集团”，这是理性与科学的胜利。对乐百氏而言，其意义不亚于当年多元化转向专业化的战略转折。乐百氏品牌在食品饮料业有着极强的延伸力与扩张力，因为乐百氏所具有的“温馨、快乐、亲切”的个性气质对很多品牌的饮料食品都有包容力，乐百氏完全可以塑造成一个高知名度、高威望和个性鲜明的食品品牌。当然，随着产品系列越来越多，创造性地运用副品牌、联合品牌也是很有必要的。待企业十分壮大后，还有必要为与现有产品门类较远的新产品发展独立品牌，但愿乐百氏作为总品牌会与新品牌共同出现在包装与广告宣传上。就像雀巢一样，无论是美极酱油、美禄高能饮料、奇巧巧克力、宝路薄荷糖上都会有那个温馨的“鸟巢”的图案如影相随。

如果在未来的日子里，在面临转折的重大关头时，乐百氏人能像今天这样理性而又果断，不再有1000万元买个配方一年实现翻几番的急躁与冲动，乐百氏，我们有理由相信，你会成为中国的“鸟巢”与“卡夫”。

## 二、案例分析

对企业来说，拥有一个成功的品牌，是迅速占领市场、获得市场，得到消费者认可的重要手段。但是，如何为企业及其产品起一个恰当的名称，并能够以此带动企业，推动企业的发展，则需从事市场营销的人员根据营销环境和顾客的购买行为，制定相应的品牌策略。

**三、思考·讨论·训练**

1.“今日”为什么要更名为“乐百氏”?

2.“乐百氏”使用了哪种品牌策略?

## 案例讨论 6-6 罗林洛克啤酒的包装策略

**一、案例介绍**

随着竞争的加剧和销售额的下降，美国啤酒行业的竞争变得越来越残酷。像安豪斯·不希公司和米勒公司这样的啤酒业巨人正在占据越来越大的市场份额,把一些小的地区性啤酒商排挤出了市场。

出产于宾夕法尼亚州西部小镇的罗林洛克啤酒在20世纪80年代后期勇敢地进行了反击。

营销专家约翰·夏佩尔通过他神奇的经营活动使罗林洛克啤酒摆脱了困境,走上了飞速发展之路。而在夏佩尔的营销策略中,包装策略发挥了关键性的作用。

包装在重新树立罗林洛克啤酒的形象时,扮演了重要角色。夏佩尔为了克服广告预算的不足,决定让包装发挥更大的作用。他解释道:“我们不得不把包装变成牌子的广告。”

该公司为罗林洛克啤酒设计了一种绿色长颈瓶,并漆上显眼的艺术装饰,使包装在众多啤酒中很引人注目。夏佩尔说:“有些人以为瓶子是手绘的，它跟别的牌子都不一样,独特而有趣。人们愿意把它摆在桌子上。”事实上,许多消费者坚信装在这种瓶子里的啤酒更好喝。

公司也重新设计了啤酒的包装箱。“我们想突出它的绿色长颈瓶,与罗林洛克啤酒是用山区泉水酿制的这个事实。”夏佩尔解释道:“包装上印有放在山谷里的这些绿瓶子。照片的质量很高,色彩鲜艳、图像清晰。消费者很容易从30英尺外认出罗林洛克啤酒。”

夏佩尔很喜欢用魅力这个词来形容罗林洛克啤酒的新形象。“魅力,这意味着什么呢?我们认为瓶子和包装造成了这种讨人喜欢的感觉。看上去它不像大众化产品,有一种高贵的品质。而且这种形象在很大程度上也适合啤酒本身。罗林洛克啤酒出产于宾州西部的小镇。它只有一个酿造厂,一个水源。这和安豪斯·布希啤酒或库尔斯啤酒完全不同,我们知道,并非所有的库尔斯啤酒都是在科罗拉多州的峡谷中酿造的。”

包装对增加罗林洛克啤酒的销量有多大作用呢?夏佩尔说:“极为重要。那个绿瓶子是确立我们竞争优势的关键。”

**二、案例分析**

人靠衣装,佛靠金装。商品靠包装。企业为自己生产经营的产品量身定做一个恰如其分的包装,可以向购买者传递企业信息,引导消费者实施购买行为。罗林洛克啤酒的生产者成功地运用了这一营销手段,对其生产的啤酒赋予与众不同的外在形象,使消费者感到“独特而有趣”,认为“这种瓶子里的啤酒更好喝”。

**三、思考·讨论·训练**

1.为什么说绿瓶子确立了罗林洛克啤酒的竞争优势?

2.结合案例谈谈在进行产品包装时企业应考虑的相关因素。

## 复习思考题

一、主要概念

系统产品　产品组合　产品生命周期　品牌

二、素质题

1.产品的经济寿命与使用寿命是否是同一的,为什么?

2.结合实际谈谈市场竞争与企业品牌的关系。

三、判断题

1.市场营销学上的产品是指人们从事生产经营活动的直接而有效的物质成果。(　　)

2.市场上的产品按用途划分,可分为生产资料和消费资料。(　　)

3.进入衰退期的产品在特定的条件下还有可能进入新的成长期。(　　)

4.创名牌的根本措施是确保产品的高质量。(　　)

四、选择填空题

1.产品组合包括四个变数(　　)。

A.产品组合策略　B.产品组合的宽度　C.产品组合的长度

D.产品组合的深度　E.产品组合的关联度

2.产品生命周期包括(　　)四个阶段。

A.投入期　B.高峰期　C.成长期　D.成熟期　E.衰退期

3.品牌的内容主要包括(　　)。

A.品牌的命名　B.品牌的名称　C.品牌的标志

D.品牌的系列　E.商标

4.产品包装一般包括三个部分,即(　　)。

A.首要包装　B.外部包装　C.销售包装

D.运输包装　E.简易包装

五、简答题

1.系统产品概念就是强调产品的核心价值,这句话对吗?

2.什么是新产品?新产品开发的形式有哪些?

六、技能题

你从下列故事中得到了什么启示?

榨菜,原产四川,大坛装运,获利甚微,上海人买入,改为中坛,获利见涨,香港人买入,小坛出售,获利倍之,日本人买之,破坛,切丝,装铝箔小袋,获利又倍之,与四川大坛榨菜比较,获利翻番又翻番矣。

七、技能题

可口可乐公司在1985年宣布改变品牌配方时引起轩然大波,顾客们怨声载道,纷纷抗议,迫使公司不得不恢复原有的配方。

问题:可口可乐改变品牌配方未被顾客接受说明了什么?为什么?

# 第七章 定价决策

**学习目标**

营销定价的概念与影响因素

企业定价目标与方法

价格适应与调整

**知识目标**

掌握产品定价的概念和影响因素,并能找出主要因素

理解并掌握我国工商企业的定价目标,能熟练地运用各种定价方法

理解并掌握商战中的各种定价策略,能及时调整产品价格

**能力目标**

理解经济学中的价格与营销学中的价格,把握实战中的定价

能熟练地运用价格策略进行商战

能及时根据变化了的环境调整价格

价格通常是影响产品销售的关键因素。企业的定价策略又是市场营销组合中最活跃的因素,带有强烈的竞争性和多因素的综合性。企业营销活动能否成功,在一定程度上取决于定价的合理性。定价策略的全部奥妙,就是在一定的营销组合因素下,如何把企业营销产品的价格定得既能为消费者乐于接受,又能为企业带来较多的收益,充分发挥价格杠杆的作用,取得竞争的优势。

## 第一节 营销定价的概念与影响因素

### 一、营销定价的概念

1.从经济学的观点看。价格是严肃的,是商品价值的货币表现形式,是不可随意变动的。

价格总是与利润的实现联系在一起的,即价格=总成本+利润,因此,从经济学角度来说,定价是一门科学。

2.从市场营销学的观点看。价格是活泼的,是可以随时随地根据需要变动的。定价对整个市场的变化可以也应当作出反应,可变可不变。价格必须以据消费者能否接受为出发点。价格是决定企业盈利的重要因素,但绝不是唯一的决定性因素。经济学着重研究产品的理论价格,它通常把各种具体的市场现象进行抽象;市场营销学研究的价格则是在产品理论价格的基础上,从企业角度,结合不断变化的市场情况,着重研究产品进入市场、占领市场、开拓市场的一种具体应变价格。企业定价是为了促进销售,获取利润,因而企业定价时,既要考虑成本的补偿,也要考虑消费者对价格的接受能力,从而使定价具有买卖双方决策的特征。正因为如此,定价不仅是一门科学,而且是一门艺术,企业应研究定价的技巧和策略,发挥市场价格的杠杆作用,但一定不能违反客观经济规律。

**【思考】**价格是由产品价值决定的,这句话对吗?

对,因为价格是产品价值的货币表现形式。

## 二、影响营销定价的因素

(一)企业的定价决策

企业的定价决策就是把产品定价与企业市场营销组合的其他因素巧妙地结合起来,定出最有利的产品价格,以实现企业目标。

(二)影响营销定价的因素

1.营销产品成本因素。工商企业在实际定价中,必须使价格大于成本,否则就要亏损。

2.市场状况因素。它决定着产品价格的最高临界点,价格再高不能高到无人买的程度。a.市场商品供求状况。b.商品需求特性,表现为三个方面:首先,对高度流行或对品质威望具有高度要求的商品,价格仍属次要,如设计欠佳的服装不会因价格便宜而畅销;购买机器设备,首先考虑的是货物的品质,价格仅在货与货比较时方觉重要;在耐用消费品方面,商品的威望直接和价格相关;某些消费品如糖、卷烟、罐头等,在难以与竞争品牌相抗衡时,稍稍降价,销量即可大增,定价对促销甚为有利。其次,购买频率大的日用品,有较高的存货周转率,适宜薄利多销;反之,周转率低或易损、易腐商品则需要有较高的毛利率。最后,价格弹性。对无价格弹性的商品降价,于促销无益;对需求弹性大的商品,价格一经调整,即会引起市场需求的变化。一般情况是:方便商品的代用品多,价格弹性大;特殊商品的代用品少,价格弹性小,选购商品的价格弹性比方便商品小,但比特殊商品要大。c.竞争状况。价格竞争是营销竞争的重要手段和内容。现实和潜在的竞争对手的多少及竞争的强度对产品定价的影响很大。

3.消费者心理因素。消费者的价格心理影响到消费者的购买行为和消费行为。第一,预期心理。是反映消费者对未来一段时间内市场商品供求及价格变化的趋势的一种预测。当预测商品有涨价趋势,消费者争相购买;相反,持币待购。第二,认知价值和其他消费心理。认知价值指消费者心理上对商品价值的一种估计和认同,它以消费者的商品知识、后天学习和积累的购物经验及对市场行情的了解为基础,同时也取决于消费者个人的爱好和兴趣。消费者在购买商品时常常把商品的价格与内心形成的认知价值相比较,将一种商品的价值同另一种商品的价值相比较后,当确认价格合理、物有所值时才会作出购买决策,产生购买行为;同时消费者还存在求新、求异、求名、求便等心理,这些心理又影响到认知价值,因此,企业定价时必须深入调查研究,把握消费者认知价值和其他心理,据此制定价格,促进销售。

4.国家有关政策法规因素。国家在自觉运用价值规律的基础上,通过制定物价工作方针和各项政策、法规,对价格进行管理、调控或干预,或利用生产、税收、金融、海关等手段间接地控制价格。因而,国家有关方针、政策对市场价格的形成有着重要的影响。

另外,价格还受货币价值和货币流通量、国际市场竞争和国际价格变动等因素的影响。

**阅读资料 7-1　市场与产品特点影响产品定价**

消费者的购买频率:购买频率高的产品可以经常调整其价格;购买频率低的产品尽量保持价格稳定。

产品标准化(差异)程度:标准化、差异性小的产品,价格还可经常变化;个性化、差异大的产品,可以因市场变化而经常调整价格。

产品生命周期阶段:新上市阶段可以定较高的价格;到了衰退阶段只能降低价格。

产品的易腐性、易毁性:不易保存的产品价格不能维持不变。

产品供应和需求的季节性:季节性强的产品变动空间较大。

产品的流行性和威望性:流行产品的价格调整余地较大。

经济景气状况:经济高增长期,人们对价格变化敏感性较低;经济低速、衰退期,人们对价格比较敏感。

## 第二节　企业定价目标与方法

### 一、企业定价目标

#### (一)定价目标

定价目标就是每一商品的价格实现以后应达到的目的,它和企业战略目标是一致的,并为经营战略目标服务。其总的要求是追求利润的最大化。

#### (二)我国企业营销定价目标

1.以利润达到销售额的一定比例为定价目标。此目标是根据企业的销售额期望达到一定百分比的毛利。这就要求企业在定价时,在商品成本外加入预期利润,如商品批发企业或零售企业,就得估计本年度费用开支额和自己期望的利润,计算出毛利标准,加上成本作为售价,如此定价,商品利润的百分比不变,销量越大,总利润就越多。企业实际期望的利润,是根据销售额的一定比例计算的。当然,企业定价应以取得合理的利润为尺度。按这一目标定价时,应谨慎、细致地分析,认真计算,使所定价格能为消费者所接受。采取这种定价目标的企业,一般在同行业中具有较强的竞争实力,所经营的商品在市场上能占有一定的优势或具有一定的特色。

2.以保持价格稳定来获得稳定利润为定价目标。保持价格稳定,是企业达到一定的投资效益和长期利润的重要途径,也是稳定市场、保护消费者利益的定价目标。因而,一些在同行业中能左右市场价格的大企业,为了长期有效地经营该种商品,并稳定地占领市场,往往希望价格稳定,在稳定的价格中获得稳定的利润。由于稳定的价格容易为消费者接受,因此稳价有利于市场的安定,有利于促进质量竞争和服务竞争。这种做法对大企业来说,是一种稳妥的保护政策。中小企业的同类产品定价, 总要受到同行业为首的大企业的稳定价格的影响,参照大企业的产品定价,是中小企业达到经营目标不可忽视的一个方面。

3.以维持或提高市场占有率为定价目标。扩大商品销售,保持和增加商品销售额,提高市场占有率,是许多企业追求的定价目标。

4.以应付和防止竞争为定价目标。相当多的企业对于竞争者的价格十分敏感,有意识地通过商品的恰当定价去应付竞争或避免竞争的冲击,是企业定价的重要目的之一。所谓用价格去防止竞争,就是以对市场价格有决定影响的竞争者的价格为基础,去制定本企业的商品价格,或与其保持一致,或稍有变化,并不企图与之竞争,而是希望在竞争不太激烈的条件下,求得企业的生存和发展。采用这种定价目标的企业,必须经常广泛地收集资料,及时、准确地把握竞争对手的定价情况, 并在将企业经营商品与竞争者类似的商品作审慎的比较以后,定出本企业经营商品的价格。一般来说,在成本、费用或市场需求发生变化时,只要竞争者维持原价,采用这种定价策略的企业也应维持原价;当竞争者改变价格时,也应随之调整,避免竞争带来的冲击。对于谋求扩大市场占有率的企业,其定价应采取低于竞争者的薄利多销策略;对于具有特殊条件、财力雄厚或商品质量优良的企业,可采取高于竞争者的定价策略。

5.以获得最佳而又合理的利润为定价目标。企业总希望经营的商品获得最高或最佳利润。追求最大利润,并不等于追求最高价格。一般情况下,以获得最佳利润为定价目标的含义是:

(1)企业的长期目标利润最大化。

(2)取得最佳的、合理的利润,还应从企业总收益去衡量,而不以单个商品核算。

**【思考】**对某些商品实行低价策略以“放长线,钓大鱼”,这属于什么定价目标?

这是以维持或提高市场占有率为定价目标。

**【思考】**供给与需求这两种因素与价格之间的因果变化正好相反,那么价格是由谁来确定呢?

在市场上,短期产品价格是由已有的供给量和未实现的需求量共同决定的。

## 二、企业定价程序

### (一)定价程序的概念

企业定价程序就是根据企业的营销目标,确定适当的定价目标,综合考虑各种定价因素,选择适当的定价方法,具体确定企业营销商品价格的过程。

(二)定价程序的步骤

一般来说,企业定价程序可分为七个步骤:

1.选择定价目标。首先要从企业的营销目标出发,对市场商品供求状况、市场竞争状况以及定价策略和市场营销的其他因素综合考虑加以确定。企业的营销目标不同,定价目标也就不同。不同的企业可以有不同的定价目标,同一企业在不同时期、不同条件下也有不同的定价目标。因此,企业应权衡各种定价目标的因素和利弊,慎重地加以选择和确定。

2.估算成本(变动成本、固定成本)。根据企业的营销能力,计算成本费用和销量界限。企业生产经营商品的成本费用,是制定商品价格的基础。商品价格高于成本,企业才能盈利,因此,企业定价必须估算成本。依照企业的商品成本与销售量的关系,估算成本可分为变动成本和固定成本两种。

(1)变动成本。它是指在一定的范围内随商品销售量变化而成正比例变化的成本,如商品进价、进货费用、储存费用、销售费用等。变动成本包括变动成本总额和单位变动成本。变动成本总额是指单位变动成本与销量的乘积;单位变动成本是指单位商品所包含的变动成本平均分摊额,即总变动成本与销售量之比。

(2)固定成本。也包括固定成本总额和单位固定成本。前者指在一定范围内不随商品销售量变化而变化的成本,如固定资产折旧费、管理费等;后者是指单位商品所包含的固定成本的分摊额,即固定成本总额与销售量之比,它随销量的增加而减少。总成本即全部变动成本和固定成本之和。当销售量为零时,总成本等于未营业时发生的固定成本。平均成本是指总成本与总销售量之比,即单位产品的平均成本费用。企业获利的前提条件是价格不能低于平均成本。

3.测定需求价格弹性。

4.了解国家有关物价的政策法规。

5.分析竞争者的价格。现实的或潜在的竞争,对企业的商品定价有着重大的影响。一般情况下,企业某种商品的最高价格取决于这种商品的市场需求量,最低价格取决于这种商品的单位成本费用。在这最高和最低价格幅度内,企业能把这种商品的价格水平定得多高,又取决于竞争者的同种商品价格水平的高低。

6.选择定价方法和定价策略。

7.选定最后营销价格。最后营销价格是面向顾客的价格。

## 三、定价方法

企业的定价方法主要有成本、需求、竞争、利润四种导向。

(一)成本导向定价法

它是以企业产品成本作为基础的定价方法,这种方法的优点是"量出为入",将本求利,计算简单。

1.全成本定价法。也就是成本加成定价法,即首先确定单位变动成本,再加上平均分摊的固定成本组成单位完全成本,在此基础上加上一定比例的利润,作为单位产品价格。在计算时，应先统计出总的产销量，然后在每个单位产品成本的基础上加上应纳税金和预期利润率。售价与成本的差额占成本的比例即为加成，其基本公式如下：

$$P=C(1+t)(1+r)\quad (顺加法)\quad P=C(1+t)/(1-r)\quad (倒扣法)$$

$P$——单位产品价格；$C$——单位产品成本；$t$——税率；$r$——加成率

商业企业往往采用倒扣法。这种方法计算简单，简便易行，成本资料直接可得。"将本求利"的把握较大，对买卖双方相对公平。它适用的范围比较广泛，制造商、中间商以及建筑业、科研部门和农业部门经常使用这种方法，特别是销售量与单位成本相对稳定，供求双方竞争不甚激烈的商品更为适用。采用这种定价方法的关键是加成率，企业要根据单位成本、市场和产品特点等合理确定加成率。这种方法的缺点是没有考虑到不同价格下需求量的变动情况，不能确切测定商品的销售量，同时，对市场竞争的适应能力差，定价方法也不灵活。

2.目标利润定价法。也叫投资收益定价法，即根据企业的总成本和计划的总销售量，加上按投资收益率确定的目标利润额作为定价基础的一种方法。

其基本公式如下：

$$P=C(1+r)/Q$$

$P$——单位产品价格；$Q$——预计销售量；$r$——目标利润率；$C$——总成本

投资收益多少，由企业或投资者裁定，一般应不低于银行利率。

其优点是：有利于加强企业管理的计划性，可较好地实现投资回收计划。但这种方法要求较高，企业必须有较强的计划能力，必须测算好销售价格与期望销售量之间的关系，避免出现确定了价格而销售量达不到预期目标的被动情况。

3.盈亏临界点定价法。也叫损益平衡定价法，即企业按照生产某种产品总成本和销售收入维持平衡的原则来制定产品的保本价格的一种方法。这种方法在市场不景气的情况下采用比较合适，因为保本经营总比停业的损失要小，而且企业有较灵活的回旋余地。

$$P=(F+Cv)/Q$$

$P$——单位产品保本价格；$Cv$——总的变动成本，$F$——固定成本；$Q$——预计销售量

应该指出：这种方法较多地适用于工业企业定价，商贸企业一般无需采用这种定价方法。

4.边际贡献定价法。也叫高于变动成本定价法。所谓边际贡献，即预计的销售收入减去变动成本后的收益，也就是企业只计算变动成本，不计算固定成本，而以预期的边际贡献来适当补偿固定成本的定价方法。如果这个边际贡献不能完全补偿固定成本，就会出现一定程度的亏损。

其基本计算公式如下：

$$P=(Cv+M)/Q，其中：M=R-C$$

$P$——单位产品价格；$Cv$——总的变动成本；$Q$——预计销售量；$M$——边际贡献；$R$——预计销售收入

当边际贡献等于固定成本时，即可实现保本；当边际贡献大于固定成本时，可有盈利。

这种方法较灵活，适用于市场商品供过于求，卖方竞争激烈的市场环境。在市场售价过高而滞销或丧失市场的情况下，不如暂不计算固定成本，尽力维持生产，在改善经营的基础上，争取边际贡献接近固定成本，这样对企业和社会的贡献会更大些。

（二）需求导向定价法

它是以市场需求强度为定价基础，根据消费者对产品价值的认识和需求的程度来决定价格，而不是根据成本来制定价格。成本导向定价法的逻辑关系是：成本+税金+利润=价格；而需求导向定价法的逻辑关系是：价格-税金-利润=成本。

1.理解价值定价法。根据消费者理解的产品(能够接受的价格)——买主的价值观念而不是根据卖主的成本来定价。其关键是企业对消费者理解的价格有正确的估计，故企业必须进行市场调查和研究，找到准确的市场理解价值，以此为依据来制定价格，进而估计在各种价格水平下的商品销售量、进货量、投资额和单位成本。

这种定价方法要充分考虑消费者的心理和需求弹性。如需求弹性大的商品价格可定得低些，需求弹性小的商品价格定得高些等。

2.区分需求定价法。它是以销售对象、销售地点、销售时间等条件变化所产生的需求差异，而不是以成本的差异作为定价的基本依据，针对每种差异决定在基础价格上是加价还是减价的一种方法。

如同一商品对不同顾客价格不同；不同式样的商品并不根据成本差异和需求规定不同售价；不同销售地点价格不同；不同销售时间价格不同等。企业使用这种定价方法时，要充分考虑顾客要求、顾客心理、商品品质、地区差异、时间差异等，灵活使用价格差异，以达到促进销售的目的。

3.拍卖定价法。拍卖定价法一般适用于成本与价值难以确定、需求程度强烈的物品。如文物、古董、旧货等物品，因为这些物品的成本与价值都难以确定。这种方法比较公平，能避免产品销售中的不正之风。

4.竞争者导向定价法。它是主要根据竞争者的售价作为定价依据的一种定价方法。这种定价法一般采用流行水准定价法，即以本行业平均水准为本企业的定价标准。在竞争激烈的同一商品市场上，采用流行水准定价法风险小，因为在这种市场上，需求曲线上有一个适中点：如果某一企业提价超过这个点，需求就会减少，而其他企业不一定跟着提价；低于这一点，一家企业跌价，其他企业跟着跌价，而需求也不会增加。

投标定价法也属于竞争导向定价法。投标定价法是指以投标竞争的方式确定商品价格的方法。其具体操作程序是，在商品或劳务的交易中，由招标人发出招标公告，投标人竞争投标，密封递价，招标人择优选定价格。这种方法通过预期竞争者的价格而不是自己的成本或市场需求定价，通常用于建筑包工、大型设备制造、政府大宗采购等。

# 第三节 价格适应与调整

## 一、价格适应的策略

（一）新产品定价策略

1.撇脂定价策略。新产品进入市场时，需求弹性小，竞争对手少，企业有意识地将产品价格定得偏高，然后根据市场供求情况，逐步降低价格，赚头蚀尾，犹如从牛奶中撇取奶油一样，由精华到一般，故称此定价策略为撇脂定价策略。采用这种定价策略，可使企业在短期内收回成本，并取得较大利润，其缺点是不利于市场的开发与扩大。

2.渗透定价策略。新产品上市以后，企业以偏低的价格出售，只求保本或微利，用低价吸引顾客，提高市场占有率，使商品逐步渗透，从而扩大销路和销量，占领市场，挤掉竞争对手，以后再将价格提高到一定的高度，即"蚀头赚尾"。这种定价策略有利于企业产品迅速打开销路，占领市场，树立和提高企业的信誉。它适宜于需求弹性大、潜在市场广的产品，但不利于垫付资本的及时回收。

3.温和定价策略。该策略亦称"君子"定价策略。新产品上市以后，按照企业的正常成本、国家税金和一般利润，定出中等价格，使企业既能获得一般利润，又能吸引购买，赢得顾客好感。这种定价策略介于"撇脂定价"和"渗透定价"之间，避免了"高"、"低"定价策略的弊端，故称"温和定价"策略。

4.反向定价策略。企业通过市场调查或征询分销渠道的意见，预测消费者对某种商品所期望的价格来确定新产品的上市价格，再按照上市价格预测出消费者的需求和购买力。它有利于建立和提高企业的信誉，其缺点是带有一定的主观性，因为预测与实际总会存在某种差距。

5.需求习惯定价策略。有些产品在市场销售已久，在长期购销活动中，形成一种习惯价格，如日用工业品、主副食品等，企业在向市场投放这类新产品时，必须依照需求习惯定价。它从价格上尊重了消费者的习惯，给消费者以价格稳定、合理的感受，其缺点是有时不能适应新的变化了的情况。

6.随行就市定价策略。新产品投入市场时，亦可完全依赖供求状况，灵活定价。这种定价策略要求价格不固定在某个点上，而是让买卖双方当面协商、满意成交。它有利于企业从价格中及时把握市场行情，生产、经营适销对路的商品，它适用于小商品生产经营的企业。

(二)统一定价策略

它是指企业不分市场差异，同一产品均按统一价格销售，如一些名牌产品实行全国统一价。这种策略既可用于提货制条件下的产品定价，也可用于送货制条件下的产品定价。它既有助于企业树立童叟无欺、远近一价的企业形象，也有助于企业对产品价格的管理。

(三)折让定价策略

也就是降低价格，给购买者一定的价格折扣或馈赠部分产品，以争取用户，扩大销售的策略。常见的有：

1.现金折扣策略。这种策略，允许用现金或提前付款方式购买商品的顾客按原定价享受一定的折扣，鼓励顾客按期或提前偿付货款，以加速商品和资金周转，提高企业利润率。它适用于价格昂贵的耐用消费品，尤其适用于采用分期付款的商品。

2.数量折扣策略。卖方根据买方购买商品的数量多少，给予不同的折扣。购买商品愈多，折扣愈高，买方获利也愈多。实行这种策略的目的在于鼓励买方大批量购买商品。数量折扣可分为累进折扣和非累进折扣。顾客在一定时间内(如一月、一季、半年等)购买商品总量达到一定额度时，按其总量的多少给予折扣叫做累进折扣。同一顾客在一次购买的商品达到一定额度时，按其总量多少给予的折扣叫非累进折扣。

3.季节性折扣。生产或经营企业向提前购买季节性强的商品的顾客给予一定的折扣，叫做季节性折扣策略。采用此策略的目的在于鼓励顾客早期购货，减少企业的资金负担和仓储保管费用，加速资金周转。

4.交易折扣策略。根据中间商在商品流通中的不同地位和作用，给予不同的折扣，叫做交易折扣策略，如给予批发商的折扣大于零售商的折扣，鼓励中间商努力销售本企业商品。

5.组合折扣策略。企业将彼此密切相关的商品组合配套，对购买成套商品的顾客给予价格折扣，使之比分别购买的价格更低一些，如世界杯足球赛出售的套票、配套的茶具及餐具等。这种策略既有利于一次购齐、节省时间、享受优惠，又有利于企业增加销售量。

6.推广让价策略。企业对经营者为本企业经营的商品提供的各种促销活动（如刊登地方性广告、布置专门的橱窗、组织人员促销等）进行鼓励，给予津贴或减价作为报酬，这就是推广让价策略。它对于扩大商品影响和销路有着重要的作用。

7.运费让价策略。对较远的顾客，通过减价来弥补其部分或全部运费的策略为运费让价策略。它可吸引远方顾客经销本企业的商品，扩大市场范围，开辟新的销路。

（四）差价策略

即企业根据不同情况，对同一商品采取不同定价的策略。有以下四种：

1.地区差价策略。同一商品在不同的地区销售，所定价格不同的策略叫地区差价策略。它有两种情况：第一，根据商品销售地区距离远近、支付运费的大小相应加价，使销地价格大于产地价格；第二，从开拓外地市场着眼，使销地价格低于产地价格，让商品在销地广泛渗透，站稳市场。

2.分级差价策略。企业对同一类商品进行挑选和整理，分成若干级别，各级之间保持一定价格差额的策略叫做分级差价策略。此种策略便于顾客选购，以满足不同层次的消费需求。

3.用途差价策略。同一商品供不同用途时采用不同价格的策略。如食盐售给生产企业，作为生产原料，在价格上优惠；当农民用电风扇来吹干粮食时，则可降价向农民出售电风扇等。此种策略可鼓励消费者增加商品用途，开拓新的市场。

4.品牌差价策略。同品种的商品由于品牌不同，定价有别的策略叫做品牌差价策略，如某一品牌的商品已成为名牌，在消费者中已建立了信任感，其销售价格就可定得略高于一般品牌的商品，借以鼓励企业创名牌。

（五）心理定价策略

即根据顾客的不同心理，采取不同定价技巧的策略。有以下五种：

1.尾数定价策略。又称非整数定价策略，即企业给商品定一个接近整数，以零头尾数结尾的价格，如，某商品的价格为0.97元，接近一元，就是利用顾客的求廉心理和要求定价准确的心理进行定价的。保留了尾数，一方面可给顾客以不到整数的心理信息；另一方面使顾客从心里感到定价认真、准确、合理,从而对价格产生一种信任感。

2.方便定价策略。也称为整数定价策略,是指企业给商品定价时取一个整数。这是利用人们一分钱一分货的心理和快捷方便的心理定价的。它特别适用于高档消费品、优质品和交易次数频繁的商品,如袋装食品、快餐店的饭菜等。

3.如意定价策略。是指按照顾客希望吉祥如意这一心理和要求来确定价格。中国港澳地区有相当数量的消费者对尾数为“8”的价格比较感兴趣,认为“8”有吉祥如意或“8”的谐音与“发”字相同,故将价格尾数定为“8”。我国有不少地区的居民喜欢价格数字为偶数,这也是想从价格数字上获得美好的联想。

4.声望定价策略。是依照人们的虚荣心理来确定商品价格的一种策略。同样的商品在有名的商店经销,价格略高,顾客仍乐意购买。名牌或高级消费品价格定得略高一些,一些顾客为显示其富有也乐意购买。为地位显贵的顾客提供商品,价格也可定得高一点,这样就能够满足声望心理价值的需求。

5.招徕定价策略。一般顾客都有以低于一般市价的价格买到同质商品的心理要求。企业抓住这一心理,可特意将商品价格定得略低于同行生产者和经营者,以招徕顾客,这种策略称为招徕策略。如在节日里实行“大减价”销售。这种以廉价招徕顾客的策略,往往会吸引不少顾客在购买这种商品时同时购买其他商品,从而达到扩大连带商品的销售的目的。

## 二、价格调整

### (一)企业主动调整价格

1.降价。企业在下面几种情况下,必须考虑降价:

(1)企业在加强促销、产品改进等手段都不能达到扩大销售的目的时,应考虑降价。

(2)企业为应付竞争者降价的压力,采取“反价格”战,即制定比竞争者的价格更有竞争力的价格。

(3)企业面临激烈的价格竞争并且市场占有率正在下降时,为了增强竞争力,维持和提高市场占有率,必须降价。

(4)企业产品成本低于竞争者但在市场上并未处于支配地位时,也应该降价。

(5)在宏观经济不景气或行业需求不旺时,降低价格是企业借以渡过难关的重要手段。

2.提价。在有些情况下,企业必须考虑提价。提价一般会引起顾客、中间商甚至企业推销人员的不满,但成功的提价决策会增加企业的利润。

(1)由于通货膨胀引起成本增加,企业无法在内部自我消化这部分成本,这时企业必须考虑提高产品价格。

(2)企业的产品供不应求,无法满足所有顾客的需要,通过提价可将产品卖给需求强度最大的顾客,不但平衡了需求,而且也增加了收益。

企业决定提高产品价格时,还必须考虑,到底是一次性大幅度提价还是多次地小幅度提价。顾客对后一种方式比较容易接受。

提价的方法有:第一,推迟报价。即企业在产品制成或交货时才提出最后价格,生产周期较长的行业如工业建筑和重型设备制造业一般采用这种策略;第二,在合同中使用价格自动调整条款,规定在合同期内根据选定的某个价格指数来计算、调整价格;第三,保持产品价格不变,但将原来提供的附加产品从产品整体中分解出来,另行定价;第四,减少价格折扣;第五,保持价格不变,而采用更便宜的材料或配件作替代品,或采用廉价的包装材料,或减少产品的功能、服务和分量等。

(二)顾客对企业调价的反应

衡量企业调价成功与否的重要标志是企业所确定的价格能否被消费者所接受,并能促使其接受产品,为此,企业必须重视顾客对企业调价的反应,并根据反应制定相应的策略。

(三)竞争者对企业调价的反应

在竞争的市场上,企业调价的效果还取决于竞争者的反应。在企业采取降价策略而竞争对手不作任何调整的情况下,降价可以扩大市场份额,提高市场占有率;而企业降价时竞争对手采取"反价格战",降价幅度更大,不仅会抵消企业降价效果,甚至会恶化企业销售环境。同样,企业调高价格后,如果竞争者并不提高价格,则对企业来说,原来供不应求的市场可能变成供过于求的市场。因此,必须分析竞争者的数量、其可能采取的措施及其反应的剧烈程度。

(四)合法性

企业不论是降价还是提价,都必须考虑到降价或提价是否符合国家的政策和法律,避免因触犯《反不正当竞争法》、《价格法》等法规而受到制裁。

## 案例讨论 7-1　雅马哈摩托的定价策略

### 一、案例介绍

当日本第二大摩托车制造商的决策者们决定创造出世界上最快、最令人激动的摩托车时,他们清楚地知道,影响他们决策的是以后的销售和盈利状况。雅马哈公司在1982—1984 年的摩托车市场衰退中遭受了数十亿美元的损失,另外,高额关税也使雅马哈公司的产品竞争力减弱,如果新的决策错误的话,将有使公司破产的危险。

新产品暂定名 V-MAX,市场反馈表明,V-MAX 的设计看起来很有气势,能给人们留下深刻的印象。使其具有气势是雅马哈的设计者们所一直追求的。V-MAX 有 135-140 马力的发动机,是市场上马力最大的发动机,新摩托马力足,外观好,名字也动人,现在到了定价的时候了。

最初,雅马哈公司的助理生产经理约翰·鲍特认为,他们所面对的消费者希望得到速度最快的摩托,并且也准备为此付高价,他们愿意为此付出 4000~5000 美元。如果性能确实卓越,5500 美元也是合理的。

"通常情况下,消费者有他们自己的意愿价格,而这种意愿价格,通常比实际成本低25%。"雅马哈美国生产经理丹尼斯·斯德凡尼说:"一般情况下,我们一方面寻找降低成本的途径;另一方面使产品具有特点,令其更加吸引人,这样就有人愿意为此支付额外的钱。"

雅马哈的营销者们考虑了许多影响定价的因素。除了消费者的预期心理外,他们还不得不考虑竞争产品的价格。如科达、卡瓦萨基、铃木和哈雷·达维顿公司的产品。产品的制造成本加上从日本运到美国的运输费用，构成了最低价。在美国的经营费用、经销广告费用也是一个影响定价的因素。此外，树立产品权威形象，也是影响定价的一个因素。

综合上述所有因素，雅马哈的营销者们决定把价格定为5299美元。这在当时虽不是最高，但已接近市场的最高价。到了1987年，雅马哈的零售价涨到了5899美元，1988年则达到了6000美元。

精心设计的促销活动，主要是放在强调V–MAX和其他摩托车的不同之处上，正如广告部经理所说："V–MAX有两个主要特点：第一是该产品外观是独一无二的，第二是它具有超高的性能。"

促销活动很成功，市场调研表明，消费者喜欢V–MAX，认为它是非凡的外观和高性能的完美结合。大多数购买者认为产品定价是合理的，一家杂志写道，"雅马哈值这个价"。

尽管V–MAX第一年的销售额就超过了预期目标，但是来自哈雷·达维顿的竞争仍然是强烈的。助理生产经理约翰·鲍特说："因为开初的销售势头很高，有5000辆的订单，所以，我们在第二天就扩大了生产。"到1988年，该公司决定以更高的价格向市场提供总数有限的新款式V–MAX摩托车1500辆。这种把有限供给和高价相结合的办法，意在进一步提高V–MAX的形象。正如鲍特所说："V–MAX在市场上赢得了巨大的声誉，骑手们看来承认它确实是一种独特的创新产品。"

**二、案例分析**

雅马哈新型摩托车的经营成功，除其设计者根据消费者的需要，设计出了"马力足，外观好，名字也动人"的车子以外，还源于经营者综合考虑了影响产品定价的一系列因素，制订了完整的价格体系，并辅以行之有效的促销手段。

**三、思考·讨论·训练**

1.你认为雅马哈摩托车在定价时应着重考虑哪个因素？

2.促销活动对企业实施的定价策略有何影响？

## 案例讨论7–2　量准身材好裁衣

**一、案例介绍**

"富绅"牌衬衫是升信服装实业有限公司的产品。该公司是由中国香港升兴制衣工业有限公司、惠州升兴实业公司和湖北国际信托公司合资兴办的，每天可生产"富绅"牌中高档衬衫一万多件。

作为高档优质产品进入什么样的市场，怎样进入市场，他们进行了可行性研究，决定同时进入国际市场和国内市场。高档产品进入市场的关键是要有适当的营销渠道和销售目标。港方合资者是香港屈指可数的大制衣公司，年出口水洗牛仔服600万件，系香港牛仔服出口南美、中东和欧洲的最大厂商。他们不仅有丰富的制衣经验，而且有众多的海外销售渠道，有些海外客商对该公司的产品需求迫切，估计"富绅"牌产品在海外销售不成问题。该公司通过对国内市场调查发现，衬衫销售市场10~30元一件的低档产品占大量,150元以上一件的高档衬衫,也有一定的供给量;国内消费者对衣着的要求正处于从低档向中高档转化中,但对价格的接受能力有限。

根据国内市场的调查情况,该公司决定把国内市场销售的“富绅”牌衬衫定价为70元一件的中档价格,但产品的质量要超过当时国内市场上每件售价在150元以上的衬衫质量。

为了使“富绅”牌衬衫在市场上有竞争力,树立起中价高档的形象,他们狠抓了产品质量。生产高档优质衬衫,需要精良的设备和技术,他们投资巨额资金,引进国际上最先进的衬衫生产设备和原辅料,同时从香港聘请了具有丰富衬衫生产设计经验的技术人员,担任“富绅”牌衬衫设计、生产主要工序的高级主管,以确保产品质量。公司要求在衬衫制作过程中做到:①选用优质面料。非优质面料不选用,所选面料的成分构成必须是:65%棉,35%化纤,这样成分的面料穿起来爽身,又不会起皱。②做工要好,要精细。对衬衫领部加工要特别讲究,选用国际上最先进的黏合剂,将领子压得非常紧,不至于洗涤后起泡发皱。③采用人身设计法,穿着非常合体。

**二、案例分析**

“富绅”牌衬衫的内销产品市场定价,是以产品的市场定位为依据,采用高质中价策略来确定的。企业通过市场调查分析,发现了市场空当,决定以中等价格、优等质量进入。这一价格的选定,避免了与原市场上竞争者的产品在同等条件下竞争,又保证了价格的优势。产品定位于优质中价,迎合了当前我国众多消费者的需要。“富绅”牌衬衫所选的目标市场,不仅具有空当可进,而且消费者的支付能力可以涉足这一领域,有足够的消费者。

**三、思考·讨论·训练**

1.你认为“富绅”牌衬衫采取高质中价策略能否取得成功?为什么?

2.“富绅”牌衬衫还需采取哪些营销措施?

## 复习思考题

一、主要概念

定价目标　盈亏临界点定价法　边际贡献定价法

二、素质题

“供求关系决定价格与价值规律是矛盾的”,这句话对吗?为什么?

三、判断题

1.因为价格是商品价值的表现形式,因此决定商品价格的唯一因素是价值。(　　)

2.产品成本是影响产品价格的基本因素。(　　)

3.企业定价总的要求是追求利润最大化。(　　)

4.定价是一门科学,也是一门艺术。(　　)

四、选择填空题

1.(　　)是影响产品价格的重要因素。

A.市场状况　　B.商品形象　　C.心理因素　　D.购买行为

2.需求导向定价法包括(　　)两种具体方法。

A.边际贡献定价法　B.理解价值定价法

C.区分需求定价法　D.盈亏临界点定价法

3.(　　)属于心理定价策略。

A.品牌差价策略　B.尾数定价策略　　C.如意定价策略　D.声望定价策略

4.价格调整的主要形式有(　　)两种。

A.降价　　B.重新定价　　C.提价　　D.进行价格组合

五、简答题

1.心理定价策略有哪些?

2.简述竞争者对企业调价的反应。

六、技能题

一家时装经营企业经常有少量服装低于成本价出售,你认为这样经营正常吗?为什么?

七、案例题

**定价:商家的心理战**

1.一个炎热的夏天,某日用杂货品商店购进了一批单人凉席,定价每个10元。本来,这样炎热的天气,凉席会很快销售一空的,但结果购买并不踊跃,商店只得降价销售,但由于进价过高,每个凉席只能降价2角钱,奇怪的是,顾客马上纷至沓来,凉席很快销空。

2.兰州有一家商店特别引人注目,店门前有一块醒目的招牌,上面写着"本店各式服装一律每件10元",店内陈列的商品品种繁多,从内衣到外套应有尽有。自开业以来,该店生意十分红火。

问题:(1)价格与销售之间有什么关系?

(2)如何使降价取得最好的促销效果?

八、实训题

1.某企业的年固定成本为20万元,每件商品的单位变动成本为40元,如果订货量分别为5000件、8000件、10000件时,其保本点价格应是多少?

2.某企业固定成本为100万元,计划销售量为10万件,单位变动成本为5元,该产品的投资收益率若定为10%,该产品的销售价格应是多少?

# 第八章 分销渠道决策

**学习目标**

分销渠道概述

中间商

分销渠道策略

**知识目标**

理解分销渠道的概念以及各种流程和对中间商的分类

掌握中间商、批发商、零售商、代理商等概念，并能举例说明

理解各种分销渠道策略

**能力目标**

能熟练地划分渠道层次并应用于实践

能熟练地把握制造商与批发商、零售商、代理商等中间商的关系，并应用于实践

能根据市场营销环境熟练地运用各种分销渠道策略

## 第一节 分销渠道概述

### 一、分销渠道的概念

分销渠道，也称销售渠道、贸易渠道，它是指产品从制造商(生产者)向消费者或用户转移过程中取得产品所有权或帮助转移所有权的所有组织或个人。分销渠道的起点是制造商(生产者)，终点是消费者或用户，中间环节包括商人中间商(因为他们取得所有权)和代理中间商(因为他们帮助转移所有权)。商人中间商包括批发商和零售商两类。代理中间商包括代理商和经纪商两类。

商人中间商和代理中间商的区别在于：

1.商人中间商拥有所经营商品的所有权；而代理商只是受生产者委托代理销售业务，并

不拥有商品所有权。

2.商人中间商为了取得经营商品的所有权,在购进商品前必须要预付商品资金;而代理商则不需要垫付资金。

3.商人中间商购进商品与销售商品之间存在着价格差,正是这种价格差形成了企业利润;代理商的收入来自于委托销售企业按规定支付的佣金。

## 二、分销渠道的作用

在现代市场经济条件下，之所以大多数产品都不是由生产者直接提供给最终消费者或用户的，在生产者和最终消费者或用户之间存在着大量的执行不同功能和具有不同名称的商人中间商和代理中间商,是因为生产者和消费者或用户之间客观上存在着一些矛盾:

1.空间分离的矛盾。如生产者集中而消费者分散,甲地生产乙地消费等。

2.时间分离的矛盾。有的产品是季节性生产、常年消费,有的产品是常年生产、季节性消费。

3.所有权分离的矛盾。拥有产品所有权的并不消费该产品,而需要该产品的又不拥有其所有权。

4.产品供需数量上的矛盾。大批量生产与小批量购买或零星购买之间的矛盾。

5.产品供需结构矛盾,即产品生产的专业化与消费结构的多样化的矛盾。这些矛盾只有通过中间商才能有效解决,因此,这些矛盾的存在决定了中间商存在的必要性。

利用中间商组织市场营销活动,不仅能减少产品交易次数,提高工作效率,而且可以节省时间和人力的耗费,降低交易成本,提高经济效益。如图 8.1 所示。

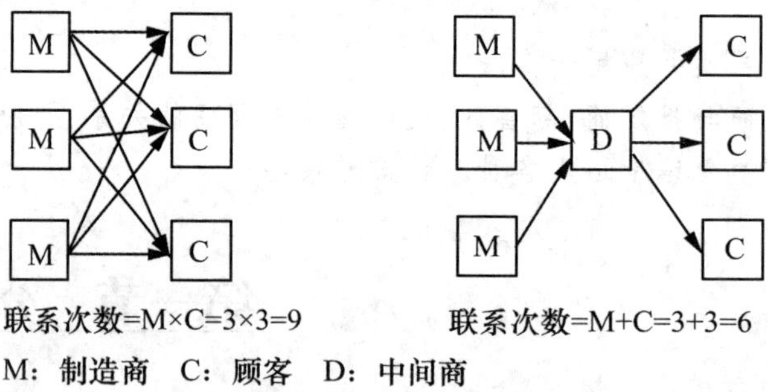


**图 8.1　使用中间商的经济效果图**

## 三、分销渠道的流程

在实际的交易行为中,情况更为复杂,这是因为产品从制造商向最终顾客或用户流动的过程中,存在几种物质或非物质形式的运动"流",渠道则表现为这些"流"的载体。组成分销渠道的各种机构是由几种类型的流程联结起来的。菲利普·科特勒将其归纳为五种流程。如图 8.2 所示。

1.实体流。也称为物流,是指产品从生产领域向消费领域转移过程中的一系列产品实体的运动。它包括运输、储存、包装、装卸、流通加工、配送等活动。物流活动使产品由生产领域向消费领域转移得到了实质保证。

2.所有权流。也称为商流。是指产品从生产领域向消费领域转移过程中的一系列买卖交易活动。实现的是产品所有权由一个机构向另一个机构的转移。

3.付款流。也称为货币流，是指产品从生产领域向消费领域转移的交易活动中所发生的货币运动。一般是顾客通过银行或其他金融机构付给中间商，再由中间商扣除佣金或差价后支付给制造商。一般来说，付款流与所有权流正好反方向运动。

4.信息流。是指产品从生产领域向消费领域转移过程中所发生的一切信息收集、传递和加工处理活动。它既包括制造商向中间商及其顾客传递产品、价格、销售方式等方面的信息，也包括中间商及其顾客向制造商传递购买力、购买偏好、对产品及其销售状况的意见等信息。信息流的运动是双向的。

5.促销流。是指企业为了产品销售，通过广告、宣传报道、人员促销、营业推广、公共关系等促销活动对顾客施加影响的过程。

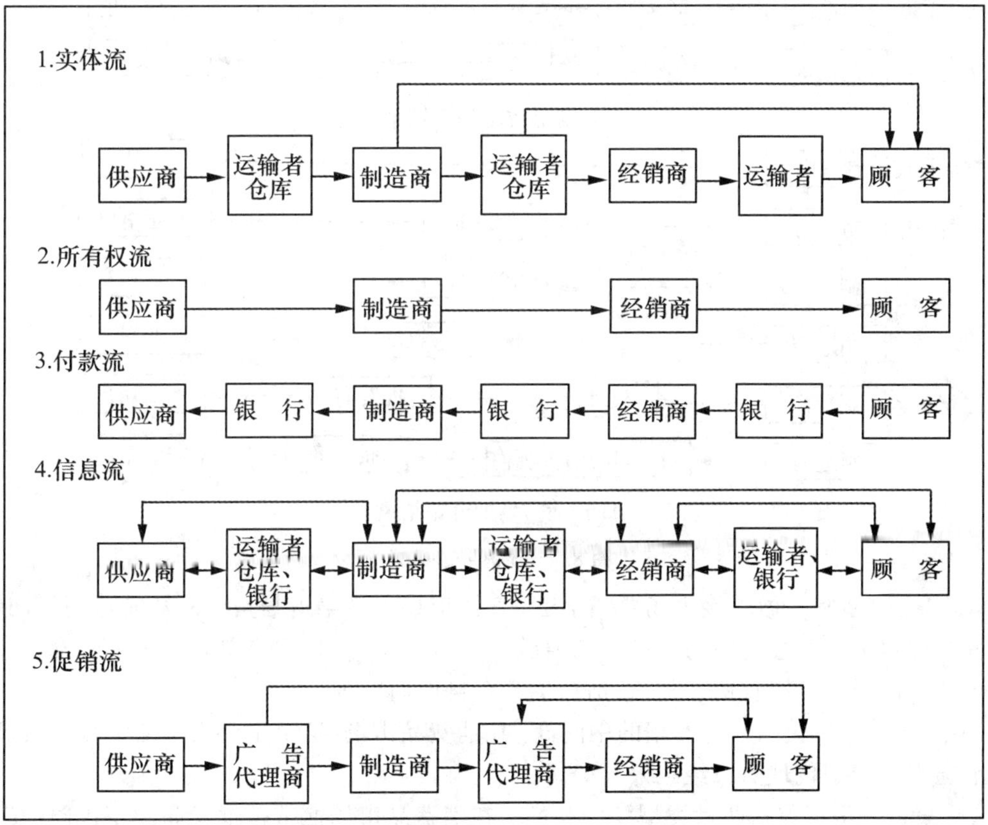


图 8.2 五种流程示意图

在以上五种流中，实体流和所有权流是最为主要的，是整个产品分销活动得以实现的关键。对分销渠道的研究主要是针对这两个流程，尤其是商品所有权流程。

【思考】分销渠道流程有哪几种？

有实体流程、所有权流程、付款流程、信息流程、促销流程五种。

## 四、分销渠道模式

产品分销渠道可根据其渠道层次的数目来划分类型，确定模式。在产品从制造商向消费者转移的过程中，任何一个对产品拥有所有权或负有推销责任的机构，都成为一个渠道层次。渠道层次的多少决定了渠道的具体模式。由于产品的消费目的与购买特点等具有差异性，形成了消费品市场的分销渠道和产业市场的分销渠道这样两种基本模式。每一种基本模式中又存在具体的分销渠道模式。如图 8.3 所示。

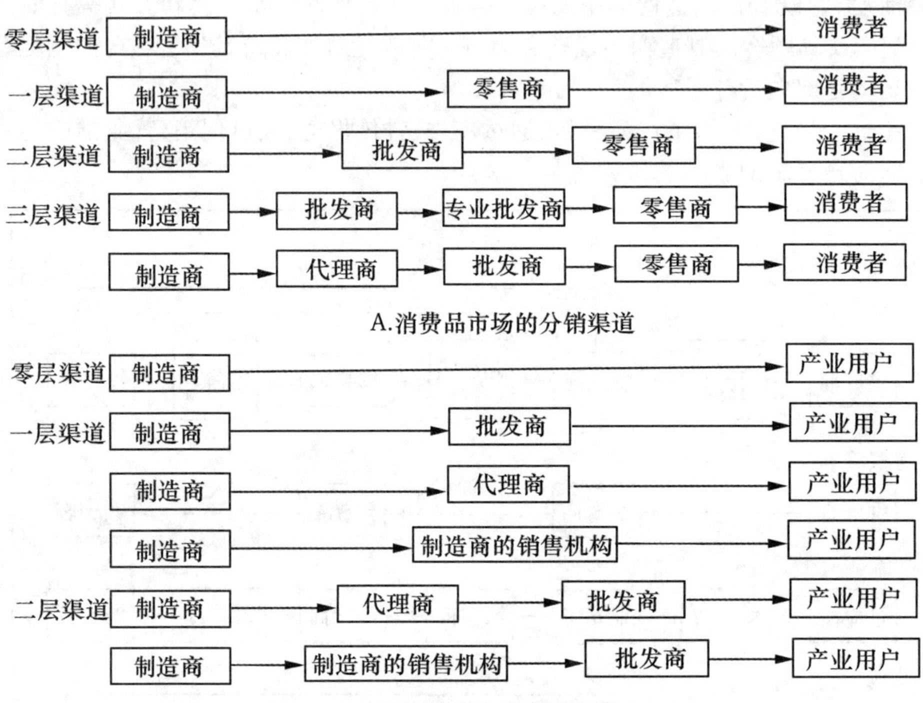


A.消费品市场的分销渠道

B.产业市场的分销渠道

**图 8.3 分销渠道模式**

1.零层渠道。通常叫做直接市场营销渠道。直接市场营销渠道是指产品从制造商流向最后消费者的过程中不经过转手的市场营销渠道。制造商直接销售的主要方式有上门推销、产品展示会、邮寄销售、电视直销、网上直销和生产者自设商店等。

2.一层渠道。是指包括一种类型的中间商。在消费品市场，这个中介机构通常是零售商；在产业市场则可能是代理商或经纪人。

3.二层渠道。是指包括两种类型的中间商。在消费品市场通常指批发商和零售商；在产业市场则可能是代理商和批发商。

4.三层渠道。是指包括三种类型的中间商。在消费品市场上通常有专业批发商处于大批发商与零售商之间，即专业批发商向大批发商进货，再卖给无法直接从大批发商进货的小零售商；或是制造商通过代理商将产品批发给批发商、零售商。

更多层次的市场分销渠道虽然存在，但不多见。从制造商的角度来看，渠道层次越多，越难控制,出现的矛盾和问题也会越多。

零层渠道称为直接销售渠道,其他使用了中间商的渠道称为间接渠道。消费品市场大多数采用间接销售渠道。

【思考】"分销渠道层次越多,越难控制"是否标志着分销渠道层次越少越好?

否。分销渠道层次的多少要依产品特点、市场因素及企业自身条件来决定,宜多则多,宜少则少,不可简单地以层次的多少作为渠道评价的标准。

## 五、分销渠道的类型

1.按照企业的分销活动是否有中间商参与,可以将分销渠道分为直接渠道与间接渠道。直接渠道也就是零层渠道,即制造商不通过任何中间商而直接将产品销售给消费者或用户。间接渠道是指产品从制造商向消费者或用户转移过程中要经过一个或一个以上的中间商。

2.按照流通环节或层次的多少,可分为长渠道和短渠道。一般来说,产品从制造商向消费者或用户转移的过程中只通过一个中间环节的渠道称为短渠道,而将通过一个以上中间环节的渠道称为长渠道。

3.按照渠道中每个层次的同类中间商数目的多少,可分为宽渠道和窄渠道。宽渠道是指制造商同时选择两个以上的同类中间商销售产品。窄渠道是指制造商在某一地区或某一产品分类中只选择一个中间商为自己销售产品,实行独家经销。宽窄渠道各有优缺点,制造商往往根据其产品特点进行选择。一般来说,生产资料和少部分专业性较强或较贵重的消费品适合于窄渠道销售。

4.按照制造商所采用的渠道类型的多少,可分为单渠道和多渠道。单渠道是指制造商采用同一类型渠道分销企业的产品,渠道比较单一。多渠道是指制造商根据不同层次或地区消费者的情况,选择不同类型的分销渠道。

企业对分销渠道进行分析,目的在于选择有利于企业产品销售的分销渠道策略。

【思考】短渠道分销有什么优点?

短渠道分销能节省流通时间和费用,增加产品竞争能力,有利于制造商和中间商建立直接、密切的合作关系。

# 第二节　中间商

## 一、中间商的概念

中间商是指制造商与最终顾客(消费者或用户)之间参与交易业务,促使买卖行为发生和实现的经济组织和个人。包括商人中间商和代理中间商。

## 二、商人中间商

商人中间商,也称经销商,是指从事商品交易业务,在商品买卖过程中拥有商品所有权的中间商。也正因为他们拥有商品所有权，所以在买卖过程中，他们要承担经营风险。商人中间商又可分为批发商和零售商。

（一）批发商

批发商是指向制造商或经销单位购进商品，供给其他单位（如零售商）进行转卖或供给制造商进行产品加工制造的中间商。批发商出售的商品一般是供给零售商转卖或再生产用；批发商是在工商企业之间进行交易活动，批发交易结束后，商品仍留在流通领域；批发商销售的产品数量一般比较大，销售的频率相对较低；批发商设点较少。其分类有：

1.按服务范围划分，可分为完全服务批发商和有限服务批发商。完全服务批发商执行批发商的全部功能，提供诸如存货、推销、顾客信贷、送货以及协助管理等服务。它包括批发中间商和工业分销商。前者主要是向零售商销售，并提供全面服务；后者是向生产者提供生产性消费的商品或服务。有限服务批发商是指批发商为了减少费用，降低批发价格，因而只对其顾客提供有限的几项服务，如现货自运批发商、直运批发商、卡车批发商、货架批发商、邮购批发商等。

2.依照经营业务内容划分，可以把批发商分为专业批发商、综合批发商和批发市场。专业批发商即专门经营某一类或某一种商品的批发商；综合批发商即经营多类商品的批发商；批发市场也称批发交易市场，它是由多种批发组织组成的联合体，或以某类商品为中心集结多家批发商，共同开展批发业务。

3.依照经营商品种类划分，可以把批发商分为农副产品批发商和工业品批发商等。农副产品批发商的主要任务是从农村基层收购企业及其他农副产品批发商处调入商品，供应外地批发商或生产者、零售商；工业品批发商经营的商品包括生产资料和日用工业品，实行专业化经营。按经营商品的类别，批发商还可以分为百货、文化、纺织、针棉织品、劳保用品、五金、交电、化工原料等专业批发商。

**【思考】**自营性批发商与代营性批发商有何区别？

自营性批发商经销的产品具有所有权。代营性批发商对经销产品不具有所有权。

（二）零售商

零售商是指把商品直接销售给最终消费者，以供应消费者个人或家庭消费的中间商。零售商处在商品流通的最终环节，直接为广大消费者服务。零售商的交易对象是最终消费者，交易结束后，商品脱离流通领域，进入消费领域；零售商销售商品的数量比较小，但销售频率高；零售商数量多，分布广。其分类有：

1.专业商店。这是专门经营某一类商品，或专门经营具有连带性的几类商品，或专门为特殊消费对象经营特殊需要的商品，如钟表店、眼镜店、妇女用品商品、体育用品商店、文化用品商店等。专业经营商店要求具有较高的专业知识和操作技能，销售与服务密切结合，能提供周到的服务。

2.百货公司(或商场)。这是一种大型零售商店，分门别类地销售品种繁多的商品。其特点是经营范围广，商品类别多，花色品种齐全，能满足消费者多方面的购买需要。

3.超级市场。也叫自选商场，其特点是由顾客自取自选，自我服务，定量包装，预先标价，顾客出门时一次交款,因而可以节省售货时间,节约商店人力和费用,避免和减少顾客与售货员的矛盾。

4.购物中心。这是一种由多家商店组合而成的大型商品服务中心,一般设在公共建筑内,以一家或数家百货商店、超级市场为骨干,由各类专业商店、书店、餐馆、旅馆、银行、影院等组合而成,融购物、服务和娱乐休闲于一体。

5.连锁店。它是由多家出售同类商品的零售商店组成的一种规模较大的联合经营组织。其特点是由中心组织统一进货(选购商品),以较大的订购批量,获得最大的价格优待;采取薄利多销的方针,争取顾客;商品价格经常浮动,有竞争对手时便减价争取顾客,无竞争对手时则提价争取多盈利。

6.邮购商店。它主要是通过向消费者寄送商品目录来吸引顾客邮购商品。

此外,还有很多形式的零售商,诸如方便商店、折扣商店、自动售货机、街头摊贩、外汇商店等。

## 三、代理中间商

代理中间商是指接受生产者委托从事销售业务,但不拥有商品所有权的中间商。代理商的收益主要是从委托方获得佣金或者按销售收入的一定比例提成。代理商一般不承担经营风险。代理商按其和生产者业务联系的特点,又可分为:

1.企业代理商。是指受生产企业委托签订销货协议,在一定区域内负责代理销售生产企业产品的中间商。企业代理商和生产企业之间是委托代理关系,代理商负责推销商品,履行销售商品业务手续,生产企业按销售额的一定比例付给企业代理商酬金。

2.销售代理商。这种代理商也和许多生产企业签订长期合同,替这些生产企业代销产品,但他们与企业代理商有显著不同的特点,即每一个生产企业只能使用一个销售代理商,而且生产企业将其全部销售工作委托给一个销售代理以后,不得再委托其他代理商代理其产品,甚至也不能再派推销员去推销产品;销售代理商替委托人代销全部产品,而且不限定在一定的地区内代销。它在规定销售价格和其他销售条件方面也有较大的权力,因此销售商实际上是委托人的独家全权企业代理商。

3.寄售商。这是经营现货代销业务的中间商。生产企业根据协议向寄售商交付产品,销售后所得货款扣除佣金及有关销售费用后,再支付给生产企业。寄售商要自设仓库或铺面,以便储存、陈列商品,使顾客能及时购得现货。

4.经纪商。俗称掮客,是指既不拥有产品所有权,又不控制产品实物价格以及销售条件,只是在买卖双方交易中起媒介作用的中间商。经纪商的作用是沟通买卖双方,促成交易,其主要任务是安排买卖双方的接触与谈判,交易完成后,从交易额中提取佣金,他们与买卖双方没有固定的关系。

5.采购代理商。采购代理商是指与买主建有长期的关系,为买主采购商品,并提供收货、验货、储存、送货等服务的机构,如大规模服装市场上有一种常住买客,专门物色适合于小城镇的一些小零售商经营的服装。他们经验丰富,可向其委托人提供有益的市场情报,并为其采购适宜的优良商品。

### 四、中间商选择的条件

1.中间商的服务对象是否与制造商所要达到的市场面一致。即企业所要选用的中间商的经营范围,应该与制造商的产品销路基本对口,这是最基本的条件,如专门生产高档服装的制造商,应选择有名的服装商店,或选择大型的综合商厦设立专柜销售。

2.中间商的地理位置是否与制造商产品的用户相接近。即选择零售商的地理位置时,最好是企业产品的顾客经常到达之处;而选择批发商的地理位置时,则要看其是否能较好地发挥其储存、分销、运输的功能和有利于降低销售成本。

3.中间商的商品构成中是否也有竞争者的产品。具体地说,如果本企业的产品优于竞争者的产品而价格又不高的话,则适宜选择这个中间商,否则不宜选用。

4.中间商的职工素质及服务能力。如果中间商在销售商品的过程中能够向顾客提供比较充分的技术服务与咨询指导,具有懂技术、善经营、会推销的营销职工队伍,则适宜选择这个中间商,否则不宜选用。

5.中间商的储存、运输设备条件。选择的中间商要具备经营本企业产品的必要的仓库、运输车辆等储存设施设备。

6.中间商的资金、财务和信誉状况。

7.中间商的营销管理水平和营销能力。

## 第三节　分销渠道策略

### 一、影响分销渠道的因素

(一)产品因素

1.产品单位价值。低单位价值的产品,往往通过中间商来进行销售,让中间商承担部分销售成本,增加市场的覆盖面,其分销路线长,环节多,且每一个层次环节多,即渠道宽。反之,高单价产品,分销路线就短。

2.产品的大小与重量。体积大、分量重的产品,往往意味着高的装运成本和高的重置成本,一般应尽量选择最短的分销渠道,如机械设备多数只通过一个环节,甚至取消中间环节,由生产者直接供应给用户。

3.产品的耐腐性。产品是否会迅速腐烂、容易损坏,是一个在实体运输和储存中非常关键的问题。易腐、易毁的产品,应尽量缩短分销途径,迅速地把产品出售给消费者。鲜活产品的渠道一般都较短,就是这个道理。

4.产品的技术性和服务性。技术需求比较复杂、对售后服务要求较高的产品,如微机、现代办公用品、大型机电设备等,一般要求较高的技术性,生产企业要派出专门的人员去指导用户安装、操作和维修,这些产品一般由生产企业直接销售给用户,其分销渠道一般都是短而窄的,因为中间商可能对产品的各项性能不是很了解,有可能对顾客产生误导,为以后的销售埋下隐患。

5.产品的款式。时尚程度较高的产品,即式样或款式较容易发生变迁的产品,如各种新奇玩具、时装等,分销渠道应尽量缩短,以免流转环节较多、周转时间较长,而过时或时尚性不强、款式不易发生变化的商品,分销渠道可以适当长一点,以便广泛销售。

6.产品标准化程度。一般而言,渠道的长度与宽度是与产品的标准化程度成正比的。产品的标准化程度越高,渠道的长度越长,宽度越宽。

7.企业开发的新产品。为了尽快把新产品投入市场,通常应采取强有力的推销手段去占领市场,生产企业往往不惜为此付出大量的资金组成推销队伍,直接向消费者推销。当然,在情况许可时,也应考虑利用原有的分销途径。

(二)市场因素

1.市场范围的大小。在一般情况下,产品销售范围越大,则分销渠道就越长。如果产品在全国范围销售或进入国际市场,则要选择宽渠道,广泛利用中间商;如果产品销售范围很小,或就地生产就地销售,则由生产者直接销售或零售商销售。

2.潜在顾客的地理分布情况。如果某种产品的潜在顾客分散在全国广大地区,制造商就要通过若干个不同的中间商转卖给潜在顾客,使用较长的分销渠道。如果某种产品的潜在顾客集中在少数地区,制造商就可以直接销售而不用中间商,使用最短的分销渠道。

3.消费者的购买习惯。消费者的购买习惯也会影响分销渠道的选择。一些日常生活必需品价格低,消费者数量大,购买频率高,顾客不必仔细挑选,随时随地都能买到,制造商应尽量多采用中间商扩大销售网点,其分销渠道应长而宽。对于一些耐用消费品,制造商一般只通过少数几个精心挑选的零售商去推销产品,甚至在一个地区只通过一家零售商去推销其产品,其推销渠道可以短而窄。

4.市场上竞争者使用分销渠道的情况。一般来说,制造商要尽量避免和竞争者使用相同的分销渠道。如果竞争者使用和控制着传统的分销渠道,本企业就应当使用其他不同的分销渠道推销其产品。有时,同类产品也采用与竞争者相同的分销渠道,以便让顾客进行产品价格、质量等方面的比较。

5.市场的其他特点。销售季节性的变化、节日商品等市场的其他特点也都是企业选择分销渠道时应考虑的因素。

(三)制造商自身因素

1.制造商的声誉与资金。这两个方面强则自由选择或自己销售,弱则必须依赖中间商。

2.制造商自身的销售力量和销售经验。自己强的少用中间商,自己弱的多用中间商。

3.制造商对分销渠道的控制要求。如果企业的市场营销策略要求严格控制产品的价格和新鲜程度,或为了产品的时尚,则要选择尽可能短的或尽可能窄的分销渠道,企业比较容易控制。

4.制造商提供服务的态度和能力。如果制造商愿意为最终消费者或用户提供更多的服务,可采用较短的分销渠道;如果制造商愿意且有能力为中间商提供更多的服务,就会吸引更多的中间商来经营企业的产品。

(四)经济效益因素

不同产品、不同地区、不同消费习惯等影响长短渠道的选择,最终导致经济效益不同。

(五)社会环境及传统习惯因素

社会环境主要指政府的方针政策及对产品分销渠道的限制情况，如国家规定有些产品专营,对某些进口产品加以限制等,在这些场合,企业没有分销渠道的权利。此外,传统的消费习惯、购买习惯、营销习惯等,也会影响分销渠道的选择。

(六)中间商因素

## 二、分销渠道的基本策略

企业分销渠道的选择,不仅要求产品及时到达目标市场,而且要求选择的分销渠道效率高,销售费用少,能取得最佳的经济效益,因此,企业进行分销渠道选择前,必须综合分析企业的战略目标、营销组合策略以及其他影响分销渠道选择的因素，然后再作出某些相关决策,如是否采用中间商,分销渠道的长短、宽窄,具体渠道成员等。

(一)直接销售与间接销售的选择

这个问题实质上就是可否采用中间商的策略。一方面,虽然中间商的介入对制造商以及社会来说带来很大的好处,但没有中间商介入的销售即直接销售也具有很多优点,如销售及时、节约费用、加强推销、提供服务、控制价格、了解市场等;另一方面,直接销售使产品的整个销售职能完全落在生产企业身上,完成这些职能的费用也完全由生产企业负担。事实上,生产量大、销售面广、顾客分散的产品(如啤酒、香烟等),任何企业都没有能力将产品送到每一个消费者手中,即使能送到也是不经济的,因此这些企业只能选择间接销售渠道。

从以上分析看,直接销售和间接销售各有利弊,各有其适用的范围和条件。企业在选择时,必须对产品、市场、企业营销能力、控制渠道的要求、财务状况等方面进行综合分析。一般情况是:大多数生产资料产品技术复杂,价格高,需要安装和维修服务,用户对产品规格、配套、技术性能有严格要求,交易谈判需较长的时间;有的大宗原材料用户购买量很大,购买次数少,用户数量有限,宜采用直接销售。生活用品中一些易变质的和时尚产品,以及价格昂贵的高档消费品,也可采用直接销售;除此之外,大多数生活资料以及一部分应用面广、购买量小的生产资料,宜采用间接销售。另外,在进行此类选择时,营销能力、财务、控制渠道的要求也必须考虑在内。

(二)分销渠道长度的选择

分销渠道长度是指产品从生产者到最终用户所经历的环节的多少，也就是渠道层次的多少。当企业决定采用间接分销渠道时,应对渠道的长短作出决定。越短的分销渠道,制造商承担的销售任务就越多,信息传递越快,销售越及时,就越能有效地控制渠道。越长的分销渠道,中间商就越要承担大部分销售渠道职能,信息传递就慢,流通时间就长,制造商对渠道的控制就越弱。制造商在决定分销渠道长短时,应综合分析制造商的特点、产品的特点、中间商的特点以及竞争者的特点。

(三)分销渠道宽度的选择

分销渠道宽度是指分销渠道中的不同层次使用中间商数目的多少。有三种可供选择的策略:

1.广泛分销策略。也叫密集分销策略,这里指制造商广泛利用大量的中间商经销自己的产品。这种策略的基本特点就是充分利用场地,占领尽可能多的市场供应点,以使产品有充分发展的机会。该策略通常用于日用消费品和工业品中标准化、通用化程度较高的产品(如小件工具、标准件等)的分销。这类产品的消费者在购买使用时注重的是迅速而又方便,而不太重视产品厂牌、商标等。其制造商则希望自己的产品能尽量扩大销路,使广大消费者能及时、方便地买到。其优点是产品与顾客接触机会多、广告的效果大,但制造商基本无法控制这类渠道,与中间商的关系也松散。但是,采用这种策略时,制造商要与众多中间商发生业务关系,而中间商往往同时经销众多厂家的产品,就难以为某个生产商承担广告费用,或采取专门的推销措施。这样必然导致工商企业间的合作困难,也使制造商难以控制分销渠道。一般来讲,制造商要负担较高的促销费用,设法鼓励和刺激中间商积极推销本企业的产品。

2.选择性分销策略。是指制造商从愿意合作的中间商中选择一些条件较好的中间商去销售本企业的产品。这种策略的特点是制造商只在一定的市场上选用少数几个有支付能力、有销售经验、有产品知识及推销知识、信誉较好的中间商推销本企业的产品。它适用于顾客在价格、质量、花色、款式等方面精心比较和挑选后才决定购买的产品。优点是减少了制造商与中间商的接触,每个中间商可获得较大的销售量,有利于培植工商企业之间的合作关系,提高渠道的运转效率,而且还有利于保护产品在用户中的信誉,制造商对渠道也有适度的控制。

3.独家分销策略。指制造商在一定的市场区域内仅选用一家经验丰富、信誉卓著的中间商推销本企业的产品。在这种情况下,双方一般都签订合同,规定双方的销售权限、利润分配比例、销售费用和广告宣传费用的分担比例等;规定在特定的区域内不允许制造商再找其他中间商经销其产品,也不允许所选定的中间商再经销其他企业生产的同类竞争性产品。这种策略主要适用于顾客挑选水平很高、十分重视品牌的特殊品,以及需要现场操作表演和介绍使用方法的机械产品。

其优点是易于控制市场营销价格;只有一家专营中间商与生产者签订协议,所以可以提高中间商的积极性和推销效率,更好地服务于市场;为了推销专营性商品,产销双方可以较好地互相支持和合作。

其缺点是在该地区生产者过于依赖中间商,容易受其支配;在一个地区选择一个理想的中间商是十分困难的,如果选择不当或客观条件发生变化,可能会失去市场;一个特定地区只有一家中间商,可能因为推销力量不足而失去许多潜在顾客。

## 三、分销渠道系统的发展

(一)直接渠道系统的发展

传统的直接营销是指上门推销。随着科技的发展,特别是社会的信息化,直接渠道系统的内容日益丰富，直邮广告、电话直销、电视直销、邮购直销、网络直销、会议直销五彩缤纷，尤其是互联网的商用化开发和普及，工商企业在网上设立网址，开设电子商场(网上商场)，进行网上销售已成为一种具有广阔发展前景的最新的直销商业形态。

(二)垂直渠道系统的发展

该渠道近年来最重要的发展趋势是一改传统的销售渠道中生产者、批发商和零售商互相分设，为着各自利益讨价还价，各行其是，忽视渠道整体利益的状态，而由生产者、批发商和零售商组成一种统一的联合体。不管联合体中谁处于支配地位，彼此都形成了统一的兼顾整体利益的系统。其基本特征在于专业化管理和集中执行的网络组织有利于消除渠道成员之间的冲突，能够有计划地取得规模经济效益和最佳的市场效果。

1.公司垂直渠道系统。它是指由一家公司拥有和统一管理若干个制造商和中间商，控制整个渠道，同时开展生产、批发和零售业务。

2.管理式垂直渠道系统。它是由一个规模大、实力强的企业出面组织，由它来管理和协调生产和销售各个环节。名牌制造商有能力从零售商那里得到强有力的贸易合作和支持。

3.契约式垂直渠道系统的发展。它是由各自独立的公司在不同的制造商和中间商为了获得其单独经营时所不能取得的经济效益时，以契约形式为基础组成的一种联合体，包括特许经营系统、批发商创办的自愿连锁组织、零售商合作组织等。

(三)水平渠道系统的发展

水平渠道系统是指由同一层次上的两个或两个以上的公司为共同开拓新的市场机会而联合开发的一个营销机构。当一个企业无力单独进行开发或承担风险时，或相互合作有利于优势互补，能产生协同效应时，企业间就谋求这种合作。企业间的联合行动可以是暂时的，也可以是永久的，还可以创立一个专门的营销公司，这被称为共生营销。

**【思考】**连锁经营渠道是垂直渠道系统还是水平渠道系统？

它是一种纵向发展的垂直营销系统。它的产生有效地沟通了生产者、批发商和零售商之间的关系，把现代大工业生产的原理应用于商业经营，实现了大量生产和大量销售相结合，形成了全新的渠道系统。

(四)多渠道系统的发展

多渠道系统是指通过两条或两条以上的渠道将产品送到同一个或不同的目标市场。建立多渠道营销系统，可以增加市场覆盖面，降低渠道成本，更好地满足顾客需要，扩大产品销售，提高经济效益，但多渠道营销也有可能产生渠道冲突，因此，企业实行多渠道营销必须加强渠道的控制与协调，使多渠道系统健康发展。

## 案例讨论 8-1 平常渠道非常控制

### 一、案例介绍

TCL 是一个优秀的渠道型企业。作为国内最早大规模地建设零售终端的家电企业之一，TCL 毕数年之功，打造出一个令同行业羡慕的“金不换的网络”，其硬件包括 27 家分公司、170 多家经营部和数千家遍布一、二、三级市场的加盟经销网点和自营专卖店；软件则是经年累积的客户战略伙伴关系、良好的商业信誉和口碑效应。

(一)历次渠道创新

在2002年以前,TCL经历过几次渠道创新,每一次都引领了市场的走向。

20世纪90年代中后期,国内家电企业的竞争日趋激烈,尤其是长虹与郑百文的合作失败后,自建网络、决胜终端成为当时家电企业的战略选择。TCL成为家电行业最早自建网络的企业,其渠道网络为后来迅速占领市场起到了关键性的作用。TCL渠道模式在初创时有两个要点:一是建立销售分公司,并在分公司下面建立经营部。二是建立专卖店。TCL销售分公司的职能更像是总经销商,它为经营部供货并进行管理;而经营部的职能则是开发和管理县级甚至乡镇级中小经销商。其创新之处在于,当竞争对手拼命维护与省级大经销商业已紧张的关系时,TCL率先与当时的二级甚至三级经销商建立商业关系,从而建立了比竞争对手更为扁平、更有效率的销售渠道。这种渠道模式一方面更接近消费者,另一方面对商户的掌控能力也更强。正是由于TCL自建网络的成功,从1998年开始,主要彩电企业都显著加强了自建网络的力度。

但是,进入微利阶段后,庞大的自建渠道逐渐成了企业的沉重负担。在这种背景下,2000—2001年,TCL的渠道网络又进行了一次创新,主要针对三个方面:一是通过裁减冗员,提高效率,降低营销成本;二是调整销售分公司的职能,强化其销售职能,弱化管理职能;三是撤销专卖店。截至2001年7月,TCL营销系统已经完成了约4000人的裁员。在TCL的渠道瘦身后,海信、创维、康佳、乐华等知名家电企业也相继进行了渠道改造。

在2001年以来TCL手机销售通路中,TCL取消了传统手机销售中的全国总代理,以自建通路和依托区域代理的销售力量进行区域分销,为TCL手机的迅速成长立下了赫赫战功。

(二)2002年渠道新变革

与松下合作,以渠道换技术。2002年4月,松下、TCL宣布双方在家电领域进行多元合作:TCL将通过其销售网络面向中国农村销售松下的产品;松下将向TCL提供DVD等尖端技术和关键零部件。通过与松下合作,TCL不仅可以加速掌握核心技术,同时也有利于培育和挖掘营销网络的竞争力。

与飞利浦的渠道合作。2002年8月,飞利浦、TCL宣布在中国五个省区的市场进行彩电销售渠道的合作:TCL将利用其销售渠道及网络优势,在五省区独家销售飞利浦彩电。与飞利浦的渠道合作,是TCL渠道转型的一步:将专营TCL产品的销售公司变为独立的第三方专业家电分销商,TCL的销售网络向独立的渠道运营商转化。

**二、案例分析**

国有家电巨头TCL在市场相对稳定以后,并没有放弃自己自建的销售渠道网络,而是让其发展壮大成独立的销售渠道公司。正是这个自建渠道,吸引来飞利浦、松下等国际知名企业,帮助TCL在家电业越来越低的利润中顽强地生存。

**三、思考·讨论·训练**

1.企业自建渠道有何利与弊?

2.TCL的渠道创新策略给我们带来了哪些启示?

3.你认为TCL的渠道转型是否可行？

## 案例讨论8-2 爱普生公司的中间商策略

### 一、案例介绍

日本的爱普生公司是制造电脑打印机的大厂家。当公司准备扩大其产品线，增加经营各种计算机时，该公司的总经理杰克·沃伦(Jack Whalen)对现有的经销商颇不满意，不相信他们有向零售商店销售其新型产品的能力，因此他决定秘密招聘新的配销商以取代现有的配销商。沃伦雇用了一家名为赫根拉瑟公司(Hergenrather & Company)的招募公司，并给予下述指示：

1.寻找在褐色商品(电视机等)或白色商品(电冰箱等)方面有两步配销经验(工厂到配销商到经销商)的申请者。

2.申请者应是领袖型的人，他们愿意并有能力建立其自己的配销机构。

3.他们将获得8万美元的年薪加奖金，以及37.5万美元的资金用于帮助他们建立企业。他们每人各出资2.5万美元，并且均可持有企业的股票。

4.他们将只经营爱普生公司的产品，但可经营其他公司的软件。每个配销商将配备一名负责培训工作的经理和一个设备齐全的维修中心。

招募公司在寻找合作的、目的明确的、有希望的候选人时遇到了很大困难。他们在《华尔街日报》上刊登的招聘广告(不提及爱普生公司的名)，吸引了近1700封请求信，但其中多半是不合格的求职者。于是，该公司利用电话簿上黄纸印刷的商业部分电话号码得到目前配销商的名称，并打电话与它的第二常务经理联系。公司安排了与有关人员会见，并在做了大量工作之后提出了一份最具资格的人员名单。沃伦会见了他们，并为其12个配销区域选择了12名最合格的候选者。招募公司因其招聘工作得到了25万美元的酬金。

最后的步骤要求终止爱普生公司现有的配销商。由于招募是在暗中进行的，因此这些配销商对事态的发展毫无所知。杰克·沃伦通知他们将在90天期限内交接工作，他们当然感到震惊，因为他们曾作为爱普生公司最初的配销商与之共事多年。但是，他们并没有订立合同。沃伦知道他们缺少经营爱普生公司扩大电脑产品线和进入必要的新流通渠道的能力，他认为舍此别无他法。

### 二、案例分析

对于科技含量较高的产品，企业需选用特定的中间商进行其市场销售活动。爱普生公司在经营电脑打印机时，拥有一支销路畅通的配销商队伍，但面对新的产品——各种计算机，这支配销商队伍不再拥有优势。爱普生公司审时度势，根据经销新产品的要求，及时淘汰企业原有的产品经销商，选择能力更强、势力更大的配销商，使其新产品具备较强的市场进入能力。

### 三、思考·讨论·训练

1.爱普生公司在选择新中间商时考虑了哪些因素？

2.为什么要更换经销商？

3.你认为爱普生公司的新策略是否会取得良好的销售业绩？为什么？

## 复习思考题

一、主要概念

分销渠道　中间商　分销渠道长度　分销渠道宽度　广泛分销策略

选择性分销策略　独家分销策略　产品实体分销策略

二、素质题

1.分销渠道是否越多越好？

2.采取广泛分销策略需要具备什么样的条件？

三、判断题

1.分销渠道是由一系列的中间商组成的。(　　)

2.中间商的出现是商品经济发展的必然产物。(　　)

3.宽渠道是指制造商同时选择两个以上的同类中间商销售商品。(　　)

4.商人中间商是指从事商品交易业务,在商品买卖过程中拥有商品所有权的中间商。(　　)

四、选择填空题

1.在消费品市场分销渠道模式中,一层渠道模式包括了(　　)。

A.批发商　B.代理商　C.零售商

D.专业批发商　E.制造商销售机构

2.按照流通环节或层次的多少,分销渠道可分为(　　)。

A.直接渠道和间接渠道　B.长渠道和短渠道　C.宽渠道和窄渠道

D.单渠道和多渠道　E.密集型渠道和选择型渠道

3.商人中间商包括(　　)。

A.批发商　B.企业代理商　C.经纪商

D.采购商　E.零售商

五、简答题

1.分销渠道流程包括哪些内容？

2.批发商和零售商之间只有联系没有区别是否正确？为什么？

# 第九章　促销决策

**学习目标**

促销的本质与策略组合

人员推销

广告策略

公共关系

营业推广

**知识目标**

掌握促销的四大概念和两类策略

掌握人员推销的特点、功能、过程及策略

掌握广告宣传的特点、要求、策略和效果评价

掌握公关的对象、策略,营业推广的形式与具体办法

**能力目标**

理解四种促销手段的区别与各自的特点和功能

理解并熟练应用人员推销的各种技巧和策略

理解广告的分类和适应促销要求对各种媒体的选择应用

理解企业开展公共关系的目的和进行营业推广的必要性

促销决策是市场营销的一个重要内容。如何使企业生产或经销的产品信息传递给消费者,并有效地对消费者进行外部刺激,加大消费者需求强度,影响消费者购买决策过程,诱导消费者购买自己的产品,把潜在消费者变为自己的现实消费者,就是本章所要学习的内容。

# 第一节　促销的本质与策略组合

## 一、促销的概念

促销即促进销售，是指企业通过人员和非人员的方式把企业的产品及提供的服务信息传递给顾客,激发顾客的购买欲望,影响和促成顾客购买行为的全部活动的总称。

## 二、促销的作用

1.有助于沟通信息。
2.有助于刺激、创造需求,开拓市场。
3.有助于突出企业和产品的特色。
4.有助于稳定和扩大销售。

## 三、促销方式

现代市场营销学认为,促销的方式包括人员促销和非人员促销两大类,具体分为人员推销、广告宣传、公共关系、营业推广四种方式。

(一)人员推销

人员推销是一种既传统又现代的促销方式。它是指企业派出人员或委托推销人员亲自向目标顾客对商品或服务进行介绍、推广宣传和销售。人员促销由于直接沟通信息,反馈意见及时,可当面促成交易,因此,它的作用不仅仅是出售现有货物,而是要配合企业的整体营销活动来发现顾客需求,满足顾客需求,把市场动向和顾客需求反馈回来,并据此调整企业生产经营范围和结构,增强企业竞争力。

(二)广告宣传

广告宣传是指企业通过一定的媒介物，公开而广泛地向社会介绍企业的营销形式和产品品种、规格、质量、性能、特点、使用方法以及劳务信息的一种宣传方式。它是商品经济的产物,是随着商品经济的发展而逐渐发展起来的,企业作为独立的商品生产者和经营者,科学地运用广告宣传,对传播信息、促进生产、引导消费、扩大销售、加速商品流通和提高经济效益都有着十分重要的作用。

(三)公共关系

公共关系是指企业通过种种活动使社会各界公众了解本企业，以取得他们的信赖和好感,从而为企业创造一种良好的舆论环境和社会环境。公共关系的核心是交流信息,促进相互了解,宣传企业的经营方针、经营宗旨、经营项目、产品特点和服务内容等,提高企业的知名度和社会声誉,为企业争取一个良好的外部环境,以推动企业不断向前发展。

（四）营业推广

营业推广是指企业在比较大的目标市场中，为刺激早期需求而采取的能够迅速产生激励作用、促进商品销售的一种措施。其形式有很多，大致可分为三类：

1.直接对消费者的营业推广。如展销、现场表演、赊销、消费信贷、现场服务、有奖销售、赠给纪念品或样品等。

2.促成交易的营业推广。如举办展销会、供货会、订货会、物资交流会、购货折扣、延期付款、补贴利息、移库代销等。

3.鼓励推销人员的营业推广。如推销奖金、红利、接力推销等。

## 四、促销组合的基本策略

（一）促销组合

促销组合就是把人员推销、广告宣传、公共关系和营销推广四种形式有机结合起来，综合运用，形成一种促销策略或技巧。这四种促销形式又可归纳为人员推销和非人员推销，而两类推销的形式和作用又是不同的。

1.人员推销。采取主动、直接的方式，由企业推销人员通过一定的渠道，将商品和服务推荐给消费者，是一种达到销售目的的“推”式策略，如图9.1所示。实行“推”式策略的企业，主要是运用人员推销和营业推广手段把商品推向市场——从制造商推向批发商，从批发商推向零售商，直至最终消费者和用户。实行“推”式策略要求推销人员针对不同的商品、不同的对象，采取不同的方式方法。该策略花费在现有产品、新开发的新产品、现有用户和潜在用户上的力量不是均等的，而是有针对性的。

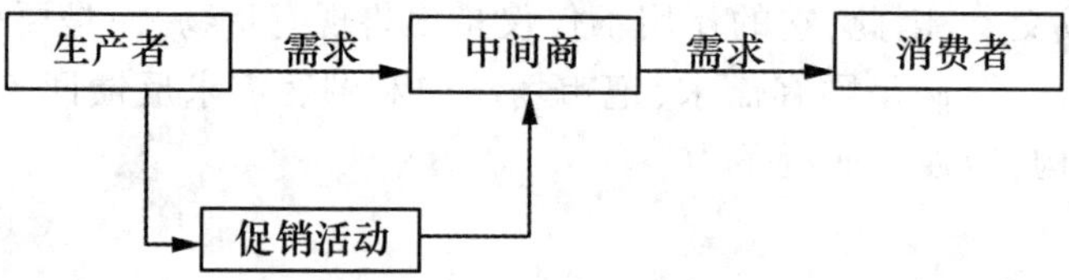


图9.1 “推”式策略示意图

2.非人员推销。采取间接的方式，通过宣传，使消费者对商品或服务发生兴趣的一种“拉”式策略，如图9.2所示。实行“拉”式策略的企业，是将企业主要的促销预算用于广告或其他宣传措施上，通过一系列的宣传报道，使消费者产生兴趣，吸引他们来购买。实行“拉”式策略必须注意企业是否有足够的库存、能否提供良好的产品等。

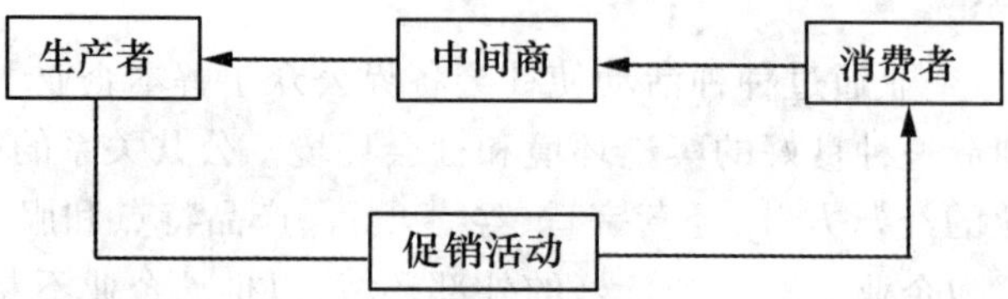


图9.2 “拉”式策略示意图

企业在促进产品销售的过程中，究竟是实行“推”式策略，还是实行“拉”式策略，要根据具体情况而定。一般来说，应当二者兼顾，各有侧重。这两种策略、四种促销形式各具特点，在营销中各有作用、相辅相成。工商企业应有计划地将各种促销方式有机地结合起来，适当选择、编配和运用，使之互相配合。

**【思考】**“推”式策略与“拉”式策略要求各自的主要促销对象是谁？

“推”式策略要求制造商以中间商为主要促销对象；“拉”式策略要求制造商以消费者为主要促销对象。

## 五、选择促销策略时应考虑的因素

鉴于四种促销方式各有特点，适用于不同对象，企业在进行促销活动时就要根据营销目标和商品特点，有针对性地进行选择。一般来说，工业品和消费品在采用促销方式时有不同的组合，如图 9.3 所示。

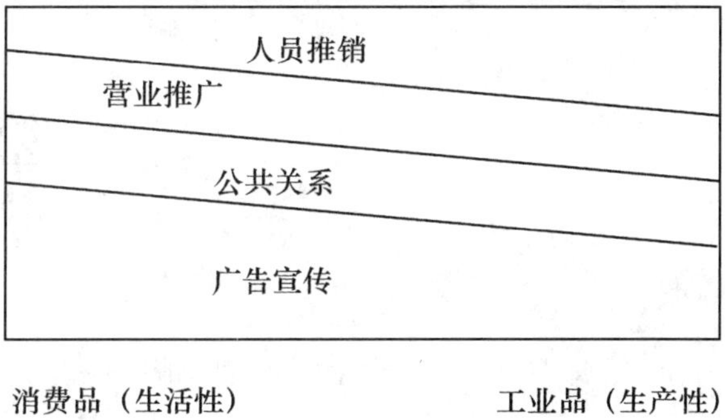


图 9.3 工业品与消费品的不同促销组合

1.产品的性质。不同的产品有不同的用途，满足不同消费者的需求，需要采取不同的促销组合。一般来说，高技术的工业品偏向人员推销，而生活消费品，由于技术性较差，标准化程度高，市场面广，消费者人数多，宜采用非人员促销。

2.产品生命周期。在产品生命周期的不同阶段，由于促销目标不同，应相应地选择、编配不同的促销组合策略，如，在产品的投入期，企业的促销目标就是让消费者认识和了解产品，因此需要采用广告宣传，辅之以人员推销，导入 CIS 策略；在产品的成长期，促销量迅速增长，企业的促销目标是进一步引起消费者的购买兴趣，激发其购买行为，因此应着重宣传产品特点，以改变消费者使用产品的习惯，逐渐对产品产生偏好；在产品的成熟期，企业的促销目标主要是巩固老主顾，增加消费者对产品的信任感，保持市场占有率，因此，应尽可能多地应用公共关系宣传，以提高企业和产品的声誉；在产品衰退期，企业的促销目标主要是使一些老用户继续信任本企业的产品，坚持购买，因此，促销方式应以营业推广为主，辅之以公共关系和广告宣传。

3.市场性质。不同特点的市场需要采取不同的促销组合策略。一般来说，向小规模本地市场促销，应以人员推销为主；若是广泛的市场，像全国市场或全球市场，则应以广告和文字宣传为主；市场比较集中，渠道短，销售力量强，产品需经过示范，退还的，应采用人员促销策略；而产品销售分散，渠道多而长，产品差异性大，消费趋势已很明显，有必要快速告知消费者的，最好采用非人员促销策略；消费品市场买主多而分散，主要用广告宣传和营业推广吸引顾客；生产资料市场的用户少而销售额却大得多，应以人员推销为主。

4.促销费用。促销费用的多少，直接影响到促销方式的选择，因为有的促销方式费用较高，而有的则较低。一般来说，广告宣传的费用较高，人员推销次之，营业推广花费较小，公共关系的费用最少，但他们在不同时期的促销效果是不同的，企业在选择促销方式时，要根据企业的资金状况，以能否支持某一促销方式的顺利进行为标准，同时，投入的促销费用要符合经济效益原则。

另外，促销方式的选择，还应考虑不同类型顾客的购买时间、竞争环境等因素，如，在购买时间上，对最早和早期购买者要进行针对性宣传，并通过广告以最快速度将商品信息告知购买者，扩大影响；对晚期和最晚期购买者，要采取各种优惠措施，以吸引顾客，扩大销售。

【思考】像牙膏、肥皂等生活用品宜采用何种促销策略？

宜采用“拉”式促销策略，因为生活用品的消费者多而广。

# 第二节　人员推销

## 一、人员推销的特点

人员推销有四个特点，即灵活性、选择性、完整性、情感性。

## 二、人员推销的功能

1.寻找顾客。人员推销不仅要提供产品，满足消费者重复购买的要求，更重要的是在市场中寻找机会，挖掘和发现潜在需求，创造需求，寻找新顾客，开拓新市场。

2.传递信息。推销人员在推销过程中及时将企业提供的产品和服务信息传递给顾客，为顾客提供资料，引导顾客的购买欲望，作出相应的购买决策。

3.推销产品。推销人员通过与消费者的直接接触，运用销售技巧，有效地分析顾客的需求及其所期望的最大利益，根据不同情况向他们提供各种奖励、折扣、优惠和服务等，从物质和精神上满足对方需求，诱导其实现购买所推销的产品。

4.收集信息。企业所需要的信息，很大一部分源于顾客，推销人员活跃于企业与顾客之间，是企业收集信息的重要渠道之一。推销人员在推销产品的过程中，应进行调查研究，与顾客保持经常联系，收集市场情报资料，反馈信息，及时向有关部门反映，为改进营销措施、制定营销决策提供依据。

5.提供服务。推销人员应在推销中主动地为顾客提供售前、售中、售后服务，及时解决顾客在购买和使用产品过程中出现的问题。提供服务的过程，是企业推销零配件和其他产品的良好机会，有利于提高产品的市场占有率。

## 三、人员推销的组织形式

(一)区域结构式

它是指每个推销人员(组)负责一定地区的推销业务。这是一种最简单的推销组织形式。这种组织形式的优点是:

1.推销人员的责任明确,便于考核,有利于鼓励推销员努力工作。

2.推销人员活动范围小,相对地节约了销售费用。

3.推销人员活动区域稳定,有利于与当地各界大众建立联系,增进友谊,加强合作。

4.熟悉当地市场整体情况,能够正确分析和估计市场销售潜量,有利于开拓市场。区域推销组织形式最适合于类似性较大的产品和市场。

(二)产品结构式

它是指推销人员(组)负责某种或某类产品的推销业务。这种组织形式的优点是:

1.推销人员熟悉该种产品的供销情况,有利于预测该种产品的销售趋势,及时组织货源。

2.推销人员能够运用其专业知识为顾客服务,有利于扩大顾客群。

3.商品推销组织形式对推销人员的知识结构提出了更高的要求,有利于促进推销员不断学习,更新知识,提高素质。

产品结构式适宜于产品技术性强、生产工艺复杂、营销技术要求高、产品品种多而买主又不大相同的企业;相反,则不宜采用这种推销组织形式。

(三)顾客结构式

它是指根据顾客的行业不同、规模不同、分销渠道不同、用户不同而分别配备推销人员。这种组织形式的优点是:

1.推销员与顾客直接打交道,有利于推销员深入了解特定顾客的需求,在推销中有的放矢,提高工作效率。

2.推销员与特定顾客在产品买卖中经常交往,有利于彼此间建立感情,增进友谊,从而建立稳固的购销关系。

顾客结构式适宜于顾客比较集中、用户规模较大、分销渠道比较稳定的企业。

(四)复合结构式

它是指将区域与产品,区域与顾客,产品与顾客三种组织形式混合运用,有机结合,按"区域—产品",或"产品—顾客",或"区域—顾客",甚至按"区域—产品—顾客"来分配推销人员。这种组织形式的优点是:

1.能够灵活调度推销人员,全方位地发挥和运用推销人员的知识才能,有利于调度推销人员的积极性。

2.推销人员能从企业整体营销效益出发开展营销活动,有利于扩大销售。

3.推销人员能进入一个地区或某一单位,解决诸多商品推销问题,有利于节省推销费用。

复合推销组织形式适宜于顾客类别复杂而分散的企业。但在采取复合推销组织形式的情况下,一个推销人员往往要对数种产品经理或几个部门经理负责,容易造成多头领导,职责不清,特别是不同部门人员的协调配合工作做得不好时,会直接影响推销效果。

## 四、人员推销的过程

1.寻找并识别目标顾客。推销人员在推销之前,首先必须弄清一个问题,顾客在哪里?自己要向哪种类型的人推销产品?如果推销对象的问题没有搞清楚,哪怕是再周密、详尽的推销计划都有可能破产。所以,准确寻找和识别顾客应当是推销人员的基本功。

2.前期调查。对于已确定的目标顾客,推销人员应当首先收集他们的有关资料,包括需求状况、顾客的经济来源和经济实力、拥有购买决策权对象、购买方式,以便制定推销方案。

3.试探式接触。推销员要根据掌握的目标顾客的资料,从目标顾客感兴趣的问题入手打开话题,再了解顾客,并根据顾客的反应,逐步引入推销产品的话题。

4.介绍和示范。在对目标顾客已有充分了解的基础上,推销人员可以直接向目标顾客进行产品介绍,甚至主动地进行一些产品的使用示范,以增强目标顾客对产品的信心。

5.应付异议。在推销的过程中,推销员经常遇到顾客的异议。顾客的异议是成交的障碍,但它也表明顾客已经对推销员的讲解给予了关注,对产品产生了兴趣,只要克服了异议,就能够达成交易。应付异议的有效办法是把握产生异议的原因,对症下药。

6.达成交易。成交是推销的目标,当各种异议被排除之后,要密切注视顾客发出的成交信号,即通过顾客的言语动作、表情等表露出的购买意向,并抓住这一成交的良好机会及时达成交易。

7.后续工作。交易达成后,并不意味着推销工作的结束,而应看做新的推销工作的开始,因此,各种后续工作必须及时跟上,如备货、送货、配套服务及售后服务等。这些工作的妥善处理,不仅有利于企业同目标顾客建立长期稳定的购销关系,而且可以吸引新的顾客。

**【思考】**“推销是从被顾客拒绝开始的”,这句话对吗?

对。在推销的过程中,完全没有异议或者拒绝的情况是极少的(据有关调查资料表明,没有异议的推销成功率为15%),异议表明顾客对推销员的推销给予了关注,对产品产生了兴趣,克服了异议,就能达成交易。

## 五、人员推销的策略和技巧

(一)人员推销的策略

1.“刺激—反应”策略。这是推销人员在不了解顾客需求的情况下,经常采用的一种策略,即推销人员事先准备好几套要说的话进行演讲(即刺激),看看顾客的反应,如此运用一系列的刺激方法,以期引起顾客的购买行为。这种策略对于推销日用工业品效果较好。

2.“启发—配方”策略。这也是推销人员在事先不了解顾客需要的情况下常用的一种推销策略,即推销人员从访问顾客开始,通过有启发性的讲话,引起顾客的交谈,进而推动成交。

3.“需要—满足”策略。这是一种创造性的推销策略。这种策略的特点是:推销人员在推销时，要引起顾客对某种商品的需要，并促使顾客想满足这些需要。当推销员在说明所推销的商品如何能满足这种需要时，使顾客感到推销员成了他们的参谋，从而较顺利地推动成交。

（二）人员推销的技巧

它是指推销人员在实施推销的过程中，针对不同的推销对象或顾客，为达到推销目标所运用的方式、方法、技能、谋略等综合举措。推销技巧的运用是否恰当、得体和成功，标志着推销人员素质、业务水平等的高低，关系到推销活动的成败。人员推销的技巧贯穿于推销工作的全过程，内容丰富。这里只介绍一个合格的推销人员应掌握的一些基本技巧。

1.自我介绍的技巧。推销有句名言：推销之前先要推销自己。简单地讲，推销自己就是在与顾客初次见面时，尽量消除顾客的紧张感和恐惧感，建立与顾客之间的亲密感和信任感。因此，推销员应特别注重与顾客的每一次见面。推销自己的方式除了从仪表、举止上迎合顾客的情感之外，自我介绍也必须切中顾客的口味。为此，自我介绍时，一要态度诚恳、热情；二要保持亲切的微笑；三要步履轻盈、快捷，正面走近顾客；四要在与顾客握手问候时语调热情洋溢，精神饱满，音量适中；五要在自我介绍时掌握分寸，态度谦虚，先从自己的姓名、单位、身份开始，辅之以恭敬地递上自己的名片。若顾客有兴趣或有耐心，再进一步介绍企业或产品，这样很有利于顾客迅速、准确地知晓自己的情况，加深印象，从而加快交往的过程。

2.交谈的技巧。推销员与顾客交谈必须抓住顾客的心，引起对方的共鸣，从而消除对方的紧张感和恐惧感。为此，在交谈时应做到：一要顾及对方的自尊心，不能说出让对方厌恶或忌讳的话；二要注意关注和兼顾对方的利益；三要注意交流互相感兴趣的信息和经验；四要给顾客谈话的机会；五要直视顾客的脸和眼睛，真诚、尊敬地聆听顾客的谈话；六要附和、赞美顾客的谈话。总之，与顾客谈话，应以引起顾客注意为目的，以顾客为中心，以尊敬、重视顾客为准，这样才能消除顾客心中的紧张与恐惧，才能为下一步商谈奠定良好的基础。

3.应付顾客拒绝的技巧。拒绝是推销人员的家常便饭。勇敢地面对顾客的拒绝并不是厚颜纠缠，而是推销人员依据实际情况树立起来的必胜信心的表现。推销员推销产品如果遭到拒绝，必须心平气和地面对。无论顾客以什么方式拒绝，都不能有丝毫的失望神态，而要采取积极态度，分析原因，寻找应付顾客拒绝的技巧。应付顾客拒绝的技巧有以下几种：

(1)附和法。推销员在遭到顾客因对产品某一方面不满而拒绝时附和顾客的看法，抓住某一方面的关键词，加以其他意义上的变化的阐释，从而直攻对方不满，消除其顾虑。

(2)抹杀法。对顾客的拒绝避而不谈，悬而不论，用笑声或一些轻快的语句把话题引开，这样不仅可以缓解顾客拒绝而造成的紧张和尴尬，而且显示出推销员的大度和宽容。

(3)转折法。顾客阐述了自己的看法后提出拒绝，不管其理由多么不充分，推销员都不采取否定回答，而应该附和顾客的看法，然后通过转折词语，再提出自己的看法。

(4)发问法。顾客提出拒绝自有其理，为探问其原因，通过发问，推销员的位置和态度就发生了转移，即由原来的守方变成了主动发问的攻方。这样就为顾客的倾诉提供了机会，同样，推销员也了解并把握住了顾客反馈回来的信息，如果及时对症下药，消除顾客的顾虑，那么，推销成功就为时不远了。

(5)否定法。作为推销员来讲，对待顾客的诉说和请求，一般不要作出否定的回答，但是在适当的情况下，作出否定回答也是必要的，既可保持公司的形象，又可维护自身的荣誉。但是，在作出否定回答时，推销员要注意分寸，不能太过强硬，必须增添一些适当的幽默加以调节，否则就会得罪顾客。

(6)举例法。顾客的拒绝有时是由于缺乏自信，因为对产品认识的可信度不高所致，这时推销员就须用此法，亦即举类似顾客的例子，用以加强说明。如果有以前顾客对该产品称赞的实物证明，就可以有力地阻止顾客的拒绝。

(7)转换法。顾客的拒绝往往源于自己的主观印象，因此，推销员应抓住时机，将自己的主观说明转化为客观实在之物，即可出示有关产品的资料说明、获奖情况或产品实物、演示等。这样就可以从主观的拒绝转换成实物的诱导，让顾客看得见，摸得着，甚至亲自操作试用，既可引起顾客的兴趣和欲望，又可有效抵制顾客的拒绝。

4.排除顾客异议的技巧。推销人员在推销过程中常常会遇到顾客异议，排除顾客异议是顺利推销和达成交易的必备条件。有效地排除顾客异议，除了需要推销员采取不躲避顾客异议、不轻视顾客异议的态度，有倾听顾客异议的气度，不与顾客争议、不为自己辩白、尊重顾客的立场之外，还要主动询问顾客的异议，分析顾客产生异议的原因，商量解决顾客异议的方案和对策。与此同时，还应掌握以下技巧：

(1)反驳处理法。即推销员根据事实和道理来直接否定顾客异议的一种处理技巧。一般来说，在排除顾客异议时，推销员应尽量避免与顾客发生直接冲突，尽量避免针锋相对的反驳，但在一定的条件下，推销员也可以使用反驳处理法。

(2)“但是”处理法。即推销员根据事实和道理来间接否定顾客异议的方法。在实际推销面谈过程中，顾客往往提出许多无效的异议，直接妨碍成交。推销人员应根据有关的事实和理由来否定各种无效的顾客异议。

(3)利用处理法。即推销员利用顾客的异议来处理异议的一种方法。即肯定其正确的一面，否定其错误的一面，利用其积极的因素，克服其消极因素，排除成交障碍，有效促成交易。

(4)补偿处理法。即指推销员利用异议以外的优点来补偿或抵消顾客异议的一种方法，可以使顾客达到一定程度的心理平衡，有利于排除障碍，促成交易。

(5)询问处理法。即推销员利用异议来反问顾客的一种处理技巧。通过询问来了解和掌握顾客异议的原因及其性质，以便于处理。

(6)不理睬处理法。即推销员有意不理睬顾客异议的一种方法。

5.成交的技巧。在实际推销中，顾客往往不愿主动地提出成交，即使心里想成交，为了杀价或保证实现自己所提出的交易条件，顾客也不首先表示成交，好在成交的意向总会以各种方式表露出来，如，在顾客接待推销员的态度逐渐好转时，在顾客主动提出更换面谈场所时，在顾客主动介绍其他相关人员时，在顾客的疑问和异议一个接一个时，都可能是成交意向的表示。推销员要不失时机地运用成交技巧，促成交易。

(1)请求成交法。即推销员直接要求顾客购买商品的一种技巧。这种技巧要求推销员利用各种成交机会，积极提示，主动向顾客提出成交要求，努力促成交易。

(2)假定成交法。即推销员假定顾客已接受推销建议而要求顾客实现成交的技巧。它是一种基本的成交技术，在整个推销面谈过程中，推销员随时都可以假定顾客已接受推销建议。假定成交法的力量来自于推销员的自信心,而推销员的自信心又可以增强顾客的信心,以彼此相互影响,促成交易。

(3)选择成交法。即推销员为顾客提供几种购买决策方案,并且要求顾客立即购买的一种成交技巧。

(4)小点成交法。即推销员利用次要问题来间接促成交易的一种技巧。此法用避重就轻的方法,提示顾客不太敏感的成交问题,先小点成交,后大点成交。

(5)从众成交法。即推销员利用顾客的从众心理来促使其立即购买商品的一种技巧。消费心理学认为,人的购买行为既是一种个别行为,又是一种从众行为。顾客在购买商品时,不仅要考虑自己的需要,也要考虑符合社会的需要和规范。此法正是利用了顾客从众的心理,创造一定的购买情境和购买气氛,说服这一部分顾客去影响另一部分顾客,利用成交来促成交易。

(6)机会成交法。即推销员向顾客提示有利的机会促使成交的一种技巧。购买机会也是一种财富,也具有一定的经济价值,失去购买机会本身就是一种损失,有时还得支付一定的机会成本。机会成本是机会成交法的理论基础,针对顾客怕错过购买机会的心理动机,向顾客提示成交机会,限制顾客的购买选择权和成交条件,施加一定的机会成交压力,促使顾客购买推销品,达成交易。

(7)保证成交法。即推销员向顾客提供成交的保证条件来促成交易的一种技巧。推销心理学认为,顾客在成交时存在着害怕错误成交而拒绝成交的心理。推销人员针对顾客的这种心理,向顾客提供一定的成交保证,消除顾客的成交心理障碍,以增加顾客成交的信心而促成交易。

(8)异议成交法。即推销人员利用处理顾客异议时的时机直接向顾客提出成交要求的一种成交技巧。一般来说,只要推销人员能够成功地处理顾客异议,就可以有效地促成交易,促使顾客立即购买。

总之,推销人员在推销过程中,要注意形象,培养感情。推销员在推销的过程中同时扮演着两种角色:一方面是企业的代表,另一方面又是顾客的朋友,因此,推销员必须十分重视对自身形象的把握。

## 六、推销人员的素质与培训

(一)推销人员的素质

1.思想政治素质。

2.知识和修养。

3.实际工作能力。

4.个性特质。

(二)推销人员的培训

1.企业知识。

2.产品知识。

3.市场知识。

4.推销技巧。

## 第三节 广告策略

### 一、广告宣传的特点

1.信息的群体传播。

2.促销效用滞后。

3.帮助推销人员达成交易。

### 二、广告宣传的基本原则

1.计划性和效益性。设计和制作广告,先要作好市场调查和预测,根据营销任务通盘规划,不能想做什么就做什么,要从实际出发,讲求经济效益,有的放矢,节约费用,提高效率。

2.真实性。广告的生命在于真实。企业进行广告宣传,必须实事求是地向消费者介绍产品的特点和使用价值,切不可采取欺骗的手段,溢美掩丑,哗众取宠,损害消费者的利益。

3.思想性。广告的语言编写和图画的绘制,必须符合党和国家的方针、针策、法律法令,反映社会主义的时代特色和道德风貌,成为精神文明的传播者。

4.艺术性。要运用新的科学技术,吸收文学、电影、戏剧、音乐等艺术特点,精心设计、制作广告,要给人以较高的艺术享受,要使消费者得到启发,受到感染。

### 三、广告媒体及其选择

(一)依照不同媒体划分的广告种类

广告媒体指传递广告的工具。在我国,依照不同媒体划分的广告主要有以下几种:

1.视听广告。通过电台、电视、电影、幻灯、广播等媒体传递的广告,称为视听广告。

2.印刷广告。通过报纸、期刊、印刷品等媒体传递的广告,称为印刷广告。

3.户外广告。在街头、建筑物、车站、码头、体育场(馆)、展览馆、旅游点等公共场所,按规定允许设置或张贴的路牌、霓虹灯、招贴等广告形式,称为户外广告。

4.交通广告。在车、船、飞机内外设置或张贴的广告,称为交通广告。

5.售点广告。在商店、商品橱窗内设置的广告,称为售点广告。

6.邮寄广告。通过邮寄直接投递企业介绍、产品说明书等函件,称为邮寄广告。

(二)广告媒体的选择依据

不同的广告媒体,其特点和作用各有不同。在选择广告媒体时,应根据以下因素全面权衡,充分考虑各种媒体的优缺点,力求扬长避短。

1.企业产品的特点。可以按照企业产品的不同特性,来选择相应的广告媒体,如需要展示的、有色泽或式样要求的产品，应选择电视、电影或印刷品做媒体，以增加美感和吸引力；对只需要通过听觉就能了解的产品，应选择广播做媒体；对技术性较强的产品宜选择报纸和杂志做媒体，必要时亦可直接用样品展示。

2.消费者的媒体习惯。广告可通过不同媒体传播到不同的市场，但恰好传播到目标市场而又不造成浪费的广告媒体，才算是最有效的媒体。如，妇女报刊的读者主要是妇女，因而妇女用品的广告宜登在妇女杂志上。

3.媒体传播范围。不同媒体传播范围有大有小，能接近的人有多有少。市场的地理范围关系到媒体的选择，因此，行销全国的产品，应选择全国性的报刊和中央电视台、中央人民广播电台做广告；局部地区销售的产品，企业可根据所销产品的目标市场，选择地方性的报刊、电视台、广播电台或广告牌及样品台等媒体做广告宣传。

4.媒体的影响力。报纸的发行量，广播、电视的听众、观众数量，媒体的频率及声音等，是媒体影响力的标志。媒体的影响力应到达目标市场的每一个角落，但超出目标市场则造成浪费。季节性强的产品，应考虑媒体的时效性，到期不能刊登或发行的媒体就不宜选择，否则就会失去机会。

5.媒体的成本。广告活动应考虑费用与效果的关系，既要使广告达到理想的效果，又要考虑企业的负担能力。应尽量争取以较低的成本达到最大的宣传效果。

（三）广告媒体的选择策略

应综合考察以上各种影响因素来选择策略。

1.无差别市场广告策略。运用在同质市场，指在一定时期内运用各种广告媒体向同一个大目标市场推出相同内容主题的广告以广为宣传，迅速占领市场。这种策略的效果较好，但成本较高。

2.差别市场广告策略。指在一定时期内，针对细分的目标市场，选择部分媒体或媒体组合进行广告宣传。之所以要选择，一是为了投石问路，待市场扩大后再采用其他媒体；二是为了节约成本，提高所选媒体的效率。

3.集中市场广告策略。就是把广告力量专注于一个或几个细分的目标市场。采用此策略一般从企业自身力量考虑，适应选择目标市场，避免力量分散而缺少力度。

4.动态策略。其特点是无一定媒体选择，完全根据需要和信息反馈情况来确定下一步媒体选择方案。归纳起来有两种策略：一是先宽后窄，即先采用较多媒体，待征得广告信息反馈、研究反馈来源后，以反馈较多的媒体为下一步媒体选择目标；二是先窄后宽，即以较少媒体开头，观察反应，若反应不强烈，则有两个对策，其一是另选择媒体再试，其二是启用更多的媒体同时开展广告攻势。

5.媒体组合策略。各种媒体功能、特性各异，使之合理搭配进行广告宣传是很有益的。

报纸与广播搭配。可使不同文化程度的消费者都能接受广告信息。

电视与广播搭配。可使城市和农村的消费者都能接受广告信息。

报纸或电视与售点广告搭配，有利于提醒消费者购买已有印象或已有购买欲望的商品。

报纸与电视的搭配。应该以报纸广告为先锋，对产品进行详细解释后再运用电视进攻市场,这样可以使产品销售逐步发展,或作强力销售。

报纸与杂志的搭配。可用报纸广告作强力推销,而用杂志来稳定市场,或用报纸广告进行地区性宣传,而用杂志广告作全国性大范围宣传。

报纸或电视与邮寄广告配合时。应以邮寄广告为先锋,作试探性宣传,然后用报纸广告或电视广告作强力推销,这样可以取得大面积的成效。

利用邮寄广告和售点广告或海报的配合。对某一特定地区进行广告宣传,可以巩固和发展市场。总之,媒体的配合运用,必须根据广告费预算的多少、市场的大小、广告时期的长短、广告时间的要求来妥善安排。

**【思考】**日用新产品广告媒体选择宜采用什么策略?

宜采用无差异市场广告策略。

## 四、广告宣传的内容与设计

(一)广告宣传的内容

至少应包括以下六个方面的内容。

1.产品名称。对产品的名称介绍应力求简单、易记。

2.产品的性能与用途。可用文字、图片或照片等,介绍产品的产量、性能与用途等。

3.说明产品的使用方法。对于某些使用难度比较大且复杂的产品,广告中要附加使用说明,使消费者懂得如何使用。

4.介绍效果。广告中应向消费者介绍产品的使用效果。

5.表明售后服务。广告中应向消费者明确说明产品出售后的服务内容,如实行“三包”、送货上门、规定保修期等。

6.标明企业名称、地点及联系方法。广告中要把生产和经营单位名称、所在地点、邮政编码及电报、电话号码等介绍给消费者,便于消费者联系购买。

(二)广告的设计

信誉是企业的生命,广告作为一种宣传手段,直接关系到企业及其产品在顾客心目中的形象。广告的设计必须对消费者负责,为消费者提供商品信息,引导消费者产生购买动机,促使消费者购买。其设计要求为:

1.简明易懂。广告不是产品说明书,它受播放时间和刊登篇幅的限制,不允许有太长的解说。这要求广告的文字、图画以及其他部分都必须统一在特定的主题下,用最通俗和最鲜明的方式协调、和谐地表达出来,力求文字简洁,语言精练,词语易记,图画清晰易懂,使消费者一听就懂、一目了然,并能在看后留下深刻的印象。

2.独具特色。广告的构思必须富有创造性,在内容和形式上必须多样化,其总体应独具特色、吸引力强。切忌抄袭沿用,千篇一律,陈词滥调。只有设计美观新奇、构思精巧、具有特色的广告,才符合消费者的心理要求,从而吸引其注意力,促使其产生购买行为。

3.具有美感。广告设计是一种艺术活动,因此必须遵循美学的要求,运用整齐、一律、均衡、对称、和谐等美学手段,给人以美的享受。也就是说,广告要用形象的语言、巧妙的构思、诱人的情趣,集中将商品特性表现出来,借以加强广告的感染力和说服力,激起顾客强烈的购买欲望。

## 五、广告宣传策略

广告策略是指企业根据市场分析、消费者分析和产品分析等,在企业营销战略和广告目标的指导下,对广告活动的开展方式、媒体选择和宣传劝说重点的总体原则作出的决策。企业的广告策略,应与企业的整个市场营销密切配合。不同的企业、不同的产品、不同的营销目标应选用不同的广告策略。

1.标题创新策略。标题是广告的名称,一个好的广告必须有引人注意的标题。一个别致、新颖、独特、醒目的广告标题,有助于唤起消费者的兴趣,引起消费者注意,突破广告单调的结构,起到画龙点睛的作用,因此,企业总是在广告标题上不断创新,推出多种多样的广告标题策略。例如:第一,记事式标题,即只是如实将广告的要点或与广告有关的事实凝练地点明;第二,新闻式标题,即利用新闻的特点,向读者提供新的事实,给人以新鲜感;第三,问题式标题,即站在消费者的立场上提出问题,引起消费者的共鸣或思考,并求得答案,从而造成较深印象;第四,祈使式标题,即用礼貌的态度和劝告的言词来鼓励消费者进行购买;第五,赞扬式标题,即用赞美的词句,夸耀产品的过人之处(夸耀必须适度);第六,催促式标题,即说明此货不多,时机难逢,过时不候,催促消费者尽早采取购买行动;第七,比较式标题,即把自己所介绍的商品或劳务与其他同类产品和服务进行对比,借以烘云托月,衬托出商品的优点;第八,比喻式标题,即用大家熟知的事物来进行比较,使消费者产生形象化的联想,以加深对产品的印象;第九,悬念式标题,即用布置悬念的方式,满足消费者的好奇心,进一步在广告中抖开包袱;第十,图解式标题,即用图案或图表来代替个别文字,使消费者一览无余并易于理解。

2.广告文字创新策略。广告正文是广告的主要部分和精髓。广告正文是对标题的证实。广告正文的创新要求广告者要具有充分的信心,拿出最关键、最具说服力的证据和事实,阐明产品的优点,诱导消费者购买。

3.广告画面的创新策略。一个好的广告,往往有一个好的广告画面。广告画面创新的关键是要通过画面给人带来美感,鼓励消费者加入购买队伍。优美的广告画面,不仅具有强烈的经营意图和思想,而且具有色彩配合、画面分割、视觉规律等艺术享受。企业只有根据广告的主题、正文进行广告画面创新,才能达到预期的广告促销效果。

## 六、广告效果的测定

企业在实施广告促销决策之后,会产生一定的广告效果。这种效果主要表现在两个方面:一是广告的销售效果;二是广告的诉求认知效果。

1.广告销售效果的测定。

(1)销售额衡量法。这种方法就是实际调查广告活动前后的销售情况,以事前与事后的销售额之差作为衡量广告效果的指数。其计算公式为:

$$R=(S_2-S_1)/A$$

式中:$R$——每元广告效益;$S_2$、$S_1$——广告发布后的平均销售额和广告发布前的平均销售额;$A$——广告费用。

这种方法比较简便易行，但是如何除去广告效果以外的其他因素致使销售额增加的部分,却相当困难。

为了弥补此法的缺陷，在实际销售效果测定中往往参照广告费比率和广告效率比率进行综合测定。

广告费比率=广告费/销售额×100%

广告效率比率=销售额增加率/广告费增加率×100%

(2)小组比较法。是将相同性质的被检测者分为三组,其中两组各看两种不同的广告,一组未看广告,然后比较看过广告的两组效果之差,并和未看过广告的一组加以比较。通常将检测的数字结果用频数分配技术来计算广告效果指数。其计算公式为:

$$AEI=1/N[A-(A+C)\times B/(B+A)]\times 100\%$$

式中:$A$——看过广告又购买该产品的人数;$B$——看过广告未购买该产品的人;$C$——未看过广告但购买了该产品的人;$N$——被检测总人数;$AEI$——广告效果指数。

例:假定共有100人进行了检测,对于产品的第一种广告,其数据分别为$A=30$,$B=20$,$C=20$;对于产品的第二种广告,其数据分别为$A=32$,$B=18$,$C=15$。

第一种广告的效果指数为:

$$AEI=1/100\times[30-(30+20)\times 20/(30+20)]\times 100\%=10\%$$

第二种广告的效果指数为:

$$AEI=1/100\times[32-(32+15)\times 18/(32+18)]\times 100\%=15.08\%$$

表明第二种广告的效果比第一种广告的效果显著。

上述公式只适用同一地区、同一媒体的不同广告效果比较,其他情况不能简单搬用。

2.广告诉求认知效果的测定。其目的在于分析广告活动是否达到预期的信息效果。其主要指标有:

(1)接触率。这是指在广告媒体的受众当中,有多少百分比的人已接触该广告。假设某杂志共有读者50万人,其中只有30万人看到了封三、封底的产品广告,则其接触率为60%。

(2)注目率。这是指在看过该广告的人当中,有多少百分比的人能辨认出先前已看过的这一广告。

(3)阅读率。这是指通过报纸、杂志来阅读广告的人数和报刊发行量的比率。阅读率越高,对广告的认知率就越高,广告效果就越好。

(4)好感率。这是指在看过广告的人当中,有多少百分比的人对企业及其产品产生了好感。

(5)知名率。这是指在被调查的对象中,有多少百分比的人了解企业及其产品。知名率的考察往往是通过广告前后的对比来进行的。若广告后企业的知名度大为提高,说明企业的广告效果十分理想。

(6)综合评分。这是指由目标消费者的一组固定样本或广告专家来评价广告,并填写评分卷。评分卷中依广告的注意强度、阅读强度、认知强度、情绪强度等内容分别给出一定分数,所有分数汇总便得到综合评分。综合评分通常以百分制计算,分数越高,则表明广告的诉求认知效果越好。

**阅读资料 9-1** 广告中的黄金白银法则

黄金法则即 3B 法则, 指 BEAUTY——美女,BEAST——动物,BABY——婴儿;而白银法则是指名人效应。

3B 法则中运用最多的无疑为 BEAUTY——爱美之心人皆有之,且美女广告易于操作,又最能引发人们的注意——吸引住眼球就等于成功了一半。你只要稍加注意,就能发现,广告中 50%以上都是美女的面孔。

BEAST——基于人对大自然的亲近渴望, 由动物来做广告容易消除受众与广告诉求之间的隔阂,让人产生亲近感,进而加强沟通,达到预期的效果。动物的活泼可爱通常能让消费者开心一笑,记住它最后就买它。

BABY——世界上最伟大的爱就是母爱,而广告人也抓住这一点,让母爱的伟大也延伸到商品上。

SELEBRITY——名人广告不仅是时尚而且古已有之。《战国策》记载古有一卖马商人,一马立于市,三天无人问津,后请伯乐看了一眼,马不仅立刻卖了,而且价格比原来高十倍,都是同一匹马呀,可见名人效应之大。广告中运用了艺术学、美学、逻辑学、行为科学、商品学等,但运用最多的是心理学。名人效应打的就是心理战,利用消费者对名人之名的信赖或是大众对名人的崇拜,对名人生活方式的向往,从而被名人的广告说服而购买。

# 第四节 公共关系

## 一、公共关系促销的特点

1.传递信息的全面性。企业开展公共关系活动,通过一定媒介把有关企业的信息有计划地传递给公众,是为了塑造良好的企业形象,取得公众的信赖与支持,因此,它所传递的信息是大量而全面的,既传递企业技术、设备、财务等方面的信息,又传递企业职工福利、企业前途及社会责任等方面的信息,甚至还传递企业素质、人才培养、股票价值方面的信息。总之,公共关系能够把一个立体的企业形象完整地呈现在公众面前。

2.对公众影响的多元性。一个企业周围的公众是多元的,主要有六种。公众不仅包括顾客(用户),而且还包括供应厂商、社区、媒介、政府和企业内部职工等。如,媒介公众中的报纸或广播对企业的一篇报道, 即可使企业多年苦心经营的市场毁于一旦, 政府公众的一纸决定,就能使企业的商品在一夜之间由畅销变为滞销,等等。因此,在公众面前,企业必须做到两点:一是积极顺应公众的意见;二是努力影响公众的意见,从而树立企业在公众中的正面形象。企业公众如图 9.4 所示。

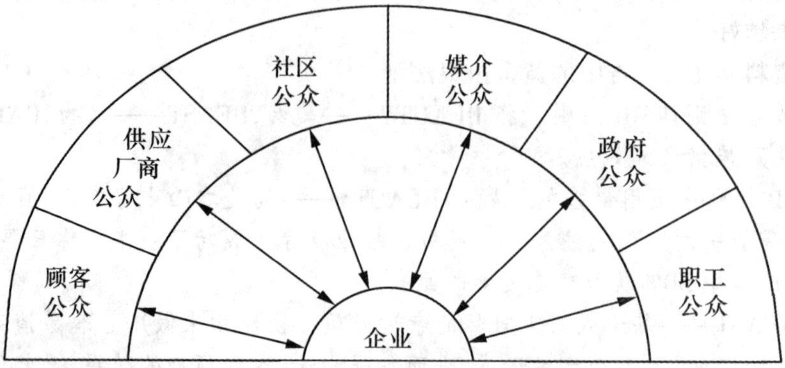


图 9.4 企业公众示意图

3.成效的多面性。公共关系促销会产生各种不同的正面和负面的心理结果。

## 二、公共关系的对象

公共关系的对象是公众。所谓公众,是指与企业经营管理活动发生直接或间接联系的社会组织和个人,主要包括顾客、供应厂商、新闻媒体单位、社区、上级主管部门和企业内部职工等。企业通过与顾客的公共关系,能够不断吸引现有的和潜在的顾客;通过与报纸、杂志、电台、电视台等新闻机构的公共关系,一方面争取舆论对企业营销政策的支持,另一方面利用新闻媒介扩大企业的影响;通过与银行、物资、商业、劳动人事部门等协作单位的公共关系,保证企业经营活动的正常进行;通过与上级主管部门的公共关系,争取给予经济的和政策的倾斜;通过与企业内部职工的公共关系,创造和谐的人际关系,激发职工工作的积极性、主动性和创造性。

## 三、公共关系的原则

1.真实性原则。是指企业开展公共关系工作,要以事实为基础,真实、客观、公正、全面地传递信息,沟通情况。真实性是获得成功的基本前提。

2.平等互利原则。是指企业与公众平等相处,共同发展,利益兼顾。

3.整体一致原则。是指企业从社会全局、企业全局的角度,审视公关工作,评价其经济效益,明确自身的责任和义务,迎合公众的长远利益和根本利益。

4.全员公关原则。是指公关工作不仅依靠公关专门机构和专职人员的努力,还要依靠企业各部门的密切配合和全体员工的共同参与。

## 四、公共关系的活动方式

公关从实质上来说,就是运用各种传播手段,来沟通企业与社会公众之间的信息联系,求得公众的了解、理解、支持与合作,以履行公共关系职能,实现公共关系塑造企业形象、促进商品销售的目标。其具体活动方式主要有:

1.加强新闻宣传。借助报纸、杂志、电台、电视台等媒体。

2.开展公益性活动。通过赞助、支持文体及社会福利等公益性活动。

3.收集、处理与反馈公众意见。

4.建立全方位的联系。主要是与消费者、社会团体、政府机构、银行、商业单位等建立广泛的联系。

5.组织专题公关活动。通过新闻发布会、展览会、联谊会、庆典、开放参观等专题公关活动,介绍企业情况,推销商品,沟通感情,增进了解,扩大宣传,强化形象。

6.建立、健全内部公关制度。

## 五、公共关系促销的途径

1.运用公关宣传促销。企业营销的成功,需要综合运用营业推广、广告宣传、人员推销、公共关系等促销手段,其中营业推广、广告宣传、人员推销是促销的重要手段和策略,但他们往往给人以"王婆卖瓜,自卖自夸"之感,容易引起用户或顾客的逆反心理。与此相反,消费者越来越倾向于新闻界或第三者对商品的赞赏和评价报道,并据此决定市场行为。他们认为,新闻界超脱于企业利益之外,是与企业和消费者无关的第三者,因此能站在公众的立场上对企业产品和企业形象作出真实、准确的评价,从而既能提高企业产品的知名度,又能提高顾客对商品的信任程度。

2.运用公共关系,通过塑造企业形象促销。企业市场营销的成功,仅仅靠自身是不够的,还需要社会各界的大力支持和协作。

3.运用公共关系保证企业市场营销真正以消费者为中心。

4.运用公共关系,通过纠正企业营销的失误进行促销。

**阅读资料 9-2** 组织形象与 CIS 战略

CIS 是英文 CORPORATE IDENTIFY SYSTEM 的缩写。一般将 CIS 译为"企业视觉形象识别系统"。

CIS 战略是一种借以设计、改变、完善组织形象,注入新鲜感,使组织更能引起公众注意,从而改进业绩的经营管理技巧。CIS 战略是提高组织知名度和美誉度的有效手段。

CIS 战略是一项系统工程,由 MI、BI、VI 三部分构成。

第一,MI 为理论识别系统,主要包括企业精神、经营宗旨、信条、目标及组织经营管理观念等。

第二,BI 为行为识别系统,主要包括市场调查、促销活动、社会公益性或文化性活动、生产管理、职工教育、接待服务、行为准则等。

第三,VI 为视觉识别系统,主要包括组织名称、品牌标志、包装、员工制服、象征图形、标准色、宣传广告口号、厂(店)歌、建筑外观、橱窗、办公用品等。

各要素的关系是:MI 是 CIS 战略的基本精神所在,决定组织的差别,左右组织的素质,影响组织的市场地位;BI 是组织行为的动态形式,可直接显示 MI 的内涵;VI 是组织独特的符号系统,能把组织的基本精神、差异性等特征充分地表达出来,可让内外公众一目了然地掌握 VI 传递的信息,达到识别、认识的目的。

# 第五节 营业推广

营业推广是刺激消费者迅速购买商品而采取的营业性促销措施，是配合一定的营销任务而采取的特种推销方式。

## 一、营业推广的特点

1.刺激需求效果显著。营业推广以“机不可失，时不再来”的较强吸引力，给顾客提供了一个特殊的购买机会，打破顾客购买某一产品的惰性，所以刺激需求效果显著，能花费较小的费用，在局部市场上取得较大的收益。

2.营业推广形式的局限性。营业推广的形式较多，如提供咨询服务、举办展览会、展销会、现场示范、赠送纪念品或货样、有奖销售等。在这些推广形式中，像有奖销售、赠送纪念品或货样等形式，如果选择和运用不当，求售过急，可能会贬低产品，引起潜在顾客怀疑其产品质量或价格的合理性，有损产品形象，导致不良结果，因此，营业推广适用于一定时期、一定产品，而且推广手法需要审慎选择，要符合社会主义精神文明建设的要求，否则就会失去营业推广的意义。

## 二、营业推广的形式

营业推广包括对消费者进行营业推广，对中间商进行营业推广，对推销人员进行营业推广三种类型，每种类型又有多种形式。企业在营销活动中应根据市场情况、政策、法令、企业性质、商品特点、销售情况等选择适当的营业推广形式。

1.产品陈列和现场表演。其做法是在商品销售点或经销点占据有利位置，进行橱窗陈列、货架陈列、流动陈列或进行现场表演等，展示商品性能，打消顾客疑虑。

2.产品展销会、交易会。产品展销会、交易会、订货会是不定时或定时、不定点或定点举行的应用广泛的营业推广形式。企业可通过展销会、交易会、订货会展示产品，显示自身的经济实力和贸易水平，洽谈业务，最终按展示的样品达成交易。

3.赠送样品。赠送样品是通过让顾客试看、试用、试听等方式，使顾客在试用商品的过程中了解效果，传递信息，产生兴趣，引起购买欲望。这类样品可以直接送给顾客，也可以回收或折价处理。

4.廉价包装。包装不仅具有保护商品、吸引顾客的功能，而且还有直接的促销作用。企业可以采用简单包装、把小包装换成大包装、除去精美包装等方式，达到降低费用及商品降价的目的，吸引“经济型”顾客。此外，企业还可以利用多用途包装、系列包装等，不断吸引顾客，提高重复购买率。

5.有奖销售。有奖销售是采用发给奖券或号码中奖的办法，使顾客在购买时不仅得到产品，而且以有额外收获的方式刺激顾客的购买欲望。有奖销售是企业，特别是零售商最常用的一种营业推广方式，但其采用必须得到有关部门的批准，要有法律保证，否则，运用不当，会成为一种不正当竞争。

6.优待券。是企业向潜在顾客或现场购买者发放的优惠购物券，顾客可以凭此券到指定地点减价或优惠购到一定的商品，以此增强相应产品对顾客的吸引力。

## 三、企业进行营业推广时应考虑的因素

1.目标。营业推广必须有明确的目标。企业应根据目标市场和整体策略来确定推广目标，依据推广目标制定周密的计划。

2.费用。营业推广是企业重要的促销形式。通过营业推广可以使销售额增加，但同时也增加了费用。企业要权衡推销费用与营业收益的得失，把握好所费与所得的正确比值，从而确定促销的规模和程度。

3.对象。各种营业推广手段对于不同的对象，其作用是有很大差别的。实践证明，营业推广的对象主要是那些"随意型"顾客和价格敏感度高的消费者。对于已经养成固定习惯的老顾客，营业推广的作用要小一些，因此，对象的选择要因时、因地制宜。

4.媒体。企业必须通过最佳的媒体来实施营业推广。比如一张优惠券，既可以放在产品包装内赠送，也可以在购买产品时当场分发，或附在报刊广告中给予，等等。媒体的选择必须考虑媒体的普及率及费用支出等情况，权衡利弊，从优确定。

5.期限。时间的选择必须符合整体营销策略，并与其他经营活动协调。

6.效果。营业推广的效果体现了营业推广的目的。每次对营业推广的效果都要进行评价。方法有：比较法、顾客调查法、实验法等。

### 案例讨论 9-1　西门子——把促销做到消费者心里

**一、案例介绍**

1997 年年初，当欧洲排名第一、世界第四大家用电器制造商的西门子雄心勃勃地进军中国家电市场时，面临的却是白热化的市场竞争。如何将第一款与欧洲同步的滚筒洗衣机成功地推向中国消费者的问题，曾深深困扰西门子市场营销人员。

当时众多家电厂商都将市场推广的手段集中在广告上，然而西门子营销人员通过对市场调查和消费者分析却发现，随着广告大战愈演愈烈，广告的促销作用已越来越弱。因此，为了吸引消费者并刺激他们的购买欲望，西门子必须采取一些别出心裁的促销措施。

1997 年恰逢西门子公司成立 150 周年，借此喜庆的日子，营销人员策划了一次席卷全国的"西门子 150 周年金银欢乐送"推广活动：凡购买西门子洗衣机，可获赠"限量绝版订制的西门子 150 周年纪念纯银币"一枚并同时参加纯金币大抽奖。这些制造精美、极具收藏价值的纪念币与设计简洁、高贵、典雅的西门子洗衣机相映生辉，令人爱不释手，使西门子洗衣机的品质感得到充分凸显。活动开始后，在全国受到出乎意料的欢迎，制造精美的纪念币配合高品质的西门子滚筒洗衣机，给国内家电市场带来一股浓郁的欧洲风情，一万枚银币在活动开始不久就伴随洗衣机的销售被抢购一空。

1998 年年初，西门子先后在各大城市开展一系列与名牌服装联合的推广活动。在

武汉,西门子洗衣机与名牌服装马天奴、经典故事联合演绎一台主题为“好衣服当然要用西门子洗衣机”的大型时装表演与新装上市活动。活动当天,洗衣机销售创武汉当年最高纪录;在上海,与著名品牌ESPRIT合作,双方通过资源共享以及联合广告宣传与新闻发布,使两个品牌在形象树立上相得益彰。ESPRIT当月销量成倍增长,西门子洗衣机也以简洁、高贵的形象成为广大ESPRIT年轻消费者未来结婚购置的首选目标。

独特的营销策略,使得西门子在短短两年时间内,成为中国家电市场上一支不可忽视的力量。

**二、案例分析**

当越来越多的商家开始意识到促销手段在商战中的重要作用时,一些追求短期效应、只考虑销售数量而不考虑企业长远发展的促销也频频出现,例如特价销售、打折销售、赠送超值礼品等。这些行为往往带来严重后果:公司合理利润的减少势必影响公司对新产品的开发和售后服务的投入,从而降低其在未来市场上的竞争力。对消费者而言,虽在购买产品时得到一些小优惠,但他们可能会面临将来不能较快得到性能更优越的新产品或享受不到更优质的服务的危险,这实质上也造成了消费者利益的损失。西门子的成功案例表明:促销活动的重点应当放在设法为顾客提供超出他们期望的产品价值或服务上,满足消费者深层次的需求,这样才能取得良好的效果。

**三、思考·讨论·训练**

1.促销的实质是什么?

2.常用的促销手段有哪些?

## 案例讨论9-2 免费赠送的企业策略

**一、案例介绍**

免费赠送是一种促销方法,就其实质而言是一种销售促进策略。日本万事发公司就是利用此策略一炮打响,彻底扭转市场劣势的。

在相当一段时期内,万事发(MILD SEVEN)香烟的销路打不开,公司面临关闭的威胁。为了杀出一条生路,公司经过一番思考和策划,选定以“免费赠送”进行促销。

于是,公司老板在各主要城市物色代理商,给予代理商一些费用和一批香烟,然后通过这些代理商向当地一些著名的医生、律师、作家、影星、艺人等按月寄赠两条该牌子的香烟,并声明,如对方认为不够,还可以再免费提供。而每隔若干时日,代理商就会寄来表格,征求对这种香烟的意见。

万事发香烟公司经过半年左右的“免费赠送”以后,赢得了一批较有身份和影响的顾客,接着利用这些名人的评价大做广告,宣传该牌子的香烟都是有身份的高贵人士所用的。这样,那些有点身价的人们当然会买来试吸,而那些并没有多少财富或名气的人,由于心理或面子的驱使,也买这种香烟吸,以显示自己的身份。这样,万事发香烟很快获得众多的顾客,几年时间,MILD SEVEN成为仅次于“万宝路”香烟的、世界销量第二的香烟品牌。

不仅日本的万事发,美国企业巨人西屋电器公司也曾从该方法中获利颇丰。

西屋电器公司曾经开发了一种保护眼睛的白色灯泡，为了打开销路，采用了免费赠送策略。公司根据消费者名录，挑选出1300户使用电器的消费者，免费给每户赠送两只白色灯泡，把有关灯泡性能、优点的说明书一起附上。两周后再派人到用户家去收集使用意见。

这次赠送活动的反馈意见中，有86%的家庭主妇认为，这种灯泡比别的灯泡好，眼的感觉舒服；78%的主妇反映，这种灯泡光线质地优良。

西屋电器公司以此作为试验性广告资料，在15个地区委托100家商店试销这种灯泡10万只。最后刊登出题为《具有特别性能的电灯泡》的广告，并把两次试销的结果、用户的评论意见公之于众，立即引起了消费者的注意，西屋电器公司的白色灯泡一下子成为畅销货。

万事发公司和西屋电器赠送产品的方法主要有以下几种：

1.以直接邮件配送。万事发公司根据市场调查，有组织、有系统地寻找出可能需要本产品的社会阶层，编造地址名单，然后按照名单直接邮寄本产品样品给目标对象。

2.登门访问赠送。经过调查，如果知道需要者集中居住于某地，可以组织人员挨家登门访问赠送样品。因为美国有专门替人登门访问代送赠品的公司，西屋经验表明这样的赠送方法到达率很高。

3.放在零售店里赠送。把样品交给零售商，请零售商代为赠送。这种办法如果零售店能尽责代办，可以获得很好的效果。但若该店不尽责，赠品到达率则很低。为此，西屋公司曾告诫其他企业，如果使用这种办法赠送，要有一套管理办法。

4.先送样品试购优惠券。可用邮寄方式或在零售店里给消费者送上"试购优惠券"，让大家凭此券试购自己的产品试用。美国西屋公司很多新产品上市都采用这种办法，据说效果很好。

**二、案例分析**

万事发和西屋公司的成功，都归功于赠送的作用。一种新商品，市场的知名度不高，用户也极少，为了打开销路，"免费赠送"是通用手法。"先尝后买，方知好歹。"这是一句古老的生意经和广告术语。这种先尝后买、意在传名的方法，后人称之为"活广告"。这种"活广告"至今仍被广泛运用，并从食品类延伸到日用品、机器设备等。相对于广告而言，免费赠送花费并不大。但只要事先精心周密地调查研究，做到有的放矢，"放长线，钓大鱼"，终会有丰厚的回报。

**三、思考·讨论·训练**

1.万事发公司和西屋电器赠送产品的方法主要有哪些？除此之外，还有其他更好的方法吗？

2.结合本案例谈谈促销对企业产品被消费者接受的作用。

## 复习思考题

一、主要概念

促销　人员推销　广告宣传 公共关系　营业推广　促销组合　人员推销技巧

二、素质题

1.列出促销策略选择应考虑的因素。

2.列出不同促销方式的异同。

三、判断题

1.促销实质是一种沟通、激励活动。 (　　)

2.人员推销是一种“拉”式促销策略。 (　　)

3.“推”式促销策略要求制造商以中间商为主要促销对象。 (　　)

4.公共关系的目标是塑造组织形象。 (　　)

四、选择填空题

1.现代市场营销学认为,促销方式包括(　　)和(　　)两大类。

A.人员促销　　B.广告宣传　　C.营业推广

D.公共关系　　E.非人员促销

2.人员推销的策略有(　　)。

A.“推”式策略　　B.“拉”式策略　　C.“刺激—反应”策略

D.“启发—配方”策略　　E.“需要—满足”策略

3.公共关系促销具有(　　)等特点。

A.促销过程的灵活性　　B.传递信息的全面性　　C.对公众影响的多元性

D.经济效益的显著性　　E.促销成效的多面性

4.公共关系的对象是(　　)。

A.群众　　B.社会组织　　C.顾客　　D.中间商　　D.公众

五、技能题

美国雪佛莱汽车厂积压了一批1986年生产的“托罗纳多”轿车,导致资金周转不灵,库存费用增大,工厂处于倒闭的边缘。该厂管理层检讨了企业管理方面的问题后,决定“买一送一”,即凡是买走一辆托罗纳多轿车的人即可开走一辆南方牌轿车,使得原本“门前冷落车马稀”的营销部门一下子变得门庭若市,积压轿车一售而空。

问题:请问这是什么促销模式?

六、分析题

试分析电视机产品促销方式的选择。

七、案例题

### 同舟共济的伙伴

美国通用食品公司每逢圣诞节都准备一套本公司的罐头样品,分送给每一位股东,股东们对此感到十分骄傲,产生了强烈的认同感,他们不仅全力向外人夸耀和推荐本公司的产品,而且在每年圣诞节前准备好一份详细的名单给公司,由公司按名单将罐头作为圣诞节礼物寄给他们的亲友,股东们固然受到折扣优惠,公司方面也赚了一大笔钱。

问题:(1)通用食品公司在股东关系上采取了哪些措施?

(2)通用食品公司为什么要重视股东关系?

# 第十章　企业市场营销管理过程

**学习目标**

市场营销计划

市场营销组织

市场营销控制

**知识目标**

理解营销计划的概念及内涵

理解营销人力资源的配置

学会对营销活动进行控制

**能力目标**

学会用组织结构图配置营销人员

学会制订营销计划并对计划进行控制

企业系统置于社会大系统之中,其市场营销活动受制于、依赖于所处的市场环境。为此,应对市场营销活动从时间上、整体上、过程上进行规划与管理,制定和实施企业营销计划。

## 第一节　市场营销计划

### 一、市场营销计划的含义与作用

(一)市场营销计划的含义

它是关于一项业务、产品或品牌在营销方面的具体安排和规划。主要解决两个问题:一是企业的营销目标是什么,二是如何实现营销目标。

(二)市场营销计划的作用

1.营销计划使企业内部各部门、各层次、各方面之间保持协调一致,使众人的努力形成一种合力,从而促使营销目标的实现。

2.使得企业在利用机会的同时,最大限度地减少风险。

3.使得营销活动变得经济、合理。

4.有利于企业实现对营销活动的有效控制。

## 二、市场营销计划的要素

也即市场营销计划的基本内容。

1.内容提要。即对主要营销目标和措施的简要概括和说明。

2.市场营销目标。是营销计划的最基本的要素。是企业营销活动所要达到的最终结果,包括销售量、销售额、市场占有率、市场增长率、销售利润率等。

3.市场营销策略。是为了实现市场营销目标而采取的总体行动方案、工作的部署重点和资源的分配方案。它为企业的营销工作提供总的指导思想和行动框架,而不是确切说明企业如何去实现其市场营销目标。

4.市场营销政策。是表现在市场营销计划中的文字说明或协调一致的意见,它是营销决策的指南。

5.市场营销程序。是对营销活动中某项工作的先后顺序和应遵循的具体步骤的规定。

6.市场营销规则。是对营销工作中某些较为具体的事项所作的规定,是企业营销人员和营销工作的行为准则。

7.市场营销预算。基本上是一个关于预算盈利或亏损的报告,是计划期内企业营销活动预期成果的数字表现,包括销售收入预算、销售费用预算、利润预算等内容。

8.市场营销控制。是市场营销计划的最后一部分,是对计划执行过程的控制。

## 三、市场营销计划的类型

1.按计划时期的长短,可将市场营销计划分为长期计划、中期计划、短期计划。

2.按计划的程度,可将市场营销计划分为战略计划、策略计划、作业计划。

3.按计划涉及的范围,可将市场营销计划分为总体营销计划和专项营销计划。

## 四、市场营销计划的制订与实施

(一)制定市场营销计划的原则

1.系统性原则。

2.灵活性原则。

3.连续性原则。

(二)制定市场营销计划的程序

1.进行市场营销状况分析。

2.进行机会与问题分析。

3.市场预测。

4.确定营销目标。

5.制定营销策略。

6.制定营销政策和程序。

7.制定行动方案。

8.编制营销预算。

(三)市场营销计划的实施

它是指企业为实现其战略目标而致力于将营销战略和计划变为具体营销方案的过程。

1.制定行动方案。

2.建立组织机构。

3.制定相应的政策和报酬制度。

4.开发人力资源。

5.培育企业文化和创造管理风格。

# 第二节　市场营销组织

## 一、市场营销组织的演变

(一)市场营销组织的含义

市场营销组织是指企业内部涉及营销活动的各项职位安排、组合及其组织结构模式。

(二)西方企业内部市场营销组织结构的演变

1.简单的销售部门,如图 10.1 所示。

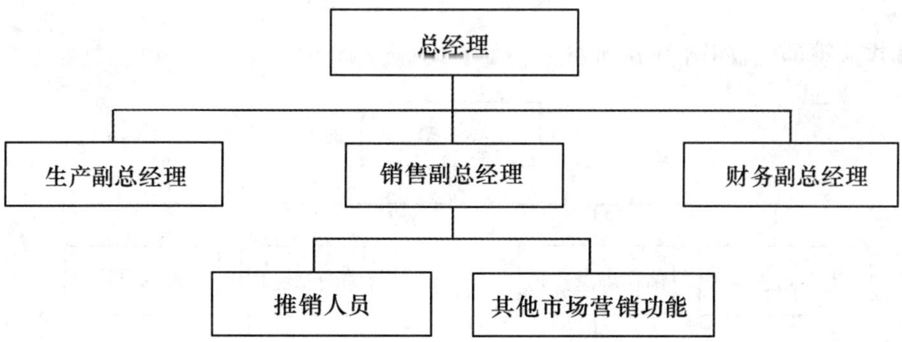


图 10.1　简单的销售部门

2.兼有营销职能的销售部门,如图 10.2 所示。

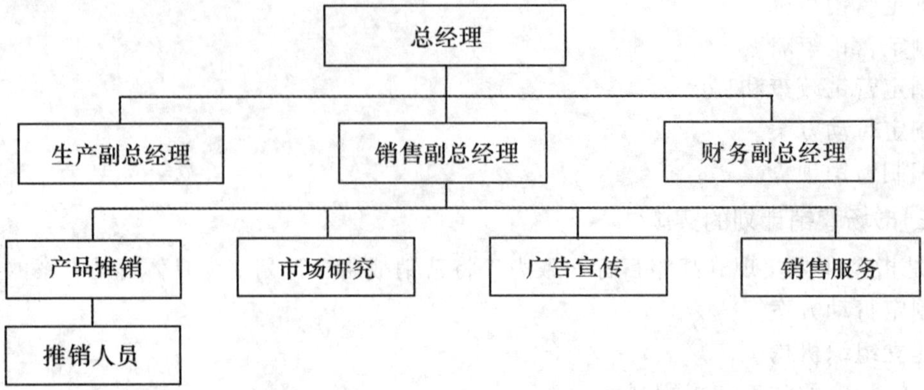


图 10.2　兼有营销职能的销售部门

3.独立的营销部门,如图 10.3 所示。

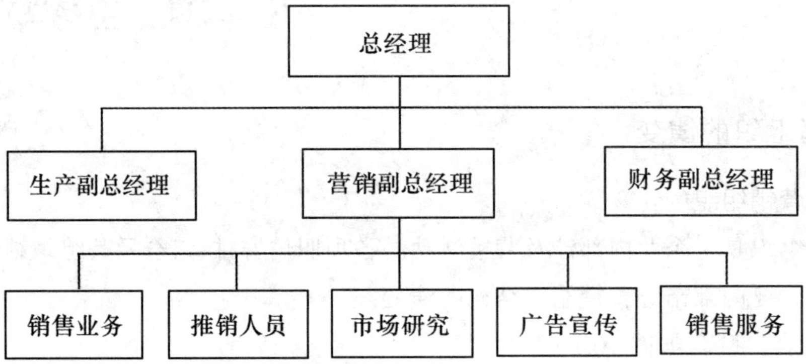


图 10.3　独立的营销部门

4.现代营销部门,如图 10.4 所示。

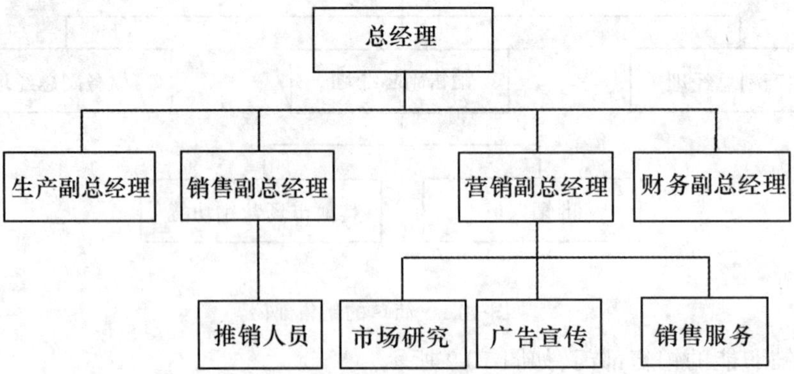


图 10.4　现代营销部门

5.现代营销公司。在企业组织结构上应作出如下安排:a.设置独立的营销调研部门,以确定消费者的需要以及企业应提供什么样的产品或服务来满足这些需求;b.参与新产品的开发;c.营销部门应统一负责企业的全部营销职能,不应将其中一部分职能分散到其他部门。

## 二、市场营销组织形式

1.职能型组织形式,如图 10.5 所示。

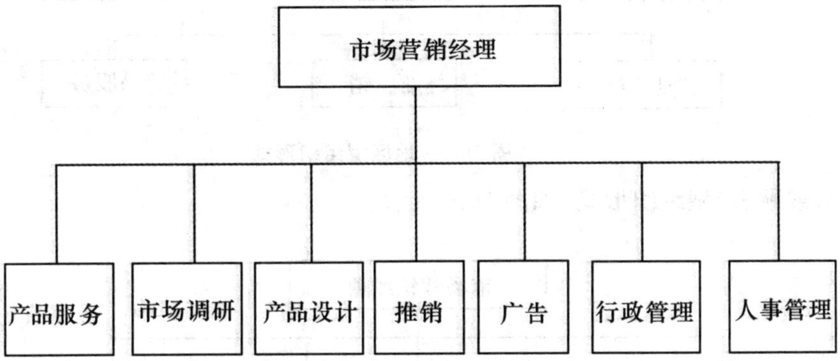


图 10.5 职能型组织形式

2.产品管理型组织形式,如图 10.6 所示。

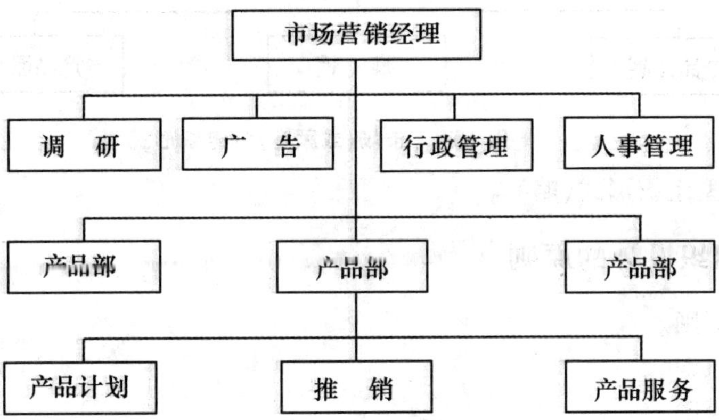


图 10.6 产品管理型组织形式

3.地区型组织形式,如图 10.7 所示。

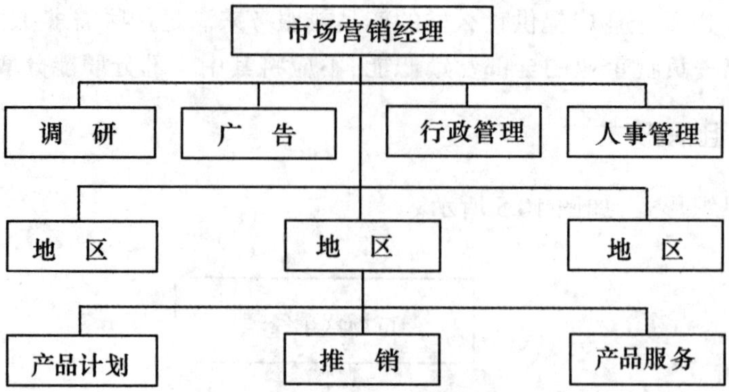


图 10.7 地区型组织形式

4.市场(或顾客)型组织形式,如图 10.8 所示。

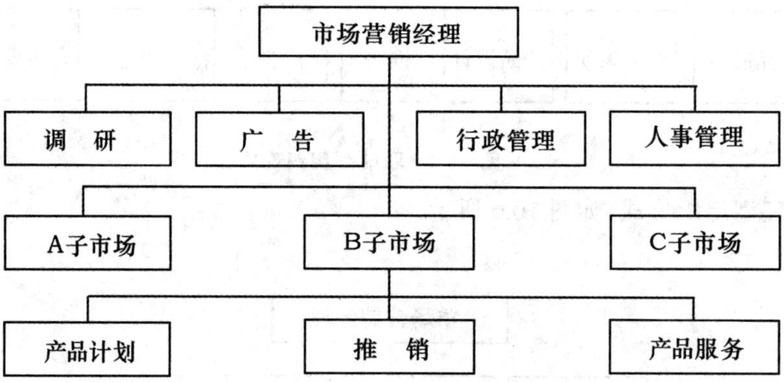


图 10.8 市场(或顾客)型组织形式

5.产品/市场型组织形式(略)。

## 三、市场营销组织设计的原则

1.目标一致原则。
2.分工协作原则。
3.命令统一原则。
4.权责对等原则。
5.集权与分权相结合原则。

# 第三节 市场营销控制

## 一、市场营销控制的程序

### (一)市场营销控制的含义

市场营销控制是企业市场营销管理过程的重要组成部分，是通过市场营销计划执行情况的监督和检查,发现和提出计划实施过程中的缺点和错误,提出纠正和防止重犯缺点的对策建议,以保证营销战略目标的实现。

### (二)市场营销控制程序

1.确定应评价的市场营销业务范围。包括人员、计划、职能、策略等。

2.建立衡量标准。是指企业的主要战略目标以及为达到战略目标而规定的战术目标,如利润、销售量(销售额)、市场占有率、顾客满意度等各种指标。

3.确定控制检查的方法。最基本的方法是企业建立并积累营销活动及与此相关的原始资料,如营销信息系统中所储存的信息,包括各种资料、报告、报表、原始账单等。

4.依照标准检查实施工作绩效。

5.提出分析和改进的对策建议。注意:第一,控制必须与企业的组织系统相协调;第二,控制必须符合经济原则;第三,控制必须客观;第四,控制必须着眼于未来,预防和解决偏差;第五,控制的指标要有可比性;第六,控制必须迅速报告偏差;第七,控制必须使偏差得到纠正。

## 二、营销控制方法

### (一)年度计划控制

年度计划控制是由企业高层管理者和中层管理者负责的，其目的是确保年度计划所确定的销售、利润和其他目标的实现。

1.年度计划控制的中心是目标管理,控制过程分为四个步骤。

(1)管理者必须把年度计划分解为每月、每季度的具体目标。

(2)随时掌握营销计划的实施。

(3)及时发现实际工作与计划工作目标的差距,并找出产生差距的原因。

(4)采取必要的补救或调整措施,以缩小实际与计划之间的差距。

2.年度计划控制的内容主要是对销售额、市场占有率、费用率等进行控制。

(1)销售分析。就是衡量并评估实际销售额与计划销售额之间的差距。有两种方法:

a.销售差距分析。这种方法主要用来衡量造成销售差距的不同因素的影响程度。

例如:某企业年度计划中规定,某产品第一季度销售 4000 件,每件 20 元,即销售额 80000 元。在该季结束时,只销售了 3000 件,每件 16 元,即实际销售额 48000 元,比计划销售额少 40%,差距为 32000 元。显然,既有价格下降方面的原因,也有销售量减少的因素。但是,两者各自对总销售额的影响程度又是多少呢?

计算如下:

售价下降的差距=(20−16)×3000=12000 元

售价下降的影响=12000/32000=37.5%

销量减少的差距=(4000−3000)×20=20000 元

销量减少的影响=20000/32000=62.5%

由此可见,没有完成计划销售量是造成差距的主要原因,因此,需要进一步深入分析销售量减少的原因。

b.地区销售量分析。这种方法用来衡量导致销售差距的具体产品和地区。

例如:某企业在甲、乙、丙三个地区的计划销售量分别为 1500 件、500 件和 2000 件,共 4000 件。但是,各地实际完成的销售量分别为 1400 件、525 件和 1075 件,与计划的差距为−6.67%、+5%和−46.25%。显然,引起差距的主要原因在于丙地区销售量大幅度减少,因此,有必要进一步查明原因,加强对该地区的市场营销管理。

(2)市场占有率分析。分析上升或下降的原因,采取相应的对策,不断提高竞争力。

(3)市场营销费用分析。以财务分析报告为准分析费用变化情况。

(二)利润控制

包括营销成本分析(如直接推销费用、推广费用、仓储费用、运输费用等),盈利能力分析(销售利润率、资产收益率、净资产收益率、资产周转率等),特别从产品、地区、顾客群、分销渠道和订单规模等方面,分别衡量他们中每一项的获利能力。

**案例 10-1 盈利能力分析**

某企业经营某产品,月销售收入 35 万元,制造成本 23 万元,毛利为 12 万元,费用为 14 万元,试对该产品的盈利能力进行分析。

**分析提示**:该产品净利为−2 万元,销售利润率为−5.7%。造成该产品亏损的原因可能是制造成本或营销费用太高,应采取降低营销费用和制造成本等措施。如果经过这种措施以后仍未扭转亏损,应放弃这种产品的经营。

(三)市场营销审计

是对企业的营销环境、目标、战略、组织、方法、程序和业务作出综合的、系统的、独立的和定期性的检查,以便确定困难所在,发现机会,并提出行动计划和建议,以提高企业的营销业绩。

1.营销环境审计。

2.营销战略审计。

3.营销组织审计。

4.营销系统审计。

5.营销效率审计。

6.营销职能审计。

## 案例讨论 10-2 银麦——迂回战略游刃有余

### 一、案例介绍

银麦啤酒股份有限公司位于山东省蒙阴县,地处沂蒙山腹地,境内不通火车,是山东省经济落后地区。令人难以置信的是,它从 1987 年才建成投产的小厂,经过十五年的单打独斗,发展成了年产量 23 万吨,利润总额 1900 万元的区域强势企业,它是如何在区域强势品牌如林的山东省生存下来,并走向全国的呢?

对此,银麦前任老总任友昌有一句十分形象的比喻:"即使再寒冷的冬天也有青草生长的地方。"面对目前啤酒市场的竞争态势,有着强烈忧患意识的任总说:"我们现在正处在浪尖上,虽然我们无法与那些老牌啤酒厂家抗衡,但我们有我们的优势和特色,我们不会与他们一起厮杀,我们的策略就是:避开锋芒,发展自己!"

"道可道,非常道",银麦的迂回战略在营销模式上体现最为典型,从品牌传播方式到渠道策略、促销策略,都有一套独特的做法。

首先,它回避广告宣传。他们认为银麦的主要市场不在大中城市,影视媒体广告费用支出巨大,却不能使市场销量同步提升,白白浪费投资。多年来,他们依靠人员推广进行的品牌传播,取得了很好的效果。

见缝插针式的网络渠道使银麦市场竞争游刃有余。山东是中国啤酒产量最大的省份,也是中国啤酒行业最敏感的地区,全省产量 10 万吨以上的啤酒企业有十几家,在 15 万平方公里的区域内到处都是区域强势品牌。他们各霸一方,又彼此争夺,今天袭扰人家后院,明天又被端了老窝。唯独银麦静观其变,当主要参与竞争者两败俱伤时,恰恰是银麦杀入之机,同行感觉银麦就像当年进行游击战术的八路:到处都是银麦,到处又都看不到银麦。其实银麦产品不仅覆盖山东各地,而且还重点分布全国多个省市,并有一定数量出口。

银麦的促销方式也机动灵活,其 200 多名销售人员分布全国各地,他们一反大厂家统一的促销方式,一切都随市场而定,就连促销品的制作、商标的确定也是客户决定占主导,银麦的营销人员一切都围绕经销商转。因为每一个市场的情况,经销商最了解,因此,他们共同制定的促销办法一定是最适宜的。除通过批发商打通销售渠道外,银麦还在重点销售区域设立了几十个啤酒直销店,直接掌控终端。

成功的营销依赖蕴涵优良品质的对路产品,银麦的产品创新也别具一格。其火锅啤酒的开发就值得称道,它首创了以饮食方式命名的啤酒品牌,其独特的配方赋予的温润口感适宜冬季饮用,有效地弥补了淡季的销量。而早在 2001 年开发的"梦地纯生"啤酒在当地的高端市场占有绝对优势。

银麦啤酒实施单一品牌多品种的产品策略,根据产品的内涵及商标包装进行品种区分,以产品内涵区分的主要有银麦干啤酒、银麦纯生啤酒、银麦苦瓜啤酒、银麦芦荟啤酒、银麦超爽啤酒、银麦冰爽等,以产品商标、包装区分的品种就更多,同一瓶形同一酒体在同一市场根据不同的经销商采用不同颜色的商标进行包装,同时价格一样,促销政策等一样。这样做,既有利于市场产品价格及秩序的维护,也有利于市场的渗透。

连续六年,银麦的产量、利润水平稳居山东第二,仅次于老大青啤。被浅薄之人讥笑的"土包子"战术取得丰硕成果,处处闪烁着战略的光辉。

**二、案例分析**

战略管理大师迈克尔·波特认为,企业成功的机会存在于三种基本竞争战略之中,即总成本领先、差异化和目标集聚。这里引述的案例属差异化竞争战略的典型案例,在品牌经营、产品线设计、管理制度、营销模式等方面都采用了特立独行的创新方式,其成功的结果印证了竞争战略理论的普遍适用。

中国啤酒市场具有多层面、多区域的特点。区域消费差异及民风、习惯等因素也会延缓行业集中的过程,而消费者口味的差别将长期影响区域品牌,这也为地方企业进行战略调整争取到了空间。

**三、思考·讨论·训练**

如何理解银麦啤酒的迂回战略?

## 复习思考题

一、主要概念

市场营销战略　市场竞争策略　市场营销计划　市场营销组织　市场营销控制

二、判断题

1.企业实施市场营销战略管理的目的之一就是确定企业的长远发展目标。(　　)

2.市场领导者是指某一行业中拥有最大的市场占有率,在价格变动、新产品开发、分销覆盖面和促销强度等方面都起主导作用的大企业。(　　)

3.经营多角化策略也称一体化策略。(　　)

4.市场营销组织形式实质就是研究如何配置人力资源。(　　)

5.市场营销审计是市场营销控制的重要方法之一。(　　)

三、选择填空题

1.(　　)是企业市场营销战略的特点。

A.全局性　B.多元性　C.纲领性　D.指导性　E.相对稳定性

2.一体化发展策略包括(　　)。

A.向后一体化　B.向前一体化　C.横向一体化

D.纵向一体化　E.全面一体化

3.企业制定市场营销计划,必须进行(　　)。

A.市场营销历史分析　B.市场营销组织分析　C.市场营销状况分析

D.市场机会与风险分析　E.优势与劣势分析

4.市场营销控制的方法有(　　)。

A.年度计划控制　B.营销战略控制　C.营销思想控制

D.利润控制　E.市场营销审计

四、分析题

试分析市场营销战略的基本属性。

五、技能题

某企业在甲、乙、丙三地区的计划销售量分别是2500件、3000件、4000件,共计9500件。但实际销售量分别是1500件、3500件、3800件,共计8800件。

试分析其地区销售量。

# 第十一章　服务市场营销

**学习目标**

服务市场营销概述

服务市场营销组合

服务市场营销管理

**知识目标**

掌握服务的概念及特征

掌握服务营销组合因素中的7P+3R，理解服务利润链

理解服务的市场定位和具体营销

**能力目标**

掌握服务的各种组合因素

掌握服务利润的来源，并能在实际工作中运用

## 第一节　服务市场营销概述

### 一、服务的概念

服务是指服务企业出售或同物质产品销售一起提供的、能够满足社会生产或生活需要的一切利益和活动。也就是说：

1.服务只包括活动，不包括服务过程中所出售的物质产品。

2.有些活动，如信用、提供信息等，只有在同其他物质产品或服务结合在一起时，才会成为服务。

3.如果服务的提供只借助于物质产品完成，那么，消费者对这些物质产品拥有使用权，而不是拥有所有权，如房屋出租等。

市场营销学界对服务概念的研究大致是从20世纪五六十年代开始的。区别于经济学的

研究,市场营销学以把服务作为一种产品为基础而进行研究。

## 二、服务的特征

1.无形性。
2.不可分离性。
3.差异性。
4.不可存储性。
5.缺乏所有权。

**【思考】**在服务的五个特征中,最基本的特征是什么?

最基本的特征是服务的无形性,其他特征都是从这一特征派生出来的。

## 三、服务行业

最普遍的分类有三种:
1.以卖主相关为基础。
2.以买主相关为基础。
3.以服务相关为基础。
见表 11.1。

**表 11.1 服务业的分类**

| | 企业性质 | 表现的功能 | 收入的来源 |
|---|---|---|---|
| 卖主相关 | 民营,营利<br>民营,非营利<br>公营,营利<br>公营,非营利 | 通信<br>顾问咨询<br>教育<br>金融<br>保健<br>保险 | 取自市场<br>市场+捐赠<br>纯捐赠<br>课税 |
| | 市场类型 | 购买服务的途径 | 动机 |
| 买主相关 | 消费者市场<br>工业市场<br>政府市场<br>农业市场 | 便利性服务<br>选购服务<br>专卖服务<br>非寻找服务 | 工具性,即达成目的的手段<br>表现性,即目的本身 |
| | 服务形态 | 人基础/器械基础 | 高接触度/低接触度 |
| 服务相关 | 规格服务<br>定制服务 | 以人为基础的服务<br>以器械为基础的服务 | 高接触度服务<br>低接触度服务 |

## 四、服务市场营销与产品市场营销

（一）服务市场营销

服务市场营销是指服务企业为了满足顾客对服务产品所带来的服务效用的需求，实现企业预定的目标，通过采取一系列整合营销策略而达到服务交易的商务活动过程。

（二）服务市场营销与产品实体营销的区别

1.产品特点不同。

2.顾客对生产过程的参与。

3.人是产品的一部分。

4.质量控制问题。

5.产品无法储存。

6.时间因素的重要性。

7.分销渠道的不同。

# 第二节　服务市场营销组合

## 一、7P+3R——服务营销组合因素

（一）服务市场营销组合

它是指服务企业对可控制的各种市场营销组合手段的综合运用，就是服务企业运用系统的方法，根据企业外部环境，把服务市场营销的各种可控因素进行最佳的组合，使它们之间互相协调配合，综合地发挥作用，实现服务企业的营销目标。

（二）7P

1.产品（PRODUCT）。服务产品是一种特殊的商品。服务产品营销必须考虑的是提供服务的范围、服务质量、服务水平、品牌、保证以及售后服务等。

2.定价（PRICE）。可参阅实体产品的定价。

3.渠道或地点（PLACE）。由于服务产品的生产过程和消费过程不可分离，提供服务者的所在地以及其他地缘的可达性就成为服务市场营销及市场营销效益的重要因素。

4.促销（PROMOTION）。通过广告、人员促销、现场表演、公关等手段来展现服务产品，激发购买。

5.人（PEOPLE）。市场营销管理者必须重视雇佣人员的甄选、训练、激励和控制。

6.有形展示（PHYSICAL EVIDENCE）。包括的要素有：实体环境（装潢、颜色、陈设、声音）、服务提供时所需用的装备实物（如租用汽车）以及其他实体性线索（如洗衣店为洗好的衣服加上的包装等）。

7.过程（PROCESS）。即服务的传送过程。

7P 的根本目标是市场占有率的提高,其最根本的前提是市场占有率的提高必然带来利润的增长。

(三)3R

1.留住顾客。是指通过持续和积极地与顾客建立长期关系,以保持与保留现有顾客,并取得稳定的收入。

2.相关销售。是指销售与产品相关的产品和服务,尤其是与产品相关的配套服务。

3.顾客推荐。

**【思考】**3R 理论提出的依据是什么?

顾客的满意度和忠诚是决定企业利润高低的主要因素。

7P+3R 营销因素组合如图 11.1 所示。

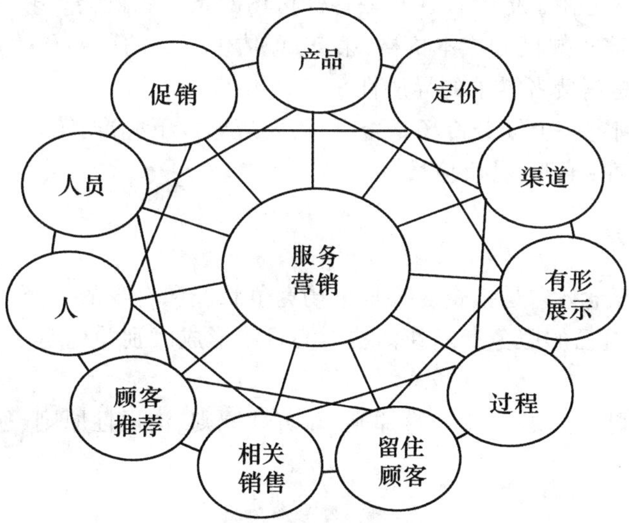


**图 11.1　7P+3R 营销因素组合图**

## 二、服务利润链

1994 年美国哈佛大学的赫斯凯特等提出了服务利润链的理论。该理论表明利润、顾客、员工、企业四者的关系链,其内在逻辑是企业获利能力的强弱是由顾客忠诚度决定的,顾客忠诚度是由顾客满意度决定的,顾客满意度是由顾客认为所获得的价值大小决定的。

1.顾客忠诚度的提高能促进企业获利能力的增强。

2.顾客忠诚度是由顾客满意度决定的。

3.顾客满意度由其所获得的价值大小决定。

4.高价值源于企业员工高的工作效率。

5.员工忠诚度的提高能促进其工作效率的提高。

6.员工的忠诚取决于员工对企业的满意。

7.企业内在服务质量是决定员工满意与否的主要因素。

内部市场营销。指服务企业必须有效地培训和激励直接与顾客接触的职员和所有辅助服务人员,使其通力合作,为顾客提供满意的服务。

相互市场营销。指服务质量在很大程度上取决于买卖双方在服务过程中相互作用的质量。

## 第三节 服务市场营销管理

### 一、市场分析与市场细分

1.市场分析。其目的是在于把握存在某一特殊市场的条件和机会。第一,发掘消费者的需要和欲求;第二,评估需求规模和成本价格;第三,评估未满足的需要和欲望。

2.市场细分。依据是消费者需求的异质性。

3.目标市场选择。判定一个细分市场是否可行,要遵循以下标准:第一,可测量性;第二,可盈利性;第三,可接近性;第四,易反应性。

### 二、服务市场定位

1.服务市场定位的概念。它是指企业根据市场竞争状况和自身的资源条件,建立和发展差异化竞争优势,以使自己的服务产品在消费者心目中形成区别并优越于竞争产品的独特形象。

2.服务市场定位原则。主要有:重要性原则、显著性原则、沟通性原则、独占性原则、可支付性原则、盈利性原则。

3.市场定位策略。

(1)强化当前位置,避免迎面打击策略。

(2)确定市场空当,打击竞争者弱点。

(3)重新定位策略。

### 三、服务产品的规划与发展

要作以下决策:

1.提供什么样的服务产品?

2.服务组合的长度和宽度如何?

3.提供这种服务需要哪些条件和辅助工作?

### 四、服务产品定价

可参照物质产品的定价策略和办法。

## 五、服务分销渠道

1.直销渠道(直销)。简单地说,就是没有中间商(中介机构)参与的销售渠道,即服务企业直接为顾客提供服务的方式。可能是服务企业经过选择而选定使用的销售方式,也可能是由于服务和服务提供者不可分割所致。前者的目的是为了获得某些特殊的营销优势,原因有:第一,对服务的供应可以保持较好的控制,而若由中介机构处理,则往往会失去控制;第二,以真正个人化方式服务,能在其他标准化、一致化以外的市场,产生服务产品的差异化;第三,可以通过对顾客的接触,直接反馈关于其目前需要和这些需要的变化及其竞争对手产品内容的意见等信息。后者是因为:第一,对某些特定专业的个人需求(如著名的辩护律师),企业业务的扩充将会遇到各种问题;第二,采取直接有时意味着局限于地区性市场,尤其对那些人的因素比重大的服务产品,在不能使用任何科技手段作为服务机构与顾客之间桥梁的情况下,更是如此。

2.间接渠道(有中间商参与)。常见的中介机构有:

(1)代理。如观光、旅游、运输、保险、信用、雇用和商业服务等。

(2)代销。即专门执行或提供一项服务,然后以特许权的方式销售该服务等。

(3)经纪。如股票、证券、广告服务等。

(4)批发商。如商业银行等。

(5)零售商。如照相馆、干洗店等。

**【思考】**服务市场营销的主要渠道是什么?

是直接渠道。

## 六、服务促销

最常用的手段是人员推销和广告宣传及其他促销手段,但它的促销要比实体产品困难得多。服务企业在进行广告宣传时应注意:

1.尽可能将同一种有形物体联系起来宣传。

2.着重宣传企业的信誉。

3.宣传服务能带来的利益,并强调与竞争者的区别。

4.持续宣传。

## 七、服务市场营销的其他管理

1.服务差异管理。解决价格竞争的办法是发展差别供应、差别交付和差别形象,服务公司可通过创造特色以使其有别于他人。通过标识和品牌来建立差别形象,以取得竞争优势。

2.服务质量管理。顾客保持率或许是最好的质量衡量尺度,服务企业顾客的保持率取决于企业传递价值给顾客的持久程度。

3.服务生产管理。第一,加强企业员工管理,以提高企业内在质量。第二,加强技术设备管理。

## 复习思考题

一、主要概念

服务　服务市场营销　服务市场营销组合

二、判断题

1.服务的差异性是服务特征中最基本的特征。(　　)

2.服务市场营销与物质产品市场营销之间存在着既联系又区别的关系。(　　)

3.服务市场营销是顾客参与的营销。(　　)

4.顾客满意与忠诚是服务企业利润增长的主要因素。(　　)

5.直接分销渠道是服务市场营销的主要渠道。(　　)

三、选择填空题

1.(　　)是服务的特征。

A.易逝性　B.无形性　C.可变性　D.不可分离性　E.不可储存性

2.3R 是指(　　)。

A.留住顾客　B.分销渠道　C.相关销售　D.顾客推荐　E.定价决策

3.顾客的忠诚度是由(　　)决定的。

A.优质产品　B.优质服务　C.信誉度　D.满意度　E.知名度

4.服务目标市场选择要坚持以下标准(　　)。

A.可测量性　B.可盈利性　C.可认知性　D.可接近性　E.易反应性

四、技能题

列表表示 7P 组合。

五、分析题

如何理解服务的定义？

六、简答题

服务利润链理论的内容是什么？

# 第十二章 直复营销

**学习目标**

直复营销概述

数据库营销与直邮营销

电话和电视营销

**知识目标**

掌握直复营销的概念、特征、方式以及与传统营销的区别

掌握数据库营销的特征、优缺点与运作程序

掌握直邮营销的特征和发送时机

掌握设计目录营销的要求

掌握电话电视营销的要素与技巧

**能力目标**

理解直复营销的概念和各种方式

理解数据库营销和直邮营销

掌握电视与电话营销的要素与技能

随着1872年第一家邮购商店蒙哥马利·华尔德在美国的成立,经过100多年的发展,直复营销在西方发达国家已成为一种趋势。美国直销的销售额在20世纪80年代以每年15%的高速持续增长。90年代以来,直销也一直以两倍领先于整个零售业的速度发展。1995年,直销在美国创下10000亿美元的销售额,1999年又跃至12000亿美元,占整个零售比重的60%。在日本、欧洲以及我国台湾地区,直销也有长足的发展,而中国内地自20世纪80年代开始出现直接信函营销以来,直销业逐步为我国企业所接受,并呈现发展趋势。

# 第一节 直复营销概述

## 一、直复营销的定义

直复营销源于英文词汇 Direct Marketing，即“直接回应的营销”。直复营销是以盈利为目标，通过个性化和沟通媒介向目标市场成员发布发盘信息，以寻求对方直接回应(问询或订购)的社会和管理过程。

美国直复营销协会(ADMA)给直复营销下了一个最权威、被理论界和实践界普遍接受的定义：直复营销是一个动态的营销系统，它使用一种或多种广告媒体，以实现在任何地方产生可度量的回应或达成交易之目的。

为了准确地理解直复营销，必须强调直复营销具有以下七个方面的本质含义。

1.直复营销是一个销售系统。

2.直复营销是一个互动的体系。

3.直复营销使得直复营销人员有可能获得顾客的回应。

4.直复营销的双向交流不受时空限制。

5.直复营销的一切活动效果都是可以测定的。

6.直复营销强调与顾客建立长远关系。

7.直复营销不等同于直接销售。

【思考】直复营销与直接销售最本质的区别表现在哪里？

直复营销规定“双向信息交流”媒介的多样性。

## 二、直复营销的特征

1.直复营销的指导思想是一种新型的市场营销观念。

2.直复营销富于个性化。

3.营销对象是明确的。

4.没有中间环节。

5.营销效果是具体可测的。

6.媒体选择具有弹性。

7.付费媒体是促销信息的传递手段，但媒体选择更具有针对性。

8.广泛的适应性。

9.信息收集、促销与销售合二为一。

10.营销手段的隐秘性。

【思考】直复营销最根本的属性是什么？

直复营销人员不经过任何中间渠道而直接针对所有潜在或现有顾客进行营销活动。

通过对以上特征的了解，我们可以看出直复营销与传统市场营销的区别，见表12.1。

表 12.1　直复营销与传统市场营销的区别

| | 直复营销 | 传统市场营销 |
|---|---|---|
| 目标市场 | 以单个顾客为单位进行推销<br>细分顾客的基础是顾客的名字、住址及其购买习惯 | 以目标顾客群为单位进行推销<br>细分目标顾客群的基础是人口因素、心理因素等 |
| 决策信息 | 决策需要的资料不全 | 决策需要的资料很全面 |
| 产品与生产 | 向每一位特定顾客提供“特殊”产品，实行订制化生产 | 向顾客提供标准化产品，实行大规模、标准化生产 |
| 媒体选择 | 主要利用针对性很强的媒体 | 利用大众媒体 |
| 广告 | 广告的目的是让消费者立即订货或查询 | 广告的目的在于树立企业形象，引起顾客兴趣，使顾客建立对品牌的忠诚，等等，顾客接受广告和采取购买行为之间有一段时间间隔 |
| 促销 | 促销手段具有隐秘性 | 促销手段比较公开 |
| 交流方式 | 双向信息交流，建立起个别的、长远的客户关系 | 单项信息传播，建立一种普遍的客户关系 |
| 分销 | 通过媒体直接销售，产品具有送货上门服务带来的附加价值 | 通过流通渠道进行大规模分销，不具有送货上门的优点 |
| 竞争实质 | 分享顾客，以留住顾客为竞争重心 | 分享市场，以吸引顾客为竞争重心 |
| 营销控制 | 在产品被送到消费者手中的整个过程中，营销人员都能对产品实施很好的控制 | 产品一旦进入分销渠道，营销人员就无法对其控制 |
| 信任度 | 顾客感到受骗的可能性大，因产品无法看到 | 顾客感到受骗的可能性小，因与产品的联系很直接 |

## 三、直复营销的几个重要概念

1.发盘。是指企业或个人以获取销售收入和利润为目标，通过向其他企业、机构或个人寻求交易，向其提出某种产品或服务(有时也包括其他精神性产品)交易的条件。一项发盘中通常包括产品或服务的种类与说明、销售价格、支付与装运方式、保证条款等。

2.创造性。是指直复营销过程中一系列专业性很强的创造性思维活动。其职能是将发盘转化成一种消费者或企业顾客可见的信息，主要表现在脚本平台、图片设计、参与机制设计和制作等方面。这些活动实际上就是一种创造。

3.直复营销者。是以盈利为最终目标，从事直复营销活动的企业或个人。当然，直复营销手段不仅仅适用于营利性组织，而且还可以为其他多种组织或个人所用。这里只以营利性企业为对象。

4.回应。是直复营销者的目标市场成员对其发盘进行反应，通过某种特定的渠道(邮件、电话、在线等)向直复营销者订购或寻求进一步的信息。

5.媒体。是直复营销者投放其发盘以获得其目标市场成员回应的途径或载体。其媒体种类很多,不仅包括普通媒体,如电视、广播、杂志等,还包括电话、邮件、网络等数据库媒体。

6.互动性。是直复营销者与其目标市场成员间的双向信息沟通和行为的相互反应。

7.顾客。是指那些具有某些特定需要和欲望,可以通过与营销者进行交换而获得其所需、所欲之物的个人或组织。“顾客”是个泛指概念,不仅包括“消费者”,而且包括各种组织(企业、机构)。在这里,顾客通常是指那些已经与本企业有过交易历史的个人或组织,因而,是企业现实的顾客。

8.准顾客。是指那些可能会成为本企业顾客的个人或组织,因而,是企业潜在的顾客。

9.目标市场成员。是直复营销者选择的、具有某种特定需要和欲望,可以通过与其交换实现销售和利润的个人或组织。

10.商业履行。是指包括受理和处理订购、存货、配送、服务等一系列支持性活动在内的职能。如果说通过各种直复营销媒体提供发盘是为了获得顾客订单以创造销售,那么,直复营销商业履行的目的就在于实现这个销售,并通过与顾客建立和保持恰当的关系来获得重复购买。

## 四、直复营销的主要方式

1.网络营销。是以电脑为载体,以互联网为媒介,向用户介绍上网商品并达到其销售目的的一种新型现代化的营销方式,它是直复营销中电子购物的一种典型形式。

2.数据库营销。是一种交互式“营销方式”,它运用个性化营销媒体和渠道(如邮件、电话、销售队伍),建立个体顾客订购和询问方面的记录和数据库,来分析产品或服务,以更有效地满足顾客的需要。

3.直邮营销。是直接邮件营销的简称,包括直接邮购和目录营销。采用直邮营销方式的营销者用邮寄的方式,直接向消费者投寄邮件广告和(或)产品目录,以此宣传产品和企业,并达到刺激消费者立即用信件、电话或传真方式订购产品或劳务,或立即向直邮公司咨询之目的。

4.电话营销。是指直复营销人员用电话直接向消费者销售产品的直销形式。电话营销随着现代通讯技术的突飞猛进而以惊人的速度发展。美国直复营销协会的统计表明,1982 年 1 月,美国平均每分钟有 700 多人对电话商业广告有所反应,即直拨 800 免费电话。1987 年,美国的直复电话营销费用支出达 1420 亿美元;1995 年,英国电话营销费用达 11.75 亿英镑。

5.电视营销。是指直复营销人员利用电视这一媒体直接向顾客销售其产品或服务。

6.其他媒体营销。近年来,直复营销不仅规模在迅速扩大,手段和媒体也呈多样化的发展趋势,如电子购物、电话亭购物、上门直销、门到门直销等。

# 第二节　数据库营销与直邮营销

## 一、数据库营销

（一）数据库营销的概念

“决战的不是地点，而是数据库”，这是美国营销专家史丹·瑞普和汤姆·柯林斯对客户数据库的评价。因此，数据库是影响所有直复营销经营者成败的关键，在整个直复营销中占据极其重要的位置。所谓数据库营销，就是企业通过收集和积累消费者的大量信息，经过处理后预测消费者有多大可能购买某种产品，以及利用这些信息给产品以精确定位，有针对性地制作营销信息，以达到说服消费者去购买产品或服务的目的。

（二）营销数据库

一个完整的营销数据库的含义应包括两个方面的内容：首先是应该拥有齐全的资料，既包括现有客户的基本资料和交易资料，也包括将来予以拓展的目标客户资料。其次是应该对这些原始资料进行筛选、测试、整理，在保持信息准确的前提下，实现数据库的“智能化”，从而保证它能够依照某项营销活动的目的迅速、详尽且准确地提供客户资料。企业在建立营销数据库时应该注意以下几点：

1.客户记录的个别性。

2.客户记录的全面性。

3.客户记录的动态性。

4.客户记录的标准化、规范化。

5.客户数据库管理电脑化。

（三）数据库营销的优缺点

1.优点。

(1)可以帮助企业准确地找到目标消费者。

(2)可以降低营销成本，提高营销效率。

(3)拴住消费者，使消费者成为企业长期、忠实的用户，保证企业有稳定的顾客群。

(4)可以为营销和新产品开发提供准确的信息。

(5)企业运用数据库与消费者建立密切关系，可以使消费者不再转向竞争者，同时使企业间的竞争更加隐蔽，避免公开、白热化的对抗给企业带来的损失。

2.缺点。

最大的缺点是建立和管理数据库需要较大的费用开支，因为企业为了建立和管理数据库，必然需要采购大量的计算机及其他设备，配备和培训相应人员，增加相应费用，此外，要保持客户记录的不断更新，其工作量大，难度高，且很费时。但是，总的来说，运用数据库营销还是利大于弊，因此它能够得到迅速发展。

(四)数据库营销的运作程序

1.数据的收集。

2.数据储存。

3.数据处理。

4.使用数据。

5.扩充和更新数据。

6 数据安全防范。

## 二、直邮营销

(一)直邮营销的特征

直邮营销是通过企业营销人员将广告信息印刷成信件或者宣传品，利用其客户数据库或从邮寄名单经纪人事务所购买的邮寄名单,以指定方式将邮件送给消费者或用户。营销者寄送的邮件品种繁多,如信函、传单、折叠广告、录音带、录像带、计算机光盘等,目的在于实现企业与消费者之间的沟通,以期其购买企业的产品或服务。

在直复营销的各种形式中,直邮营销起步早、发展快、业务量大,越来越受到企业的重视。1991 年,45%以上的美国人通过直邮购买了一些商品;1992 年,我国北辰集团的 30 万封直接邮件为其所举办的活动带来了空前的反响。它的特征有:选择性、个性化、灵活性、隐秘性、高回应率、效果的可测试性。

(二)直邮邮包和发送时机

直邮邮包是直邮营销者与目标市场成员沟通发盘信息的载体,其形式、纸制、颜色、印刷方式、形态等多种多样,企业可以根据需要自由选择运用。但基本形态可分为以下两种:

1.明信片式。明信片式直邮邮包有两种:一种是邮政单位印刷并发行的;另一种是企业自制的明信片。在直邮邮包中,明信片是最简单,也是最经济的一种。多数企业都使用自制的符合邮政部门要求的明信片。

2.信封式。将所有的发盘信息或广告文件装在信封里邮寄给目标顾客的直邮邮包称为信封式直邮邮包,也称信封式直接邮件广告。一个标准的信封式直邮邮包通常包括以下几个部件:

(1)外包装信封。它是顾客对邮件的第一印象。要诱使顾客拆开信封,其信封的设计就应该以能够引起收件人足够的兴趣为原则。

(2)致函。是顾客打开信封后最先进入眼帘的东西。它提出发盘,传递信息,并敦促阅读者立即采取行动。

(3)相关小型印刷品或试用品。这主要是指放在直邮邮包中的会场位置示意图、餐券、纪念品、兑换券、折扣优待券之类的小卡片,有时候也可以是小型、少量的产品样品或是引起顾客注意的小礼品、小制品等。

(4)产品说明书。是直邮邮包中的主题,其形式也各有不同,从一张卡片到几十页的小册子都有。

(5)反应工具。为准顾客对直邮发盘作出反应提供便利措施。一般包括的内容有:a.用于订购或问询的反馈单;b.用于企业开发新准顾客的抽奖之类的东西,奖券上要求填写姓名、地址、电话、职业、学历等方面的个人资料,以便于直邮者为以后的产品或服务发盘选择目标收件人;c.印有回信地址、邮资已付的回函信件。

3.直邮寄发频次和时机。由于直邮寄发频次与直邮成本之间成正比例关系,而与反应率之间存在收益递减规律,即随着投放频次的增加,每增加一次直邮投放所带来的反应率是递减的,因此,就需要确定直邮的最佳寄发频次。理想的直邮投放频次点是每增加一次直邮寄发所产生的边际收益高于其边际成本的那一点。

**案例 12-1　2.4 万元换了 57.2 万元**

美国美开乐服装纸样公司为开发中国内地的服装市场,采用了直邮广告的形式。该公司通过广州市流花邮局邮出了 8 万件商业信函,成本为 2.4 万元,随后陆续收到购买服装纸样的汇票 5.2 万张,款项 57.2 万元,寄出服装包裹 5 万余件(款项 37500 元)。该公司最多一天收到订单近千张,甚至出现产品供不应求的局面。

**分析提示:**美开乐服装纸样公司通过直邮形式,向顾客寄发了 8 万件商业信函(直邮邮包),与顾客进行信息沟通,收到汇票 5.2 万张,反应率为 65%,说明了直邮营销成本低、效益高。

## 三、目录营销

### (一)目录营销的概念

目录是企业所销售商品或服务的罗列。目录营销是指以目录作为发盘信息载体,并通过直邮渠道向目标市场成员发布,以获得对方直接反应的营销活动。它是直邮营销的一种形式。

**【思考】**目录营销成功的关键是什么?

目录营销成功的关键在于设计好目录。

### (二)目录的设计

1.目录的设计要求。第一,商品信息量大; 第二,印制精美,令人赏心悦目;第三,便于消费者保存。

2.目录规格尺寸的设计。目录的规格尺寸大小由拟上目录商品的数量和每个商品品种所占的空间所决定。商品在目录中的展示空间则取决于发盘内容和对展示有效性的要求。具体规格尺寸大小没有统一的规定。

3.目录制式设计。可以多种多样,但一般都由封面、封底和若干个双面印刷的目录页所组成。

4.视觉表现效果设计。在这方面,照片可以说是多数目录的视觉焦点。

5.目录文案的设计。目录文案是目录中不可缺少的部分,每个商品品目、图片与文案相互配合,图片强化文案的说明,文案又是对图片的补充,两者各司其职,相得益彰。

6.订单的设计。典型的订单一般装订在目录的中间,上面所载项目一般包括:商品品目、款式与数量、价款、支付方式、购货说明、到货、收件人信息、其他注意事项。订单既是企业发货的依据，也是企业收集数据的重要途径，因此应认真设计。

## 第三节 电话营销和电视营销

### 一、电话营销

（一）电话营销的特点

电话营销的特点是：即时性、简便性、双向性、经济性、普遍性。

（二）电话营销的要素

1.实行电话营销需要一定的硬件设施。

(1)要有与电话营销规模相适应的电话设备。

(2)要有开展营销业务及储存和处理营销信息的电脑、打字机、打印机、传真机、计算机等。

(3)要有顾客及与电话营销有关的企业或单位的档案资料。

(4)要有电话跟踪报告。

(5)要有高效率的办公环境，努力营造和谐的办公氛围。

2.实行电话营销需要有有效、完整的电话营销范本和流畅、高效的商品运送、售后服务系统。电话营销范本是企业电话营销人员在进行电话营销时使用的谈话文本，包括：第一，导入； 第二，识别准顾客资格； 第三，销售信息的揭示；第四，对回绝的反应；第五，结束。

3.实行电话营销，必须要有训练有素的促销人员。电话营销成功的关键在于是否有出色的电话促销人员。

（三）电话营销的功能

第一，电话推销；第二，约定会晤；第三，提供咨询；第四，接受订货；第五，收集信息与调查研究；第六，处理投诉；第七，提供服务；第八，催收账款。

（四）电话营销的实施

1.电话营销实施的原则。必须坚持行为公开、诚信可靠、时间适合、重视礼仪和程序、有效选择、严格管理等行为准则。

2.电话营销实施的过程。大致可分为以下三个阶段：

(1)电话促销准备阶段。在电话营销前，营销人员应将当天将要用电话访问的顾客资料与直销的基本目的及促销纲要排定先后顺序，制成电话直销日程表，准备好电话促销记录表和其他一些必要的工具，以利于电话促销的展开。

(2)电话促销开展。

(3)电话促销后续工作。

（五）电话营销的技巧

1.听的技巧。要认真、耐心聆听对方的回应，寻找并记录有价值的信息。

2.说的技巧。不仅要用普通话，而且要懂得消费心理学，懂得电话语言技巧，要对促销人员进行培训。

3.处理顾客抱怨的技巧。如图 12.1 所示。

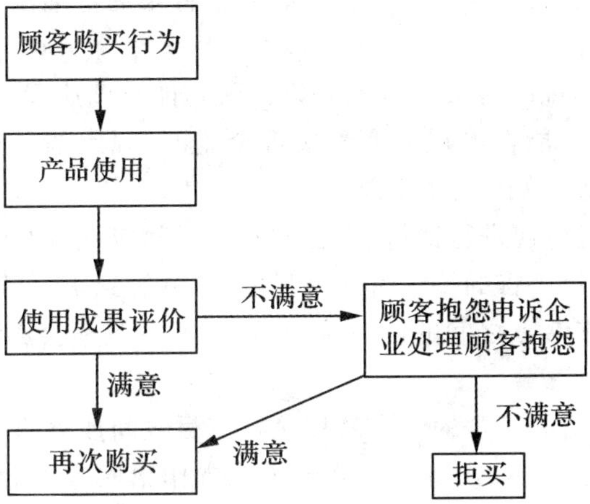


图 12.1 顾客抱怨流程图

4.账款催收的技巧。首先在电话促销时就要十分明确地向顾客提出货款回收方法、时间及要求；其次要提供明晰的未收账款明细表；再次要积极与顾客联络，在催收过程中态度友好，语气平和委婉，回收或暂缓额度明确；最后在收到货款后及时向顾客道谢，请求今后继续合作，以求树立良好的企业形象。

## 二、电视营销

（一）电视营销的途径

电视营销是营销人员通过电视来详细介绍商品信息，然后接受顾客电话订单，并将商品送上门的一种新型销售与购物方式。有两种途径：

1.直接反应电视广告。目的在于寻求与目标顾客的沟通，介绍某个产品的主要利益和次要利益。

2.家庭购物频道。

（二）电视营销的广告技巧

由于电视广告的高成本与节目时段的高费用，企业对电视营销广告的选择和利用要特别慎重，务必成功。一般来说，采用电视营销，其产品价格优惠，保证顾客满意，产品易于订购。除此之外，要讲究广告艺术。王飞在其编著的《直销营销》中，提出以下 20 条直复营销电视广告技巧：

1.在你说出电话号码的同时，把号码显示在屏幕上，广告回应率可以高出 3 倍。

2.让电话号码至少显示 15 秒。

3.电话号码占屏幕的空间至少为10%。

4.开通免费电话比让观众付费电话的回应效果好。

5.作好接受回应的准备。许多人(大约超过四分之三)会在看完广告后15分钟内作出反应。假如回应率为0.1%,这是一个乐观的但并不过分的估计,假使有100万人看到你的广告,你就可能在很短的时间内接到1000个人的电话,你能对付得过来吗?根据一个公司的记录,有一次,他们共接到1200个电话,另有54000个打来的电话没有接上,这些来话的号码都留在应答机上了。

6.人们不可能根据电视广告买一件他们第二天就能在商店里买到的产品。电视广告最适合独特的、很难找到的、能在电视上完整展现全貌的产品,如某种食品机、菜刀和榨汁机等,最好不要在电视上做计算机软件广告。

7.如果你想直接通过电视进行销售,广告的持续时间应该在60秒到120秒钟之间。

8.如果只是作个引导,广告的持续时间就只需10秒钟到12秒钟。

9.观众在中午到下午2点之间的回应率高,随后的回应率会逐渐下降,所以直接回应广告最好在白天播出。

10.人们对节目结束后的广告的回应效果比在节目之间插播的广告回应效果好。

11.人们常常会对在星期一或星期二播出的广告作出回应,随后几天回应率逐渐下降,在周末下降幅度最大。

12.在广告播出五次到六次后,就可以收到大量的订货单。

13.在白天播放直接反应广告,每天上午9点至下午4点是最有效的播放时间,这段时间播放的直接反应广告的反馈率很高,其中以中午12点到下午2点为最高。

14.晚上10点至午夜零点是效果最差的播放时间,反馈率很低。

15.在电影、时事和轻松的娱乐节目时间播放直接反应广告效果极佳。

16.新闻、宗教和纪录片是最不适合播放直接反应广告的节目,反馈率最低。

17.就总体而言,在一个广告播放时间段中,最后一个播放的广告效果最好。

18.同一天重播的广告比首次播放的广告和前天已播放的广告效果好。

19.一般来说,广告的播放时间越长,反馈率越高,90秒钟广告的反馈率是10秒钟广告的7倍。但若同时考虑到成本因素,60秒钟广告效果最好。

20.电话号码占屏幕面积的6%至10%时,反馈率最高,在此基础上缩小或放大电话号码都会导致反馈率下降。

**【思考】**成功的电视营销的基本特征是什么?

价格优惠,保证顾客满意,产品易于订购。

## 复习思考题

一、主要概念

直复营销　直邮营销　电话营销　电视营销

二、素质题

1.直复营销的根本属性是通过中间商直接销售,这句话对吗?为什么?

2.直复营销与传统营销相比,有哪些区别?

三、判断题

1.直复营销的本质是信息的单向交流。(　　)

2.直复营销者与其目标市场成员间存在互动性。(　　)

3.数据库是影响所有直复营销者成败的关键。(　　)

4.电话营销效益的高低取决于电话设备。(　　)

四、选择填空题

1.(　　)的双向交流不受时空限制。

A.关系营销　B.权利营销　C.文化营销　D 直复营销

2.(　　)属于直复营销方式。

A.网络营销　B.服务营销　C.数据库营销　D.电话营销

3.目录营销成功的关键在于(　　)。

A.制定好计划　B.设计好目录　C.选择好用户　D.选拔好人员

五、简答题

1.直复营销的主要形式有哪些?

2.怎样才能有效地开展电话营销?

六、技能题

1.目录营销成功的关键是什么?

2.请为某企业设计一张明信片。

七、分析题

目录营销就是直邮营销,因此,目录营销成功的关键在于设计好邮件。这句话对吗?为什么?

# 参考文献

1. 方光罗. 市场营销学(第二版). 大连:东北财经大学出版社,2004.

2. 邝鸿. 现代市场学. 北京:中国人民大学出版社,1989.

3. 郭国庆. 市场营销管理——理论与模型. 北京:中国人民大学出版社,1995.

4. 杨如顺. 市场营销学. 北京:中国商业出版社,1998.

5. 胡志勇. 市场营销学. 北京:中国商业出版社,1992.

6. 吴普生. 营销经典 100. 广州:广州出版社,1998.

7. 吴健安. 市场营销学. 合肥:安徽人民出版社,1994.

8. 天祥编. 现代国际市场营销学. 北京:中国人民大学出版社,1993.

9. 甘碧群. 国际市场营销学. 武汉:武汉大学出版社,1995.

10. 周盛武. 市场营销学. 北京:中国商业出版社,1994.

11. 宋小敏. 市场营销学. 武汉:武汉工业大学出版社,1997.

12. 方光罗. 市场营销学. 大连:东北财经大学出版社,2000.

13. 王方华. 服务营销. 太原:山西经济出版社,1998.

14. 朱成刚. 市场营销学. 上海:立信会计出版社,2000.

15. 徐沛林. 市场营销新潮流. 北京:中国经济出版社,2000.

16.[美]菲利普·科特勒著.郭国庆,等译. 市场营销管理. 北京:中国人民大学出版社,1997.

17.[美]菲利普·科特勒著.俞利军译. 营销学导论. 北京:华夏出版社,1999.

18.[美]小威廉·D.佩罗特,尤金妮·E.麦卡锡著.梅清豪,周安柱译. 基础营销学. 上海:上海人民出版社,2000.

19.[美]菲利普·科特勒著.梅汝和,梅清豪,周安柱译. 营销管理. 北京:中国人民大学出版社,2001.

20.[美]劳伦斯·G.佛里德曼,蒂莫西·R.弗瑞著.何剑云,沈正宁译. 创建销售渠道优势. 北京:中国标准出版社,2000.

21. 朱华,窦坤芳. 市场营销案例精选精析. 北京:中国社会科学出版社,2006.

22. 陈锷,周忠民. 营销经理 MBA 强化教程. 北京:中国经济出版社,2002.

23. 胡正民. 市场营销学. 济南:山东人民出版社,2002.

24. 张大亮. 营销管理. 北京:科学出版社,2002.

25. 李先国. 营销管理. 大连:东北财经大学出版社,2002.

26. 甘华鸣. 市场营销. 北京:中国国际广播出版社,2002.
27. 张文贤. 高级市场营销学. 上海:立信会计出版社,2000.
28. 梅清豪. 21 世纪新营销. 北京:世界图书出版公司,2000.
29. 远江. 中国直复营销. 北京:中信出版社, 2001.
30. 夏俊. 直复营销原理. 北京:中国发展出版社,2001.
31. 王飞. 直销经营. 北京:中国工业出版社,2000.
32. 朱华,吕慧,等. 市场营销案例精选精析(第四版). 北京:中国社会科学出版社,2009.